陕西省“十四五”职业教育规划教材GZZK2023-1-120

高等职业教育校企合作新形态系列教材·工商管理类

# 市场营销实务（第2版）

主　编：董　媛　田　睿　张馨予

副主编：任晓翠　刘振华　刘　昙

参　编：吴红阳　高　妍　白维花　张晓妮

　　　　胡子钰　田　歌　冯　枫　赵　珮

北京理工大学出版社

BEIJING INSTITUTE OF TECHNOLOGY PRESS

## 内容简介

本书立足于高等职业教育培养目标，突出了学生职业能力的培养，在认真总结本课程教学实践的基础上，充分吸收了学科理论研究和营销实践的新成果、新经验和新材料，设计了14个项目，包括营销工作与营销岗位、了解市场与市场营销、了解市场营销环境、消费者行为分析能力培养、竞争者分析、分析目标市场营销战略、设计产品策略、制定价格决策、建立渠道决策、制定整合促销策略、数字营销、新媒体营销、跨界营销、社群营销。本书是商科专业群共享课程教材，也是市场营销专业必修的专业基础课教材，也可满足相关从业者理论学习使用。



**图书在版编目（CIP）数据**

市场营销实务 / 董媛，田睿，张馨予主编. -- 2版.
北京 ：北京理工大学出版社，2025. 2.
ISBN 978 -7 -5763 -5064 -7

Ⅰ. F713. 50

中国国家版本馆CIP数据核字第2025RS8883号

**责任编辑**：王晓莉 **文案编辑**：王晓莉
**责任校对**：刘亚男 **责任印制**：施胜娟

出版发行 / 北京理工大学出版社有限责任公司
社 址 / 北京市丰台区四合庄路6号
邮 编 / 100070
电 话 / （010）68914026（教材售后服务热线）
（010）63726648（课件资源服务热线）
网 址 / http://www.bitpress.com.cn

版印次 / 2025年2月第2版第1次印刷
印 刷 / 河北盛世彩捷印刷有限公司
开 本 / 787 mm×1092 mm 1/16
印 张 / 15.5
字 数 / 361千字
定 价 / 56.90元

# 前　言

“市场营销实务”是商科专业群共享课程，也是市场营销专业必修的专业基础课，它是一门建立在经济科学、行为科学和现代管理理论之上的应用科学，其研究对象是以满足消费者需求为中心的企业市场营销活动过程及其规律性。

本书在编写时，贯彻落实《习近平新时代中国特色社会主义思想进课程教材指南》文件要求和党的二十大精神，立足于高等职业教育培养目标，突出了学生职业能力的培养，在认真总结本课程教学实践的基础上，充分吸收了学科理论研究和营销实践的新成果、新经验和新材料，形成了由市场营销管理哲学、市场营销战略、市场营销环境、市场分析、市场细分与目标市场选择、产品策略、价格策略、分销渠道策略、促销策略、市场营销组合、市场营销组织与控制、服务市场营销、网络营销、国际市场营销等内容构成的市场营销学体系。本书通过项目导向、任务驱动的教学方式，以学生完成工作任务为载体，引导学生掌握现代市场营销的基本理论知识，为专业群专业核心课打下基础，使学生基本具备市场分析、市场开拓、市场定位、营销策划的能力，从而成为目前社会迫切需要的既懂理论又有实践能力的商科高等应用型职业人才。

菲利普·科特勒说过，市场营销学是一门艺术和科学的学科，它既有惯例的模式，又需要创造性的灵感。希望本书能激发出学生的灵感，使其迸发出创造力的思想火花——这才是教材编写所能达到的最高境界，也是本书编写所追求的目标。

本书反映了编者对市场营销学的理解和对市场营销学教学的体会，从计划编写到最后交稿，历时一年半时间，几经修改、打磨，汇聚了整个团队的智慧和心血。本书由董媛、田睿、张馨予担任主编，任晓翠、刘振华、刘昙担任副主编。参加编写的人员分工如下：董媛负责编写项目八任务一，田睿负责编写项目一、项目五、项目六、项目七，张馨予负责编写项目八任务二，刘振华负责编写项目十二，刘昙负责编写项目八任务三，白维花负责编写项目二，胡子钰负责编写项目三，田歌负责编写项目四，高妍负责编写项目九，张晓妮负责编写项目十，吴红阳负责编写项目十一，赵珮负责编写项目十三，冯枫负责编写项目十四，全书由任晓翠负责统稿。陕西文化产业投资控股（集团）有限公司王川、北京华唐中晟科技发展有限公司高阳锟等企业专家进行了全程指导，在此表示衷心的感谢。本书的编写还借鉴了国内外营销学者的研究成果，除注明出处的部分外，有些文献限于体例未能一一列出。就此，向众多市场营销学学者和师友表示衷心的感谢！另外，向关心和支持本书编写和出版的各界同人表示诚挚的谢意。

编　者

# 目　录


**项目一　营销工作与营销岗位** ………… 1
任务一　认识营销岗位 ………… 2
任务二　分析营销岗位 ………… 12
**项目二　了解市场与市场营销** ………… 19
任务一　了解市场 ………… 21
任务二　市场营销的概念 ………… 23
任务三　营销观念演变 ………… 26
**项目三　了解市场营销环境** ………… 35
任务一　认识市场营销环境 ………… 37
任务二　市场营销环境调研 ………… 45
任务三　环境分析与诊断 ………… 48
**项目四　消费者行为分析能力培养** ………… 54
任务一　消费者市场分析 ………… 56
任务二　组织市场与组织用户购买行为 ………… 63
**项目五　竞争者分析** ………… 73
任务一　竞争者识别 ………… 75
任务二　制定竞争战略 ………… 82
**项目六　分析目标市场营销战略** ………… 92
任务一　市场细分 ………… 94
任务二　目标市场选择 ………… 100
任务三　市场定位 ………… 106
**项目七　设计产品策略** ………… 114
任务一　认识产品 ………… 116
任务二　产品组合策略 ………… 118
任务三　产品生命周期策略 ………… 121
任务四　新产品策略 ………… 125
任务五　品牌策略与包装策略 ………… 128
**项目八　制定价格决策** ………… 137
任务一　价格的内涵 ………… 138
任务二　影响定价的因素 ………… 139
任务三　定价策略分析 ………… 142

**项目九　建立渠道决策** …… 151
任务一　认识营销渠道 …… 153
任务二　营销渠道设计 …… 156
任务三　渠道创新 …… 159
**项目十　制定整合促销策略** …… 164
任务一　认识促销策略 …… 166
任务二　人员推销策略 …… 170
任务三　广告促销策略 …… 172
任务四　营业推广策略 …… 176
任务五　公共关系策略 …… 180
**项目十一　数字营销** …… 186
任务一　数字营销认知 …… 187
任务二　数字营销类型 …… 195
**项目十二　新媒体营销** …… 200
任务一　新媒体营销的含义与特征 …… 202
任务二　新媒体营销要素 …… 207
**项目十三　跨界营销** …… 212
任务一　理解跨界营销 …… 214
任务二　策划跨界营销 …… 220
**项目十四　社群营销** …… 227
任务一　什么是社群营销 …… 229
任务二　策划社群营销方法技巧 …… 233

项目一

# 营销工作与营销岗位

## 【项目导读】

通过本项目的学习，学生能够理解营销的概念以及营销的重要性，了解营销如何影响人们的生活及经济发展。

## 【学习目标】

- 知识目标

(1) 掌握现代市场营销观念的重点。

(2) 熟悉市场营销管理的任务与策略。

(3) 正确认识营销工作与营销岗位。

(4) 了解营销人员应该具备的基本素质。

- 能力目标

(1) 培养学生初步运用管理系统的思想建立现代组织的能力。

(2) 培养学生分析、归纳与演讲的能力。

- 素质目标

(1) 培养学生利用现代营销思维分析和解决实际问题的能力。

(2) 引导学生正确面对营销工作，培养学生的良好品质。

## 【学习指南】

### 1. 知识结构图

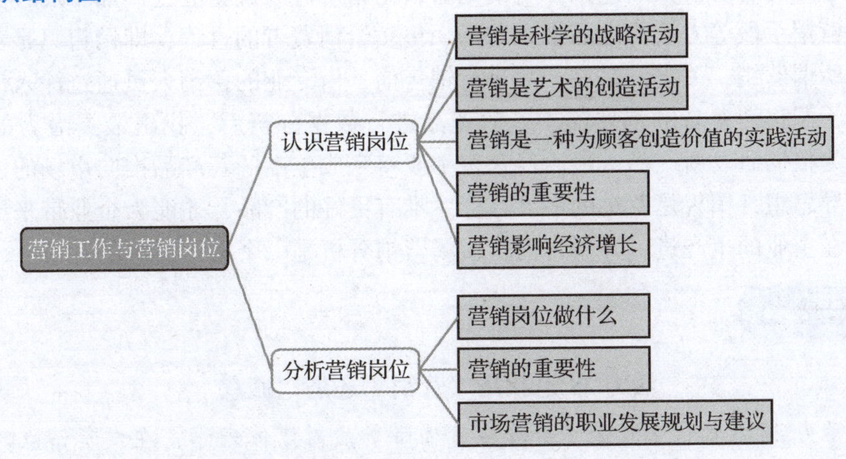

**2. 重难点内容**

（1）重点：正确认识营销工作；对市场营销岗位进行分析。

（2）难点：熟悉市场营销管理任务与策略。

**【问题导入】**

长期调查的结果显示，不管就业形势怎样波动，企业对市场营销专业人才的需求一直居于榜首，特别是具有一定行业背景、营销技能较强、职业道德较高的市场营销人才。其中，市场营销人才需求量较大的行业主要有五类：第一类为快消品行业，如食品、副食品、饮料、洗化等；第二类为制造产业，如汽车、家电、机械、电气等；第三类为建设行业，如房地产、建材、装饰、家居等；第四类为医药行业，如生物、制药、医药保健等；第五类为互联网行业，如网络服务推广、网络营销等。

什么是营销？如何认识营销工作？如何对营销岗位进行界定？从事这一工作应该具备哪些素质和能力？应该从哪些方面着手培养和提升这些素质和能力？……即使是营销专业的学习者，甚至是营销从业者，恐怕大多数也不能轻而易举地回答这些问题。

**【案例导入】**

模拟与同学共同组建一个公司进行创业的情景，根据所组建公司的实际情况，提出一个具体的创业项目。项目选题方向不限，但建议结合所学专业的特点，以促进“互联网 +”新业态形成为指导，达到以创新引领创业、创业带动就业的效果。因此，需要思考到底选择什么项目最有可能取得成功、如何进行公司内部管理、设置哪些部门。

**【知识准备】**

## 任务一　认识营销岗位

营销是每个人都应掌握的基本能力，也是每个人都可以在社交、职场等各个维度里加以利用的一种思维。市场营销是一个宏大的概念，有不少人会在接触和学习市场营销知识前将市场营销与销售或推销混为一谈，认为市场营销只是粗浅的概念、一个基本的部门岗位，但事实上这两者之间有着巨大的差别。所谓销售，是指产品经过企业生产加工后，由销售人员通过不同的营销手段等方式将产品推入市场，售卖给消费者的过程，即销售只是营销其中的一个部分。所谓营销，关键的是在产品进行销售前，由专业的营销人员通过深入市场对消费者进行调研，洞察消费者的消费需求，对竞品进行数据分析后，找出最具潜力的消费增长点，并以此为根据研发新产品，最后经销售手段将完成生产的新产品推向市场的过程。营销是销售的指导思想，销售是营销的最终目标。唯有更好的产品，才能为企业带来更大的经济价值，因此在企业的生产过程开始之前，市场营销分析是一个必不可少的环节。

**【营销案例】**

**活力 28 退款是“营销”还是“诚意”**

近日，活力 28 成都代工厂副总经理在直播带货后对媒体表示，在发货清点时发现了价格错误。他们在直播带货时将售价为29.9元的每袋5 kg的洗衣粉的价格误标为39.9元，因此他们会将23万单中多收的230万元退还给顾客。此事经《中国经济周刊》新媒体平台报道后，引发网友热议。

市场营销人员是各个企业，特别是大型企业中不可缺少的人才。根据我国有关资料统计，从20世纪80年代中期至今，我国企业自办或协办的人才交流会约2 000场次，而每一次人才交流会上，市场营销人员都是最受欢迎的，总是供不应求。随着市场竞争的日趋激烈，这种势头在未来将越来越猛烈。

河南第三季度公共人才服务机构才市分析报告发布营销人才需求旺

什么是营销？这是每一个企业都无法回避的问题。这一问题的答案，不在于语言，而在于行动，企业的行动会告诉我们企业领导者对营销的理解。例如，同学们毕业后，在求职时，需要针对自身的学习经历和职业技能制作简历，这个行为也是营销的一种。因为公司把招聘信息传播出去，求职者投递简历的过程体现了双方的需求——求职者想凭自己的技能获得一份工作，公司想聘请一个具有某项技能的员工。

## 一、营销是科学的战略活动

在全民营销时代，理解和掌握营销真知与思维，不再只是企业家、创业者、管理者、营销和销售人群的需求，更是所有人自我精进、活出富丽人生的必备素质。

很多人会对营销产生误解。比如，很多人认为那些经常使用炒作手段的公司擅长营销，但是炒作的行为只是一种传播手段而已，而且能通过这种方式获得成功的企业非常少。而从经营的维度理解营销的本质，可以帮助企业在经营中获得长期优势。

营销不仅是卖东西，更是与顾客建立联系、为顾客提供价值和满足顾客需求的过程。营销的目标是通过有效地传递价值主张，与目标受众建立联系，并促使他们采取购买行为。

北大荒“营”上做文章 把冰雪季变消费季

总体而言，营销是一个复杂而关键的领域，它涉及众多的战略和战术，通过理解营销的基本概念、重要因素和实践技巧，可以更好地推广自己的产品、服务或品牌，从而在竞争激烈的市场中脱颖而出。

应记住，顾客是营销的核心，始终关注他们的需求和期望，并提供有价值的解决方案，才能取得长期的商业成功。

### （一）品牌战略营销

将营销思维应用于品牌策略上，可以使品牌价值不断提高。而在怎样“创名牌”的问题上，又会涉及怎样理解营销的问题。利用广告轰炸，企图在一夜间成名，并非“创名牌”，实质上只是在不顾后果地推销产品。众多一夜成名又迅速无人问津的企业，正是这种营销理解具有局限性的有力例证。这些企业关心的只是品牌的知名度，而忽视了品牌的美誉度和忠诚度。“创名牌”的关键在于坚持一贯的风格，绝不做有损品牌形象的事情。虽然品牌传播也是必不可少的工作，但重要的应是通过社会事件，表达企业的营销理念，体现企业的社会责任感，使品牌在社会上得到广泛认同。“王老吉”在汶川大地震中带头捐款1亿元，得到了社会的赞扬，而企业的营销业绩也得到大幅提升，这一行为也可视作营销，不过这反映出企业对于营销拥有更高层面上的理解。

### （二）产品战略营销

将营销单纯地理解为“卖东西”，会让企业的销售手段局限在促销之中。而将营销思维运用在产品层面上，则体现为产品设计和生产中，是“以消费者为中心”还是以“设计师为中心”的问题。如果只按照企业主观想法设计和生产产品，然后再想办法卖出，那么不可避免地会使营销只能在低层面上展开。升华对营销的认识，必须扭转“以设计师为中心”的设计及生产模式。

为了说明营销包含的其他重要内容，现以手机的生产及销售为例进行分析。手机的基本作用是通话。消费者可以从众多手机型号中根据自己的不同需求进行选择，如面向儿童的电话手表、面向老人的老年机、受多数女性青睐的美观漂亮的机型、男性偏好的功能机……

我们一起看看手机的发展经历了哪些阶段（见图1－1）。

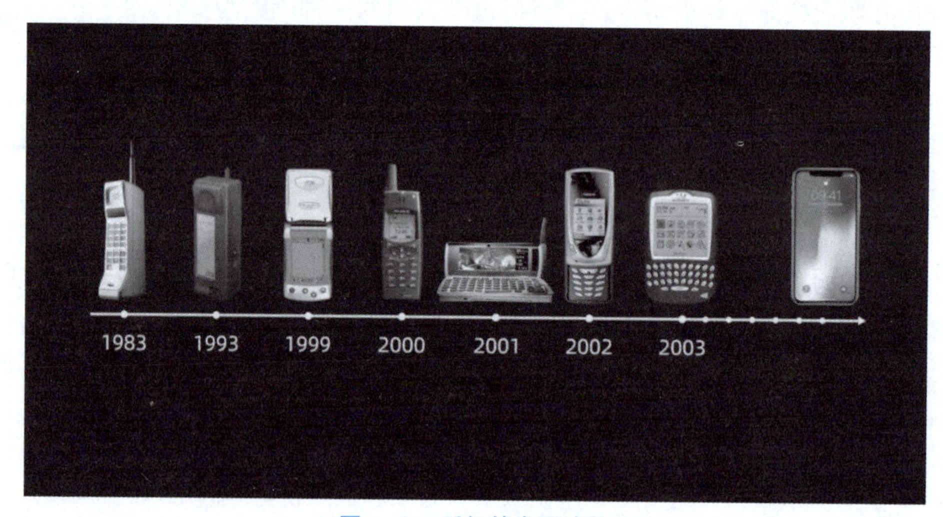


图1－1　手机的发展阶段

这些不同的特征和使用需求使手机的生产及销售十分复杂。以下为一家公司决定生产手机前后需要进行的决策和准备事项：

（1）熟悉公司产品、了解产品加工工序；

（2）了解市场需求；

（3）了解员工动态、机器的正常运作以及物料齐套状况；

（4）及时反馈各方面信息与跟进；

（5）了解车间产能；

（6）以人为本，合理地调配人员；

（7）与工程、技术部门联系，获得技术支持；

……

上述事项并非完全属于生产范畴，因为生产实际上只包括制造产品或提供服务。而它们属于一个更大的过程，即营销。该过程为生产提供必要的指导，并且帮助确认生产的产品和服务是恰当的，并能够以一定方式提供给顾客。该实例说明营销包含的内容远远多于推销或广告，营销在为顾客提供满足他们需要的产品和服务方面，甚至在提升顾客满意度方面，具有重要作用。

## 二、营销是艺术的创造活动

营销是指一系列促销活动和策略，旨在促进产品的销售、提高品牌知名度和建立客户关系。因此，营销并不是单纯的技术性工作，而是涵盖了多个领域的一种商业活动，包括市场调研、产品定位、品牌推广、渠道拓展、客户服务等多个方面。

**【营销案例】**

客户服务是营销工作中一个不可分割的部分，并且不应该被看作是工作的一个延伸。一个公司最重要的资产是它的客户。没有客户，也不会存在任何商业。

如果客户得到满足，他们不仅能帮助企业成长，继续与企业保持商业联系，购买产品与服务，还会成为企业密切的朋友。进行客户服务的方式技巧更是营销人员应该掌握和挖掘的，从以下9点着手，有助于营销人员发展终身客户。

(1) 知道谁是Boss。

作为公司营销人员，需要知道客户需要什么，谁是最终的购买者。找到真正的客户，才能知道他们想要什么，以及如何提供优质的服务。不要忘了，营销人员的薪水本质上由客户支付。

(2) 成为一个好的倾听者。

花费时间来确定客户的需求，向客户提问，并专注于客户真正的意思。倾听他们的回答，包括语音语调、身体语言，最重要的是他们的感受。识别和预测客户的需求，客户购买的不是产品或服务，他们买的是一种感觉和解决问题的办法。大多数客户的需求是感性的，而不是有逻辑的。如果能了解自己的客户，也将能更好地预测他们的需求。定期沟通，有助于得知他们的问题或即将到来的需求。

(3) 让客户觉得自己很重要，并加以赞赏。

始终使用他们的姓名来称呼他们，并且经常从各个角度赞扬他们，但注意一定要真诚。真诚可以创造良好的感觉和信任。这种良好的感觉可以被带入买卖过程。客户是非常敏感的，知道自己是否真正得到了关心。

(4) 帮助客户了解系统。

即使企业拥有世界上最好的系统，但如果客户无法理解，他们感到困惑、不耐烦和愤怒，也只能说明营销人员是失败的。因此需要花时间向客户解释系统是如何工作的，以及如何简化交易。

(5) 欣赏的力量——“Yes”。

积极寻找方法来帮助你的客户。当他们有要求时（只要是合理的），告诉他们可以做到。

(6) 懂得道歉。

当出现错误时，懂得道歉。这很容易，而且受到客户喜欢。客户永远是正确的，且客户必须始终受到重视。立即处理问题，让客户知道自己的努力。

(7) 付出超过预期。

由于企业在未来也应让客户满意，因此，所有增值、超值的免费服务将是极具杀伤力的武器。可以从三个方面着手：是否能给客户提供在其他地方无法享受的、独一无二的服务；即使客户未进行购买，可以做什么进行跟进和感谢；是否能给客户提供完全出乎意料的体验。

（8）定期反馈。

鼓励客户定期提出如何改善的建议和意见。仔细听他们在说什么。定期回访检查，关注事情的进展。提供方法，接受建设性的批评、意见和建议。

（9）和谐氛围。

员工、同事是内部客户，每天早上的一个赞赏将会带来不同的一天。善待员工、同事，将会得到更多的尊重和机会。

（资料来源：广州服务外包公共服务平台，2021－01－11）

营销需要的是人文关怀。营销的最终目的是满足客户的需求、解决客户的问题，并与客户建立良好的关系。这种以人为本的理念需要的是对客户需求的深入了解、对市场的敏锐洞察和对人际关系的深刻理解。这些能力不仅是通过技术手段获得的，更需要在人文关怀和情感沟通之中进行培养。

例如，很多电商平台上都有客户评价和打分系统，这个系统可以帮助商家了解客户对产品的反馈和评价。然而，很多时候，客户给低分的原因并不是因为产品质量问题，而是因为售后服务不到位或者物流配送不及时等问题。在这种情况下，商家不仅需要升级技术手段来提高产品质量，更需要通过人文关怀和情感沟通来满足客户需求和提高客户满意度。

### （一）营销是一门艺术

生活质量实质上是幸福的指标，而幸福则是一种感觉。在人们的物质需求得到较充分的满足之后，幸福的感觉会更多地来自对精神需要的满足。因而不应仅限于让消费者清楚产品的性能和特征，还应根据消费者需要的感觉组织营销活动。要知道，今天人们买一套房子并不完全是为了居住，还是为了获得安全感和归属感；买一件衣服不仅在于遮体，而是在于打造自身的形象和提升人际交往的信心；买一组家具，也并不完全是出于实用的考虑，更重要的是营造温馨的生活环境。有人曾开玩笑讲：“就是买一口棺材也不是为了死，而是要使自己的灵魂在天堂里获得美好的感觉。”据说，意大利的一位棺材商人就曾给客户寄去100本挂历，寄出之后，许多人打电话索要这份挂历。这位商人意识到卖挂历能赚钱，就印了大量挂历并销售，果然发了财。大家为什么喜欢这份挂历呢？这份挂历拍摄的棺材旁边都靠着一个美女，人们从中感到将来即使到了天国，自己身边也会有美女陪伴。消费者需要从企业的营销过程中获得美好感觉，而企业则需要通过营销理解消费者的感觉。

### （二）营销是创造性的服务

营销应为消费者提供高质量的产品和服务，但高质量的标准也应来自消费者的需求，而不应造成功能浪费、使用负担和消费成本提高。有些产品功能和性能标准，也许对于企业而言无关紧要，但对于消费者而言却是不可缺少的。在营销的传播中也需要了解消费者熟悉的语言，而不能认为消费者也能理解各种专业语言。有企业在空调广告中宣称：“空调的噪声可以低至27分贝。”有多少人能理解27分贝是什么概念？而伊莱克斯电冰箱最初在中国市场上销售时的广告词却是“电冰箱的噪声就像撕一张纸的声音”。表面上这只是广告词上存在差异，实质上却是对营销的理解存在差距。

## 三、营销是一种为顾客创造价值的实践活动

提到营销，大多数人的第一反应是“打广告”，似乎都对营销避之不及。但其实，营销是一个为客户创造价值、满足客户需求的系统，我们需要更加理性地看待营销的价值。由于

消费者的需求日趋多样化和丰富化，而企业营销出于定位的需要会更加专业化，因此传统的营销方式无法解决这一矛盾，由此诞生了商业模式的竞争。商业模式的竞争不仅是营销方式的变革，它实质上是解决当前面临的矛盾的营销革命，其中涉及如何整合社会资源达到为消费者创造价值的目的，营销中的竞争走向了竞合。

营销绝不是某种兜售产品的技巧，也不是某种让品牌爆红的工具。

科特勒对营销的经典定义是"Satisfy your customer in a profitable way"（有利可图地满足顾客需求）。这一定义之所以经典，是因为它概括了营销的本质，即通过满足别人的需求，来达到自己追求盈利的目的；换言之，是通过为别人创造幸福生活，而实现自己对美好生活的追求。

由此可知，营销是一个为顾客创造真实的价值的系统工程，为了达到可持续盈利的目的，一个完整的营销价值创造流程至少包含了五个环节，即发掘市场价值、为顾客创造价值、向顾客传播价值、向顾客交付价值、维护客户价值，如图1－2所示。五大环节有机统一、不可分割，只有五个环节都获得卓有成效的结果，企业的经营管理和发展才能取得成功；同时，五个环节也绝不是一个简单的闭环，而是循环扩张的过程，这个过程更像是巴菲特提出的"滚雪球"理论，其中最基础的营销单元模型构成了企业规模扩张的基础。

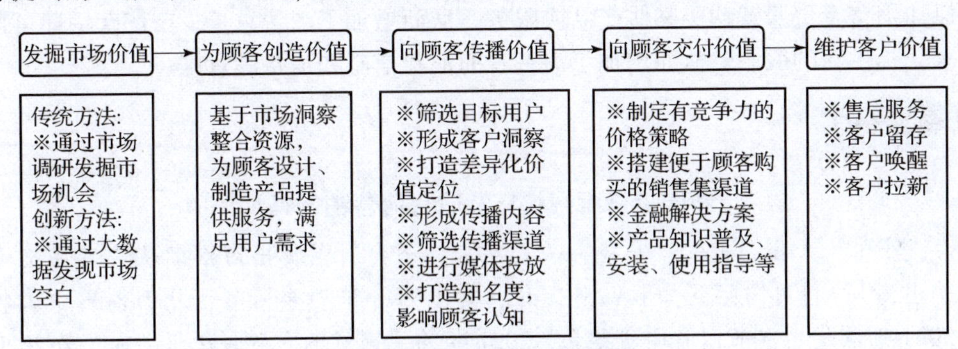


图1－2　营销价值创造流程

## 四、营销的重要性

营销工作到底能让自己的人生获得什么，赋予自己的人生和职场什么样的价值呢？很多人在好奇、在憧憬、在羡慕，也有人在问、在思考……

"黄沙百战穿金甲，不破楼兰终不还"，每每读到王昌龄这首《从军行》，是否会激荡起少年般的豪情壮志，产生书写一段壮丽史诗的激情？这首诗写出了营销职业人的心声。

营销能令平凡的人成就不平凡的事业，自此走上人生巅峰。

贝因美创始人、董事局主席、杰出营销人、金鼎奖的获得者谢宏老师，在接受《中国经营报》的采访时，提出"不做总统，就做营销人"的霸气言论，在营销界产生了很大影响。他的话语，鼓舞了无数的营销爱好者、践行者、研究者，激励很多营销职业人实现了自己梦寐以求的远大理想。

营销的本质是关于人和人心的工作，是与人最深沉的触碰，这是营销人最大的幸事，也是最大的美事。在与不同的人的接触过程中，又不断地认识更多的人，体验不同性格、不同风格、不同职业的多样化之美；了解学习各种为人处世之道，体会人生百味；锻炼口才、写作，提升策略思维、逻辑思维、分析问题和解决问题的能力、沟通力、共情能力、破冰开局谈判力、观察力。

营销对顾客而言同样重要。每名顾客都在为营销活动支付成本。在发达经济中，营销成本大约占每个商品50%的购买成本。对于某些商品和服务，这一占比可能还要更高，营销几乎影响着每个人生活的每个方面。每个人购买的所有商品和服务、逛的商店以及那些付费广告的广播和电视节目之所以存在，都是因为营销。甚至个人简历也是营销活动的一部分，目的是把自己推销给某雇主。

## 五、营销影响经济增长

营销是一种用来增加销售、扩大消费的营销手段，覆盖面广泛，并具有重要的经济意义。市场营销的发展已经成为现代经济社会中不可或缺的重要组成部分，与经济增长密切相关。下面将从以下3个方面探讨市场营销对经济增长的影响。

### （一）市场营销创造和促进了产品和服务的消费

市场营销是一种直接面向消费者的销售方式。它通过市场调查和产品定位，提升产品附加值，进而增加消费者的购买欲望和购买行为。比如，通过广告、促销、折扣等手段，市场营销可以让消费者更愿意购买某些产品或服务，从而增加了消费总量。市场营销还可以创造新的需求，提供新的服务，从而增加了消费者的消费信心和消费满意度。

**【营销案例】**

#### 新国货全面崛起！背后有何营销密码？

华为、小米、大疆、美的、安踏……近年来，不少新国货出海浪潮从“产品出海”转向“品牌出海”。利用国际认知和品牌定位，建立海外消费者心智，从而输出中国特色文化。据2021新国货白皮书问卷调研结果，2021年购买国货的人群占比超半成，较2020年上涨15.1%。《百度2021国潮骄傲搜索大数据》报告显示，近5年中国品牌搜索热度占比从45%提升至75%，是海外品牌的3倍。那么，新国货崛起背后有着怎样的营销创新？展望未来，新国货何以行稳致远？

新国货的强势崛起，其市场营销创新可谓功莫大焉。市场营销以满足人民日益增长的美好生活需要为目的，是创造、传播、传递对个人和社会有价值的供给物，通过市场将潜在交换变为现实交换的活动过程。在产品和服务从生产者流转到消费者的过程中，市场营销发挥着提升供给体系对市场需求适配性的功能，促进形成需求牵引供给、供给创造需求的更高水平动态平衡，进而实现助推经济社会发展的目标。市场营销创新则是指根据营销环境的发展变化趋势，结合企业自身的资源条件和经营实力，在营销理念、营销实践、营销模式和营销技术等方面实施一系列突破或变革的努力。大量案例表明，市场营销创新在新国货崛起的进程中起到了不可替代的重要作用。

深度挖掘市场需求，注重场景沉浸式购物体验。市场消费主力中，“80后”比较注重质量和价格，“90后”注重产品实用性，而“00后”呈现出更加个性化、包容化、自主化的消费需求新特点。一是有一部分人热切向往和追随偶像的消费行为，特别留意品牌和偶像背后的故事，愿意为自己的兴趣付费，因此，企业要正确引导青少年的消费价值观，树立正面的偶像榜样，更要谨慎选择品牌代言人；二是渴望与同龄人进行更多的交流互动，往往将内容作为重要的社交手段，内容既是激发互动的工具，也是展示自己特长的方式；三是坚信国产品牌不比国外品牌差，不少“00后”嘴里吃着“大白兔雪糕”，身上穿着“李宁”服装，脸上用着“花西子”彩妆，充满了自信，洋溢着美好，支持国货成为青年关心国家的一种方式，消费新国货成为一种为人称道的时尚潮流。也正是因为善于回应市场需求新趋势，新国货才成为资本市场最大的风口之一。

新国货在营销过程中，普遍重视对购物场景的塑造，以提升消费者场景沉浸式购物体验。许多传统企业也在积极开拓数字营销新领域，通过网络直播等更具互动性的营销模式吸引新时代的消费者，让消费者在场景式购物中获得更佳体验。当前，我国已进入高质量发展阶段，社会主要矛盾已经转化为人民日益增长的美好生活需要和不平衡不充分的发展之间的矛盾，内需潜力将不断释放。深度挖掘市场需求，增强企业对市场需求变化的反应能力和调整能力将成为新国货稳步前行的关键所在。

掌握消费行为新特征，精准匹配客户个性化需求。目前，我国人均国内生产总值达到1万美元，城镇化率超过60%，中等收入群体超过4亿人，市场需求和消费行为特征有了重大变化，人民对美好生活的需要与日俱增。中国人口基数大，消费升级和正在形成的强大国内市场，为新国货崛起提供了有利的环境条件。从消费行为的角度，我国消费者过去具有明显的模仿型排浪式特征，你有我有全都有，消费是一浪接一浪地增长。现在，“羊群效应”消逝，模仿型排浪式消费阶段基本结束，消费拉开档次，个性化、多样化消费渐成主流。

作为市场消费主力的“00后”，他们更看重社会安全、人际遵从、友善、自主，具有坚定的文化自信和强烈的民族自豪感，高度认可本土品牌。他们认为，国货具有更高的性价比，国货包装越来越符合年轻人的审美。该群体的消费行为也深刻影响了全体国民的消费行为，相对简约、谨慎与直截了当的消费意识正逐步普及，新国货崛起已成为不可抗拒的时代潮流。而随着“00后”主导的个性化消费浪潮的到来，市场消费诉求已经从单纯的商品购买提升至体验式消费、全业态服务、全渠道分销，其注意力正从品牌认可转为互动参与，希望借助消费品牌的市场定位和购物场景来表达“我是谁”。在此时代背景下，通过创新供给激活需求的重要性更加显著，企业营销已经由产品导向转变为客户导向，跨界营销、交叉销售广泛应用，体现出新国货对年轻人个性化需求的精准营销。

传统产品不断创新升级，产品量大面广。国货品牌大量涌现，渗透在消费者的日常生活诸方面。新国货品牌瞄准消费者日益增长的美好生活需要，推动传统产品创新升级，创造了不少成功案例。然而值得注意的是，市场上不少产品是“60后”“70后”企业家为“90后”“00后”设计的，但由于未能深刻把握年轻人的消费诉求，往往货不对路，市场表现惨淡。新国货应聚焦各细分市场的特色需求，着力开发新的特色产品。以年龄细分为例，在一般市场细分的泛分类方式之下，“00后”市场尚需进行二次细分。例如，单在“古风”这个需求领域，便可进一步细分为汉服圈、古文圈、古典音乐圈等。

购买者群体及其需求的新变化，给产品创新带来了更多的机遇和挑战。新国货潮流的形成和崛起，国家情怀固然发挥了重要的背书效用，但是真正支撑新国货长久发展的还是产品本身，尤其是产品质量。在全球经济下行、未来不确定因素增多的百年变局下，消费者变得越来越挑剔，对价格越来越敏感，直播带货火爆的背后时常隐含着“全网最低价”的因素。新国货要持续发展，就必须注重产品创新，提高科技含量，在品牌、价格、品质之间求得最佳组合和动态平衡。

注重品牌建设，重视企业社会责任。近年来，不少企业善于运用品牌活化和品牌人格化运营，为新国货崛起注入了强劲动能。品牌活化是市场营销领域的新话题、新理念和新策略。它是指企业借助消费者对老品牌的信任和忠诚，充分利用集体怀旧的氛围，通过寻根的方式重新唤回失去的品牌资产，重构新的品牌认知与品牌联想，给老品牌赋予新的生命力的过程。目前，我国许多具有深厚历史底蕴的老字号正面临巨大挑战和激烈竞争，故步自封只会招致市场的加速淘汰。不断给品牌注入新概念、新审美、新创意，革故鼎新，才能跟上时代脚步，让老字号重焕生机与活力。比如，诞生于清末的北京稻香村借鉴“网红”食品的营销理念，努力扩大品牌传播力和影响力；华熙生物与故宫博物院联合推出的“润百颜·故宫口红”，一经问世就刷爆社交平台，以至于“一支难求”；“人民文创”联合英雄钢笔推出的“英雄·1949”，产品狂销35万支……老字号活化焕新不仅直击年轻消费群体的需求，同时还带来代际对话，取得了良好的品牌效应。

新国货品牌在新媒体时代受到客户追捧，其中还有一个重要的成功因素就是与客户产生社交层面的深层情感联结。而实现社交情感联结的前提就是品牌人格化，即品牌以人格展现的形式与客户在特定场景产生持续互动，让客户愿意为购买产品和服务支付更高的溢价。同时，在品牌建设不断取得成效的过程中，越来越多的新国货企业更新经营理念，不仅仅关注客户需求，还兼顾道德、伦理和社会的责任，积极承担追求有利于社会长远目标和增进人类福祉的义务。企业对社会责任的承担也为其扩展用户群体、增加用户黏性、增强品牌吸引力拓展了更大空间。

数字经济的发展给营销渠道建设和营销模式重构带来了更多机会。近年来，线上平台的快速发展不断冲击传统的营销渠道系统，但也让众多创新营销模式破茧化蝶，脱颖而出。许多新国货品牌致力于加强渠道再造和运营变革，以线上促销和线上购买带动线下体验，构建多元购物场景，开展精准化、数字化、个性化全渠道运营。新国货依托淘宝、小红书、抖音、微博、B站、快手等平台，积极开创直播带货、短视频广告、内容营销等新的营销模式，有效抢占消费者心智和市场制高点。

打造数实共生的购物场景。以淘宝、京东、天猫和拼多多等传统电商为代表的数字平台，直接连接了买家和卖家，买家通过网络搜索就可以迅速找到自己心仪的商品，越来越多的新国货在淘宝、抖音、快手和小红书等数字平台上直播，引发消费者关注。此外，智能设备的广泛应用将人们的时间碎片化分割，由此带来购物场景也趋于碎片化。地铁、办公楼、电梯、停车场甚至路边的广告牌，都为实体场景数字化提供了丰富的切入点，可以有效对接市场需求，形成新的消费和购买刺激。放眼未来，新国货的营销模式创新和营销渠道建设必须关注购物场景数实结合的新变化，努力打造新场景。近年，新国货品牌大量涌现并全面渗透消费者的家庭、职场和社交等生活场景，给消费者带来了更加丰富的品质选择，满足了人民对美好生活的向往，逐渐形成了与传统品牌不同的营销模式。未来新国货应在各个细分领域进一步打造一种“00后”向往的生活方式场景，力争让他们体验到“想要的生活”。

建设线上线下相结合的渠道体系。新国货为了节约成本，往往借助新媒体，选择客户集中的几个重点渠道，以内容营销为主要手段进行促销传播。众多国货新秀选择小红书、抖音、快手、B站等新媒体渠道，以图片、文字、短视频、直播等形式彰显品牌价值，强化市场定位。毋庸置疑，线上渠道和线下渠道有机融合是营销模式创新的必然趋势。比如韩都衣舍和茵蔓等新国货品牌兴起于线上，之后便开始在线下开店，并引入粉丝经营模式。线下门店已经不再仅仅是产品销售场所，而已成为传统门店、电商和社群的结合体。一旦社群形成规模，线上线下流量互动，将会成为新的业务增长点。此外，韩都衣舍还布局商业智能，进军传媒领域，成立韩都传媒，以此为基础提升品牌价值，把握新的发展机遇。

注重大数据营销技术的应用。大数据营销是在大数据分析的基础上，描述、预测、分析、引导消费者行为，帮助企业制定有针对性的营销战略战术的过程。以企业促销实践为例，以往都是选择知名度高、浏览量大的媒体进行投放。如今，大数据技术可以让企业了解目标受众身处何方、关注点以及所使用的屏幕等详细信息。因此，大数据营销可以做到当不同客户关注同一媒体的相同界面时，广告内容有所不同，做到“千人千面”。大数据营销的核心是数据管理平台（DMP）。该平台包括 CMO 辅助决策系统、内容管理系统、客户互动策略系统、效果评估与优化系统、消费者聆听和客户服务系统、在线支付管理系统等。数据管理平台是把分散的多方数据进行整合纳入统一的技术平台。这些数据进行标准化和细分后将用于现有的互动营销环境。许多技术企业都为客户提供云数据管理平台服务。随着新国货品牌客户规模不断扩大，大数据营销应是未来营销创新的一个重要方向。

强化贯穿客户全生命周期的体验管理。新国货企业要根据客户获取、客户提升、客户成熟、客户衰退等全生命周期各阶段的特点，有针对性地推送内容或者推荐产品，在注重客户体验的同时提高转化率，并且可对市场环境、营销实情、消费过程进行跟踪，从而不断优化营销策略，提高营销效果。企业可以通过搭建计算能力超群的系统，如 SNS 社交媒体，利用更加开放的系统，在不妨碍平台利益和尊重客户隐私的前提下，获取每个客户的 SNS 行为轨迹并存储于服务器，形成一个庞大的数据库。在此基础上，对数据的有效性进行过滤处理，彻底解决行为噪声、重复数据、非目标客户数据等问题，从而为精准营销奠定基础。

（资料来源：《人民论坛》2022 年 2 月上期，作者郭国庆，中国人民大学商学院教授，中国市场营销研究中心主任）

### （二）市场营销促进了市场竞争与创新

市场营销是一种针对市场的竞争，它主要通过不断提高产品质量、开拓创新、降低成本、提高效率等方式来提升企业的盈利能力和增加市场份额。市场营销不仅能推动企业产品的不断更新，提高企业的技术创新能力，还能促进经济发展，加快市场竞争。

### （三）市场营销能提升品牌价值和企业形象

市场营销是一种广告营销，即通过不同渠道进行宣传，不断提升产品或品牌的知名度和形象，进而提高其价值。还可以通过履行企业社会责任的形式进行市场营销，强化企业的社会形象，增加信任度，提升品牌的价值。

王麻子总裁
吴敏揭秘

市场营销能够加速行业升级。市场营销不仅能促进企业的创新和竞争，还能促进行业的升级和转型。市场营销透明度的增加，会让行业中的不健康竞争、垄断现象逐渐消失，从而加速行业的整体进步和升级。

综上所述，市场营销对经济的发展与增长具有不可忽略的作用。无论是对消费市场，还是对产业市场，市场营销都可以产生广泛和深刻的影响。如果企业能够合理运用市场营销策略，不但能提升品牌实力和市场能力，而且可以推动整个产业的高效发展和经济的强劲增长。

# 任务二　分析营销岗位

## 一、营销岗位做什么

### （一）营销与推销的区别

有不少人常常把营销与推销的概念混为一谈，如把推销员称为营销员等，其实它们有着本质的区别。所谓推销，是指运用销售策略将产品或服务销售给消费者的过程。推销主要是以固有产品或服务来吸引、寻找顾客，是一种由内向外的思维。而营销则开始于一种具体的产品或服务诞生前，首先调查市场上消费者的需求，然后再据此开发能满足这些需求的产品或服务，最后运用营销组合策略将产品或服务送到消费者手中。营销是一种现代经营思想，其核心是以消费者的需求为导向，消费者需求什么就生产、销售什么。与推销相比恰恰相反，这是一种由外向内的思维方式。

营销与推销的主要区别体现在以下几个方面。

（1）关注的焦点。

推销的重点在于产品本身，企业的目标是通过销售现有产品来获取当前可获得的利益。

营销则关注消费者需求，旨在通过提供符合消费者需求的解决方案来建立长期的客户关系并获得长期利益。

（2）方法和手段。

推销通常依赖加强推销活动的策略，如强力推销、倾力推销等。

营销则采用将各种营销活动进行组合的方式，包括产品、定价、分销、促销、公关和权利等多个要素的综合运用。

（3）目的和终点。

推销的目标是短期内实现销售和利润，通常是短期的行为。

营销的目的则是通过提升顾客满意度和忠诚度来获得长期利益，注重与顾客建立长期的互利关系。

（4）实施主体和起点。

推销往往以个人为单位进行，起点可能是工厂或种植园完成生产，终点是完成销售任务。

营销则以企业或公司为单位进行，起点是基于市场的整体考量，终点是满足顾客需求并获得利润。

（5）过程和管理层次。

推销可能被视为市场营销过程中的一个环节，其过程可能更侧重于直接的销售活动。

营销则是一个更为系统和全面的过程，是包括市场调研、战略规划、执行管理和监督检查等多个层次的管理活动。

综上所述，营销与推销虽然在某些情况下可能会存在交叉，但核心差异在于关注的焦点、方法和手段、目的和终点、实施主体和起点以及过程和管理层次等方面。

推销更看重结果，在实施中追求的是效率，所以为人、技巧、经验、机遇等因素对能否取得成功的影响更大。推销的这种特性，很容易导致从事推销工作的人失去长远的目光。概念上，推销是一种由内向外的思维，而目前，市场由以前的卖方市场转变为买方市场，推销的思维方式已很难适应当前的市场变化。因为推销更侧重于短中期目标的实现，是一种重利、轻市场的思维。营销也重视结果，但它更侧重于研究分析市场，并做出相应对策。市场营销的一个重要因素是整合，即将公司现有的各种要素及公司想要达到的目标，与市场需求有机结合，并密切关注竞争者的情况和可能采取的措施。营销往往具备长远的战略眼光，在确定大的方向和目标后，以切实有效的战术谋划达成短中期目标，其中，推销只是起着商战中先锋的作用。而营销的这些特性，会促使从事这项工作的人以长远商业目光洞察及把握市场机会。营销是一种由外向内的思维，它更适应当前的市场变化，所以营销不但利于企业的长远发展，同时也是一种以市场为本的谋利思维。

营销真正有意义的地方在于，它尽力保证企业只生产能够卖得出去的产品，而不是推销卖不出去的产品。我们常见到一些人研究“如何把一把梳子卖给和尚”或者“如何把冰卖给因纽特人”等，似乎这才是最值得攻克的难题，否则，就不算营销高手。其实，这是典型的“以产品为中心”的推销观，与市场营销的核心理念背道而驰。对于企业，绝不能将营销理解为卖东西，营销应是在深入消费者立场的基础上，排除障碍，克服困难，解决问题。只有这样，才能赢得机会。

需要说明的是，以营销为导向并不意味着推销和促销已无作用，其实推销和促销是营销的组成部分，如图 1－3 所示。如果用战争进行比喻，则推销相当于战斗行为，促销相当于战术支援，而营销则相当于全局性确保胜利的战略规则。

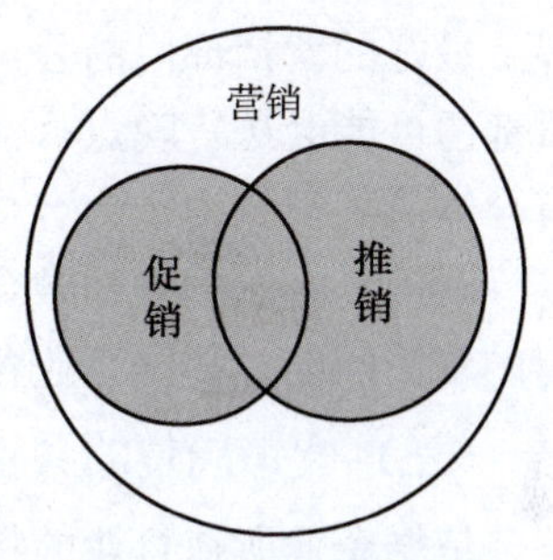

图 1－3　推销和促销是营销的组成部分

著名管理学家彼得·德鲁克曾经指出：“可以设想，某些推销工作总是需要的，然而营销的目的就是使推销变得多余。营销的目的在于深刻地认识和了解顾客，使产品或服务完全地符合顾客的需求，从而实现产品自我销售。理想的营销结果是让顾客主动购买，剩下的事就是如何便于顾客得到产品或服务……”美国营销学权威菲利普·科特勒认为：“营销最重要的内容并非推销，推销只不过是营销的冰山上的顶点……如果营销者把认识消费者的各种需求，开发适合的产品，以及定价、分销和促销等工作做得很好，这些产品就会很容易销售出去。”

### （二）营销工作涉及的内容与岗位

在实际操作中，营销工作早在产品制成之前就开始了。企业营销部门首先要明确哪里有市场、市场规模如何、有哪些细分市场、消费者的偏好和购买习惯如何等问题，把市场需求情况反馈给研究开发部门，让研究开发部门设计出符合该目标市场需求的产品。营销部门还必须为产品进行定价、渠道和促销计划等方面的规划，让消费者了解企业的产品，能够方便地找到已经上市的产品。在产品售出后，还要考虑提供必要的服务，让消费者满意。所以，营销不是企业经营活动的某一方面，它贯穿企业经营活动的全过程。

“市场需要什么，我们就生产什么”，这个说法是正确的，但不绝对。市场不是固化、孤立的，需求也存在着无限可能性。立足于市场，的确能减少一些盲目性，但仅具有市场观还远远不够。营销涉及产品生产和成本控制环节。营销人员一方面要准确预测需求，尽量减少变数；另一方面要对生产环节了如指掌，在关键性节点之前，根据市场信息调整定位与策略。营销人员还应追求与市场中的同类产品相比更高的销售价格，并且对成本构成和各项主要原料的市场价格有充分了解，充分考虑到选择不同的产品带来的成本变化；还要面对一些潜在的问题，比如说在木已成舟之后找出成本相对较低的产品修改可行性方案。

在很多企业里，营销工作经常由企业组织中的一个部门专门负责，这其实有利有弊。利在于这种做法便于集中受过营销训练的群体专门从事营销工作；弊在于营销不应该仅由企业一个部门进行，而应该在企业所有活动中均有体现。产生“一切以顾客和市场为导向”的观念并不难，难的是大多数技术部门并不知道顾客和市场的需求是什么。所以需要将市场信息及时转化成各个部门能够理解和执行的具体指令，并保证实施。这一点是企业的内部管理问题，却在很大程度上决定了营销的执行力。

很多企业受自身发展历史的影响，内部的企业文化自成一体。而营销部门人员往往是在市场中成长起来的，因为项目的具体需要聚集到一起，所以与前期、工程、采购等部门之间有条无形的鸿沟。加上营销部门大多因为人才行情的需要而使用独立的薪资体系，更加难以与其他部门融合，所以经常会出现“铁打的营盘流水的兵”的情况，营销队伍往往因为不适应企业文化而产生流动，而这种流动加深了营销部门与其他部门间的隔阂。

科学的营销应被视作公司的整体哲学和实践。多年前，惠普的创始人之一大卫·派卡德（David Packard）曾说过：“营销的重要性远不止于仅仅将其单独留给营销部门做。”拥有世界上最好的营销部门的公司一样可能出现营销失败。原因在于生产部门可能会提供次品，送货部门可能会送货晚点，会计部门可能会开出数额不准的发票，这些都会导致客户流失。只有全体员工都致力于为客户提供承诺的价值和服务并满足客户，营销才会是有效的。

营销与企业管理相融合，贯穿企业经营活动的全过程、各环节，每一个岗位都承担着一定的营销职能，都是企业营销岗位的重要组成部分。

### （三）营销岗位的共性工作职责

依据企业所在行业的特性、规模、管理规范程度、组织设置等不同，不同市场营销岗位的职责分工也不尽相同，但都具备以下几点共性：

（1）进行市场调研和信息收集，建立市场信息档案，分析市场信息；

（2）制定公司的市场营销政策、市场计划、推广策略，并贯彻、执行产品推广策略；

（3）拜访重点客户，与重点客户进行商务谈判，进行客户管理；

（4）对产品进行定价和渠道管理，制定广告、促销方案。

对于一个刚走出校门、很可能还没有任何工作经验的大学毕业生而言，进入公司从事营销工作大多需要从营销工作的基层做起。如果进入大公司，则会成为整个营销体系中的一颗“小小螺丝钉”，比如，可能参与市场调查的工作、渠道、促销、广告、策划、品牌客服、客户关系管理等这些片段性的工作的一部分。如果进入小公司，可能需要同时承担多重任务，工作责任的划分不会那么精细。

## 二、营销的重要性

从事营销工作须掌握市场营销及管理方面的基本理论和基础知识，接受营销方法与技巧方面的基本训练，才能具备分析和解决营销问题的能力。

当一个人对市场营销产生兴趣时，即具备了做好市场营销工作的最好素质；性格开朗、思维活跃并且善于与他人交际的人会上手很快；即便是性格内向或不是那么善于表达的人，但是如果善于学习，能在实务操作中不断积累经验、改善自己的从业习惯，并持续赢得客户信任，那么在这条路上同样可以走得很远；创新能力很强并且善于使用逆向思维、能够在竞争中扬长避短、具有良好的商业感觉的人，如果还具有足够的韧性，则能成为这一领域中的佼佼者。

目前市场营销人员依然高居人才需求的榜首，总体表现为基层市场营销人员跳槽频繁，优秀的市场营销人员普遍匮乏。就其趋势而言，因为从事市场营销工作需要具备各种能力，很多非本专业的人愿意付出更大的劳动而获得更多的回报，所以基层的市场营销工作岗位的竞争也会越来越激烈。另外，复合型的高端市场营销人员依然抢手。

从事营销工作，胜任营销管理岗位，除应具备良好的业务能力、强健的体魄和健康的心理外，对从业人员的道德伦理素质也提出了较高的要求。

任何一个营销组织和营销人员，在接受营销观念（Marketing Concept）的同时，既要考虑广泛的社会责任问题，同时也必须考虑营销道德伦理。对于一个公司而言，在真正以消费者为导向的同时，应有意识地不违背道德伦理。

当组织中的某些管理人员与另一些人所持的营销道德伦理不同时，就会产生问题，此时个人会损害公司的声誉，甚至危及公司的生存。为了确保营销道德伦理的标准尽可能明晰，许多组织都制定了书面的道德规章。这些规章通常是公司中每个人在处理与顾客及与其他人的关系时所应遵循的准则。许多专业社团也有这样的规章。例如，由美国市场营销协会发布的道德准则为营销管理工作的许多方面设立了特定的伦理准则。

## 三、市场营销的职业发展规划与建议

营销既是一门技术也是一类职业。美国市场营销协会（American Marketing Association）和英国特许营销协会（Chartered Institute of Marketing）各自致力于职业营销人员的资质认可。它们通过建立严格的测试制度，区分合格的营销人员和冒牌货。

然而，许多没有经过严格训练的营销人员也有非常出色的营销理念。英格瓦·坎普拉（Ingvar Kamprad）并不是一个职业营销人员，但是他的宜家（IKEA）公司仍然通过为大众提供质优价廉的家具大获成功。创造力是成功营销的重要影响因素，当然需要创造力的不仅限于营销人员。

市场营销人员的职业生涯发展阶段根据个人不同发展时期的特征差异，一般会经历 5 个阶段：成长探索期、确定期、稳定期、衰退期、末期。对于应届毕业的从业人员而言，应重点关注第 2 和第 3 阶段的发展规划。

### （一）确定期

刚参加工作的从业者，应该确立自己的职业选择范围及行业发展方向。必须学会如何适应团队生活，学会与同事相处，学会如何工作、如何不断提高自己的市场营销业务技能和熟练程度，并学会逐渐改进工作态度、不断积累经验和吸取教训。

### （二）稳定期

在该时期，个人的市场营销绩效水平可能持续提高，也可能保持稳定。成功经历职场挑战的人，可能获得更大的责任或更多的奖励，而其他人可能要重新评价自己的能力并更换工作或生活方式。在此对欲从事营销岗位的毕业生送出忠告：虽然同为市场营销职位，但不同行业间各有区别，所以建议应届求职者先确定自己感兴趣的行业再进入，并且最好具有长期在同一行业或相关行业内打拼的心理准备，在实务工作中做到市场营销功能模块的专深，如品牌功能模块、客户关系功能模块等，但同时也不要忘记逐步将自己塑造成复合型人才，为获得市场营销高端职位做好准备。

## 【同步习题】

### 1. 单项选择题

（1）市场营销学上的旅游市场主要研究的是（　　）。

A. 旅游卖方市场　　B. 旅游供给市场
C. 旅游中间商市场　　D. 旅游客源市场

（2）市场营销的核心是（　　）。

A. 生产　　B. 分配　　C. 交换　　D. 促销

（3）“酒香不怕巷子深”反映了（　　）。

A. 生产观念　　B. 产品观念
C. 推销观念　　D. 市场营销观念

（4）以“兼顾社会利益获得经济效益”为目标的市场营销观念是（　　）。

A. 生产观念　　B. 推销观念　　C. 市场营销观念　　D. 社会营销观念

### 2. 多项选择题

（　　）是构成市场的基本要素。

A. 人口　　B. 购买力　　C. 购买欲望　　D. 产品

### 3. 简答题

（1）简述营销和推销的区别。

（2）营销人员应具备的职业素养有哪些？

## 【实践训练】

### 1. 实训目的

（1）学生能够掌握营销人员应该具备的知识、能力和素质，能有意识地学习知识、提升能力、增强素质，成为合格的营销人员。

（2）在未来的工作中，学生可以运用所学知识，针对不同的产品采用恰当的营销方法，同时培养学生分析、归纳与演讲的能力。

### 2. 实训内容

营销是企业通向市场过程中至关重要的一环，营销人员把产品推向市场，让产品最终体现价值，又从市场中获取信息并反馈给企业，他们是离市场最近的人。在当今时代，仅凭一个人的力量很难在竞争日趋激烈的市场中生存。所以，企业需要打造属于自己的营销团队，凭借团队的优势在市场中抢占先机。

### 3. 实训步骤

将学生分为若干小组，每个小组为一个营销团队，各组分别设计团队名称、团队标志、团队口号，并进行团队分工，将结果记录在表 1－1 中。

表 1－1　营销团队研究结果记录表

| 研究内容 | 研究结果 |
| --- | --- |
| 团队名称 | |
| 团队成员 | |
| 团队标志 | |
| 团队口号 | |
| 团队分工 | |

### 4. 实训评价表

实训完成后，对实训效果进行评分，并记录在评价表中。

评价表

| 评价项目 | 分值 | 得分 |
| --- | --- | --- |
| 1. 实训计划设计合理，准备工作充分，对实训过程进行详细的记录 | 10 | |
| 2. 理论知识扎实，按照规定的实训步骤完成实训项目，逻辑清晰 | 20 | |
| 3. 组员之间能够进行有效的沟通，整个过程组织合理，语言表达准确无误，条理清晰 | 20 | |
| 4. 积极参与小组讨论，能提出建设性意见或建议 | 20 | |
| 5. 对待任务认真，严格按照计划开展实训项目，态度良好 | 20 | |
| 6. 不迟到、不早退，听从指导教师安排，不私自中途离开实训场地 | 10 | |
| 总分 | 100 | |

### 5. 注意事项

（1）建立有效的沟通机制，确保团队成员之间能够及时分享信息、讨论问题和协调行动。

（2）对可能遇到的风险进行评估和预测，并制定应对措施，以便在风险发生时能够迅速应对、减少损失。

# 项目二
# 了解市场与市场营销

## 【项目导读】

本项目旨在全面深入地引导学生理解市场与市场营销的核心概念、要素及特征。首先，通过探讨市场的定义、构成要素及独特性质，帮助学生构建与市场相关的基础知识的扎实框架。随后，深入解析市场营销的基本概念，包括其核心原理与重要术语，使学生能够准确把握市场营销的本质与范畴。在此基础上，进一步阐述营销观念的演变历程，从强调产品导向的传统营销观念，逐步过渡到以客户为中心的现代营销观念，学生将能够全面把握市场与市场营销的演变历程。

## 【学习目标】

- **知识目标**

（1）了解市场和市场营销的基本概念、内涵和特征。

（2）掌握市场的特征和市场营销的基本原理。

（3）熟悉传统营销观念和现代营销观念的内涵、特点、发展历程。

- **能力目标**

（1）能够解释市场的概念，辨别市场的要素，分析市场特征。

（2）能够分析和评估市场营销问题，运用市场营销方法解决实际问题。

（3）能够比较传统营销观念和现代营销观念的异同，分析两者的优缺点和适用性。

（4）能够运用现代营销观念分析实际营销工作。

- **素质目标**

（1）加深学生对市场经济运作的理解和认识，增强学生对市场机制的敏感性。

（2）培养学生的市场意识和洞察力。

（3）加深学生对市场营销理念演变的理解和认识，提升学生对市场变化的适应能力和创新意识，提升学生的逻辑思维能力和综合分析问题的能力，加强学生的协作能力和协调能力。

【学习指南】

**1. 知识结构图**

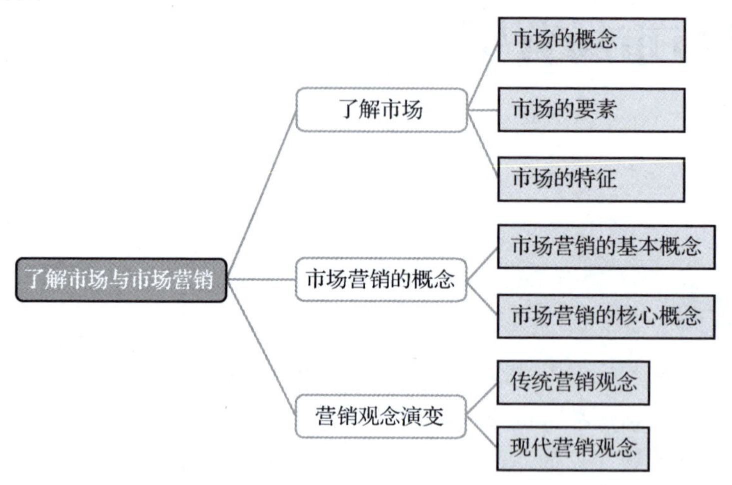


**2. 重难点内容**

（1）重点：了解市场和市场营销的概念、要素及特征。

（2）难点：加深对市场营销理论的理解，能够运用市场营销的相关概念分析实际营销工作。

【问题导入】

（1）市场，是无形的手塑造的竞技场，还是企业展现智慧与策略的舞台？在这个舞台上，企业与消费者如何共同演绎价值的交换与创造？

（2）在市场营销的世界里，是“适应变化”更重要，还是“创造变化”更重要？为什么？

【案例导入】

### 小米汽车一夜售罄：新能源市场的革命者

2021 年 3 月 30 日，小米创始人雷军在公开演讲中宣布进军汽车制造业，称“小米汽车将是我人生中最后一次重大的创业项目，我愿意押上我人生所有积累的战绩和声誉，为小米汽车而战”！自此，小米汽车的一举一动受到外界的关注。

2024 年 3 月 28 日，小米首款汽车 SU7 正式发布，该款定位为 C 级豪华科技轿车的汽车在新能源汽车的广阔市场中，迅速崭露头角。作为对比的蔚来及小鹏在 2023 年的全年销量分别约为 160 000 辆和 141 600 辆。而小米汽车仅在新款车辆的初次亮相后，就已经达到了这些竞争者年销售额的近三分之一。

这种亮眼的市场表现，激发了各方对小米汽车所持策略与市场吸引力的进一步分析。小米汽车能够取得如此卓越的销售业绩的原因，可能源于其产品的独特魅力、市场定位的准确性以及有效的营销战略。

一方面，小米汽车对用户需求和市场趋势有着敏锐的洞察力。随着新能源汽车市场的不断成熟，消费者对汽车的需求已不再停留于仅作为出行工具，而是更重视智能化、舒适性和个性化。小米汽车正是通过不断创新和优化产品，满足了消费者的多元化需求。

另一方面，小米汽车也借助了小米品牌的巨大影响力。作为一个用户基数达到亿级的企业，小米在汽车领域的布局引起了广泛关注。许多小米粉丝表示愿意尝试并购买小米汽车，以此体验由小米带来的全新智能出行方式。这种品牌忠诚度的转化，为小米汽车建立了显著的市场优势。

小米汽车的市场成绩，还归功于其精准而明智的市场定位。该品牌针对年轻消费人群和都市白领这一主力市场，推出满足其需求与偏好的车辆型号。为增加品牌知名度，并拓宽消费者基础，小米汽车采用了线上与线下相结合的多元化营销策略，以吸引更多潜在的客户群体。

（资料来源：百度，2024-03-31）

【知识准备】

# 任务一　了解市场

## 一、市场的概念

市场的概念源于古时人们对在固定时段或地点进行交易的场所的称呼，在《易经》中，也早有记载，“日中为市，致天下之民，聚天下之货，交易而退，各得其所”。

市场的概念有狭义与广义之分。

### （一）狭义市场

狭义市场是指进行商品买卖的场所，即买卖双方聚集在一起交换货物和劳务的实际场所。这里强调的是交易的场所或地点，如遍布于城乡的集贸市场、商业区、购物中心等。这些市场通常位于交通方便、人烟稠密之地。

### （二）广义市场

关于市场的概念，国外也有不同的定义。马克思曾说：“市场是商品发展到一定历史阶段的产物。”列宁曾说：“哪里有社会分工和商品生产，哪里就有市场。”狭义的角度（消费者）的市场，是进行商品交换的场所，即买方和卖方聚集在一起进行商品交易的场所。它强调商品与场所在生产观念（Production Concept）下的含义。例如，西北轻工批发市场，既显示了该市场的地理位置，也告知了该市场的交易内容。

广义市场的概念，可从以下4个角度来进行阐释。

（1）从消费者角度：市场以顾客为中心，是商品的顾客或购买集团。

（2）从营销者角度：市场是指商品现实购买者和潜在购买者的集合体。

（3）从经济学者角度：市场是商品购买者和买卖双方交换关系的集合，商品供给与需求的矛盾统一体。

（4）从管理者角度：市场是在一定的时间、地点和条件下，商品生产者与商品消费者进行商品交换过程中产生的各种经济关系和经济活动的现象和规律。

因此，广义市场是指一定时间、地点、条件下商品交换关系的总和，即把市场当作商品交换的总体。这是马克思主义政治经济学的观点，即通过一定的经济关系来说明市场的性质。市场上所有的买卖活动，都涉及直接参与者和间接参与者的利益，在物与物的关系背后存在着人与人的关系。所以市场是商品生产者、中间商及消费者交换关系的总和。

### （三）现代市场概念

（1）1960年，美国市场营销协会认为，市场是指一种货物或劳务的潜在购买者的集合需求。

（2）美国西北大学的市场营销专家菲利普·科特勒在《市场营销管理》一书中对市场的定义进行了描述，市场是指某种产品的现实购买者和潜在购买者需求的总和。

### （四）市场营销学中的市场概念

从市场营销学的角度，市场是指由实际或潜在的消费者群体与能够满足其需求的商品或服务供应者构成的体系。市场的核心在于需求、欲望和购买能力的存在与结合，消费者的需求是市场形成的基础，而商品或服务供应者通过价值交换来满足这些需求。简而言之，市场就是实际与潜在需求的汇聚之地。

## 二、市场的要素

根据市场的狭义、广义和现代概念，可以将市场的概念总结为市场是由人口、购买力、购买欲望三者有机构成的总体，也可总结为愿意并能够通过交换来满足特定需求和欲望的全部现实的和潜在的购买者的总和，即市场的构成包括人口、购买力、购买欲望三个要素，可表示为市场 = 人口 + 购买力 + 购买欲望。

### （一）人口

需求是人的本能，对物质及精神产品的需求是维持人类生存的基本条件。因此哪里有人，哪里就有需求，也就会形成市场。人口的多少决定着市场需求量的大小；人口的状况影响着市场需求的内容与结构。例如，年轻人口比例高的地区可能更倾向于消费时尚、科技产品，而老年人口比例高的地区可能更注重健康、医疗保健产品。

### （二）购买力

购买力是人们支付货币购买商品或劳务的实际能力。有支付能力的需求才是有意义的市场。因此在人口状况既定的条件下，购买力就成为决定市场容量的重要因素。市场的大小，直接取决于购买力的高低。购买力要受到多种因素的影响，如收入水平的高低、供应人口的多少、消费结构等。

### （三）购买欲望

购买欲望是指消费者购买商品的愿望、要求和动机。它是把消费者的潜在购买力变为现实购买力的重要条件。人口再多，购买力水平再高，如果对某种商品缺乏强烈的购买动机或欲望，商品买卖仍然不能发生，市场也不可能现实地存在。同时，购买欲望受到多种因素的影响，包括个人兴趣爱好、时尚潮流、广告宣传等。市场中的企业通过刺激和引导消费者的购买欲望，促进产品销售和市场需求的增长。

市场的这三个要素是相互制约、缺一不可的，只有三者结合才能构成现实的市场，才能决定市场的规模和容量。

如果有人口和购买力而无购买欲望，或者有人口和购买欲望而无购买力，对企业来说，都无法形成现实的有效市场，只能是潜在市场。

值得注意的是，市场中除了有购买力和购买欲望的现实购买者外，还包括暂时没有购买力，或者暂时没有购买欲望的潜在购买者。

## 三、市场的特征

### （一）开放性

市场经济体制下的市场是充分开放的，即向所有的商品生产者、经营者和购买者开放，向各种产权形式的企业开放，向全部社会资源要素开放，向各个行业、地区和国家开放。任何所有制性质、任何规模和形式的企业都可自由参与市场活动。

### （二）多元性

现代市场是一个多元化的完备体系，不仅可供交换的商品种类越来越多，而且参与市场交换活动的主体、交换方式、交换手段也是多元的。

### （三）自主性

企业是经济活动的主体。作为独立的利益主体单位，企业拥有法定的自主权利，包括有权根据市场需求自主调整投资方向和生产经营活动，调整产品结构，自主设置内部管理机构，自主决定利益分配方式等。

### （四）竞争性

平等进入、公平竞争是市场运作的基本原则。所有进入市场的单位和个人，在交易过程中，其机会和地位是均等的。在平等参与的基础上，各企业凭借自己的实力，全方位展开竞争，通过公平竞争，实现优胜劣汰。

# 任务二　市场营销的概念

## 一、市场营销的基本概念

市场营销源自“Marketing”一词，是指一种经济活动，不同的研究学者或机构对市场营销的概念有不同的见解。市场营销是企业通过研究市场需求、制定营销策略，将产品或服务有效地推广给目标客户，并最终实现销售和盈利的过程。

（1）美国市场营销协会认为“营销是计划和执行关于商品、服务和创意的理念、定价、促销和分销，以创造符合个人和组织目标的交换的一种过程”。

（2）麦卡锡认为，市场营销是引导商品和服务从生产者到消费者或使用者的企业活动，以满足顾客并实现企业的目标。这一概念是在传统市场营销观念向现代市场营销观念过渡，即市场营销管理导向时期产生的，重点突出了顾客的重要性。

（3）现代营销学之父菲利普·科特勒认为，市场营销是个人和群体通过创造并同他人交换产品和价值以满足需求和欲望的一种社会和管理过程。

（4）菲利普·科特勒与加里·阿姆斯特朗在他们的合著书籍《市场营销管理》中将市场营销定义为“在适当的时间、地点和价格向目标市场提供所需的产品、服务、沟通和分销的管理过程，以实现个人和组织的目标”。

（5）斯坦利·杰尔斯和约瑟夫·吉尔摩尔认为市场营销是“满足利益相关者（顾客、股东、员工等）需求的过程，通过产品和服务创造和交换价值”。

（6）拉尔夫·戴维斯和杰拉尔德·洛维特将市场营销定义为“研究市场需求，制定合适的产品和服务，设计合适的定价和促销策略，以便在有利的地点和时机向目标市场提供产品和服务的过程”。

这些定义从不同的角度和层面阐述了市场营销的本质和内容，强调了满足顾客需求、创造价值、管理过程等方面的重要性。

【营销资料】

市场营销不是“什么”？

## 二、市场营销的核心概念

市场营销的核心定义包含以下几个基本要点。

（1）市场营销的核心功能是交换。

交换是以提供某物作为回报而与他人换取所需要物品的行为。因此，交换活动存在于市场经济条件下的一切社会经济生活中。

（2）市场交换活动的基本动因是满足交换双方的需求和欲望。

用市场营销的视角观察市场交换活动，顾客购买的是对某种需求和欲望的“满足”，企业产出的是能使顾客的这种需求和欲望得到“满足”的方法或手段。

（3）市场营销活动的价值实现手段是创造产品与价值。

市场营销意味着企业应先开市场后开工厂，整合各种可利用资源，创造出能使顾客的需求和欲望得到“满足”的方法或手段。

（4）市场营销活动是一个社会管理过程，而不是某一个阶段。

市场营销活动包括决策的过程和贯彻实施该决策的过程，需要全部工作都得到协调平衡才能达到目标。

市场营销的核心概念如图2－1所示。

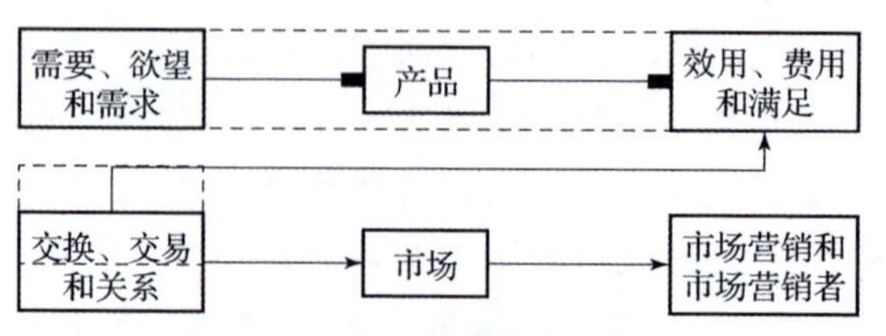


图2－1 市场营销的核心概念

### （一）需要、欲望和需求

需要和欲望是市场营销活动的起点。

需要是指没有得到某些基本满足时的感受状态，是人类与生俱来的一种状态。如人们为了维持生存，需要食品、空气、水、衣服和住房，这些是人类的生理需要，除此之外，人类还有安全需要、归属需要、受人尊重的需要以及自我实现的需要。需要存在于人类自身生理和社会之中，市场营销者可以用不同的方式满足需要，但是不能凭空创造。

欲望是指想得到能够满足基本需要的具体产品的愿望。欲望受个人所处的文化及社会环境的影响，如为满足“解渴”的生理需要，人们可能选择喝水、茶、果汁等。市场营销者无法创造需要，但可以影响欲望，通过开发及销售特定的产品和服务来满足欲望。

需求是指人们有能力购买并且愿意购买某个具体产品的欲望。需求实际上也就是对某特定产品及服务的市场需求。市场营销者总是通过各种营销手段来影响需求，并根据对需求的预测结果决定是否进入某一产品市场。

从上述概念可以知道：人类的需要可以通过不同方式来满足；欲望是需要的一种，是明确了具体满足物或满足方式的一种需要；需求是一种特定的欲望。需要的基本性质是存在于营销活动之前，无法靠营销活动创造，但市场营销者连同社会上的其他因素可以影响人们的欲望，进而经过营销活动，使欲望转化为需求。

### （二）产品

产品是指能够满足人的需要和欲望的任何东西。产品的价值不在于拥有它，而在于它带来的对欲望的满足。产品从形态上可以分为有形产品和无形产品，如人们购买冰箱不是为了观赏，而是用于冷藏和保存食品；当人们心情烦闷时，为满足放松心情的需要，可以去旅游，也可以去听音乐会。市场营销者必须清醒地认识到，所创造的产品不管形态如何，如果不能满足人们的需要和欲望，就必然会失败。

### （三）交换和交易

交换是指从他人处取得所需之物，并以某种东西作为回报的行为。一般而言，人们取得满足需求或欲望之物的方式有许多种，如自行生产、强制取得、乞讨和交换。其中，市场营销活动产生于交换方式。

交换的发生，必须具备5个条件：

（1）至少有交换双方；

（2）每一方都拥有被对方认为有价值的东西；

（3）每一方都能沟通信息和传递货物；

（4）每一方都可以自由接受或拒绝对方的产品；

（5）每一方都认为与另一方进行交易是适当的或是满意的。

具备了上述条件，就有可能发生交换行为，而交换能否真正产生，取决于买卖双方能否通过交换而获得比交换前更多的满足。因此，交换是一个包括寻找交换对象和谈判等内容的创造价值的过程，而不是一个事件。如果双方正在进行谈判，并趋于达成协议，这意味着他们正在进行交换。当双方通过谈判达成协议，交易便产生。

交易是交换活动的基本单元，是由双方之间的价值交换所构成的行为，交易的形式通常包括货币交易形式，以及以物易物、以服务易服务等非货币交易形式。

### （四）价值和满意

消费者通常都会面临一大批能满足其某一需要的产品，消费者在这些不同产品之间进行选择时，一般都是依据产品能提供的最大价值而做出购买决定的。这里的价值是消费者付出的成本与所得利益之比。一般，消费者在获得利益的同时也需要承担成本。消费者获得的利益包括功能利益和情感利益，而成本则包括金钱、时间、精力以及体力，因此，价值可用以下公式来表达：

$$价值=\frac{利益}{成本}=\frac{功能利益+情感利益}{金钱成本+时间成本+精力成本+体力成本}$$

企业可以通过以下方法来提高产品的价值：

（1）增加利益；

（2）降低成本；

（3）增加利益同时降低成本；

（4）利益增加幅度比成本增加幅度大；

（5）成本降低幅度比利益降低幅度大。

满意是指人们在对一种产品的可感知效果与他的期望进行比较后，产生愉悦的感觉状态。当可感知效果与期望符合时，顾客就会感到满意；当可感知效果低于期望时，顾客就会感到失望。如果某企业的产品对于目标购买者而言是具有价值的，并能够使购买者感到满意，那么，该企业的产品就是成功的。

## 任务三　营销观念演变

市场营销观念又称营销观念，它是指企业从事市场营销活动及管理过程中的指导思想、根本看法和根本态度，即企业在开展市场营销活动的过程中，在处理企业、顾客和社会三者的利益时所持的态度和指导思想。它是一种经营态度，是一种企业思维方式，是企业家经营企业时依据的经营哲学。它在企业营销活动中起支配和指导作用，故称“企业思维方式”，或称“企业哲学”“市场营销管理哲学”。

### 一、传统营销观念

传统营销观念建立在以生产者为导向的基础上，此时的市场处于一种供不应求或由供不应求趋向供求平衡的状态，而且消费者的需求总体呈现出一种无差别的特性。

#### （一）生产观念

生产观念是以生产为中心的企业经营指导思想。它是最陈旧、最古老的指导思想，也是指导企业经营行为时间最长的一种观念。

20 世纪 20 年代以前，资本主义经济和技术发展还相对落后，社会产品供应不足。企业一般生产的产品种类比较单一。市场需求是被动的、静态的，消费者没有多大选择的余地，企业进行销售只需将生产的产品从工厂分配、运送到市场。这时是以“生产观念”作为企业的指导思想，表现为“我生产什么，就卖什么”。

**【营销案例】**

**张裕葡萄酿酒公司：以生产观念为主导的显著成就案例**

在中国葡萄酒行业的历史长河中，烟台张裕葡萄酿酒公司（简称张裕公司）无疑是一颗璀璨的明珠。自1892年创办以来，张裕公司始终秉持着对卓越品质的不懈追求，以生产观念为主导，在物资匮乏、市场需求旺盛的时代背景下，不仅成功地在市场上立足，更在国际舞台上赢得了广泛赞誉。

烟台张裕葡萄酿酒公司的前身，由著名华侨巨商张弼士先生于1892年在烟台创办。在那个物资匮乏、市场需求旺盛的时代，张裕公司从一开始就明确了以生产高品质葡萄酒为目标，致力于满足消费者对优质饮品的需求。这一决策，不仅体现了张裕公司对生产观念的深刻理解，也为其后续的发展奠定了坚实的基础。

在张裕公司的早期发展中，生产观念占据了主导地位。公司深知，在物资稀缺的年代，唯有通过提高生产效率、降低成本、保证产品质量，才能在激烈的市场竞争中脱颖而出。因此，张裕公司投入大量精力和资源，不断提升酿造技术，优化生产流程，确保每一瓶葡萄酒都能达到最高的品质标准。

这种对品质的极致追求，使张裕公司在短时间内就赢得了市场的广泛认可。1915年，在世界产品盛会——巴拿马太平洋万国博览会上，张裕公司凭借旗下的白兰地、红葡萄、雷司令、琼瑶浆（味美思）四款产品一举荣获四枚金质奖章和最优等奖状。

这不仅是中国葡萄酒在国际上首次获得如此殊荣，也标志着张裕公司正式跻身世界顶级葡萄酒生产商行列。

随着生产规模的不断扩大和产品质量的不断提升，张裕公司开始积极拓展市场。在国内市场，张裕葡萄酒凭借其卓越的品质和独特的口感赢得了广大消费者的喜爱；在国际市场，张裕公司也凭借其生产观念下的卓越表现，成功开辟了多个国家和地区的销售渠道。如今，张裕公司已将产品远销至世界20多个国家和地区，成为中国葡萄酒行业的领军品牌。

（资料来源：百度，2021-12-27）

### （二）产品观念

产品观念认为消费者最喜欢品质可靠、性能优、有特色的产品，并愿意花较多的钱买质量上乘的产品。为此，企业应致力于不断改进产品。换言之，只要企业生产出优质产品，消费者必然会找上门，正所谓“酒香不怕巷子深”。

产品观念是从生产观念中派生出的观念，产品观念和生产观念有许多相同之处，都产生在供不应求的“卖方市场”形势下，都以生产为中心，都忽视市场的存在和多样化的需求。正因为如此，许多人会将二者合而为一，但二者有较为明显的差别。相比于上一阶段，社会生活水平已有了较大幅度的提高，消费者已不再仅满足于产品的基本功能，而是开始关注产品在功能、质量和特点等方面的差异性。因此，如何在这些方面从众多竞争对手中脱颖而出，为消费者提供更优质的产品就成了企业的当务之急。在产品供给不太紧张或较为宽裕的情况下，这种观念常常成为一些企业经营的指导思想。在20世纪30年代以前，不少西方企业都奉行这一观念。

但是，持此营销理念的企业过分强调质量在营销中的地位，从而淡化了消费者其他需要，导致“市场营销近视”，即不适当地把注意力放在产品上，而不是放在市场需求上，缺乏远见，只注重提升自己产品的质量，看不到市场需求的变化，致使企业经营陷入困境。

### （三）销售观念（推销观念）

销售观念（Selling Concept）是生产观念的延伸和发展。

20世纪20年代末期，资本主义市场趋势发生了重大变化，特别是1929年爆发的经济危机，由于市场中产品数量增加，花色品种增多，许多产品开始供过于求，企业之间的竞争加剧。这时不少企业逐渐以销售观念作为企业经营的指导思想，表现为“我卖什么，人们就买什么”“我怎样卖出去”。尽管这时的市场基本上还是卖方市场，但是有的企业为了争取消费者，开始重视应用推销术和广告术大肆兜售产品，以压倒竞争者。

## 二、现代营销观念

现代营销观念建立在以消费者为导向的基础上，此时的市场处于一种供过于求的状态，买方市场已经形成，而且消费者的需求总体呈现出具有差异性的特点。

### （一）市场营销观念

市场营销观念是商品经济发展史上的一种全新的经营思想，是20世纪50年代初到20世纪60年代末这一时期的指导性观念。第二次世界大战后，科学技术迅速发展，物质财富极大丰富，产品更新换代的周期越来越短。军工产品大量进入民用市场。生产和消费的矛盾日渐激烈。企业必须从市场中争取消费者，想方设法地满足消费者的需求，才能获得发展。这种市场格局，促使先进的企业逐渐用营销观念取代推销观念，表现为“消费者需要什么就卖什么”“什么能卖出去就生产什么”。许多大公司的口号是“哪里有消费者的需要，哪里就有我们的机会”。

在市场营销观念指导下的营销活动具有以下四个基本特征。

（1）市场中心。以目标市场消费者的潜在需求为中心并集中企业的一切资源占领目标市场是企业成功的关键。

（2）消费者导向。市场营销观念下的企业活动以消费者的需求为导向。

（3）营销协调。要满足消费者的需要并实现企业的营销目标，就必须综合运用各种营销手段，使企业的营销活动形成一个有机的整体。

（4）盈利能力。在以市场为中心的营销理念的引导下，企业追求利润的根本目标尽管没有改变，但开始注重长远利益。企业追求利润的手段应该建立在满足消费者需求的基础上。

市场营销观念虽然抓住了“消费者”这个市场核心，但仍存在不足之处，即片面注重消费者的短期需求和眼前利益，忽视了社会其他利益的存在。

需要注意的是，在企业营销管理实践中，营销观念与推销观念往往容易混淆，有的企业认为只要重视产品推销，就是贯彻了营销观念，这是一种误解。营销观念与推销观念的区别见表2-1。

表2-1　营销观念与推销观念的区别

| 观念类别 | 出发点 | 工作中心 | 方法和手段 | 目的 |
|---|---|---|---|---|
| 推销观念 | 现有产品 | 产品 | 推销和促销 | 销售产品从而获利 |
| 营销观念 | 目标市场 | 消费者需求 | 整体营销 | 满足消费者需求从而获利 |

本质上，市场营销观念是一种以消费者需要和欲望为中心的哲学。

**思考：**

德鲁克先生曾说：“市场营销就是推销，就是把产品卖掉，变成现金。”而他也说过：

“营销的真正内涵是使销售成为多余。”他的观点是否矛盾？请运用所学知识进行分析。

### （二）社会市场营销观念

社会市场营销观念也称营销战略观念。所谓社会市场营销观念，即企业的生产经营，不仅要满足消费者的需要和欲望，而且要符合消费者自身和社会的长远利益，因此需要正确处理消费者需要、消费者利益、企业利益和社会长远利益之间的矛盾。这显然有别于单纯的市场营销，它增加了两个考虑因素：一个是消费者的潜在需要，即不仅要考虑消费者已存在的欲望，同时也要兼顾他们的潜在需要和利益。营销人员应当发掘这些潜在的需要，而不仅仅是迎合已存在的需要。另一个考虑因素是社会和个人的长远利益。不能只满足眼前的、一时的生理上或心理上的某种需要，还必须考虑个人和社会的长期福祉，如是否有利于消费者的身心健康、是否有利于社会的发展和进步、是否可防止资源浪费和环境污染等。

以社会市场营销观念为指导思想的营销活动具有以下特点。

（1）将消费者利益和社会利益并重作为企业经营活动的双层中心。

（2）全面、完整地运用营销手段是企业成功的关键。

（3）重视和追求企业的长远利益和社会的全面进步。

【营销案例】

#### 腾讯公司：现代营销观念下的中国企业社会市场销售观念经典案例

作为中国领先的互联网科技公司，腾讯公司以创新的商业模式和社会责任感在现代营销观念下树立了典范。以下是腾讯公司在社会市场销售观念方面的经典实践。

数字化服务创新：腾讯公司致力于通过数字化技术为用户提供多元化的服务，包括社交娱乐、金融科技、云计算等领域。公司不断推出创新的产品和服务，如微信、QQ、腾讯云等，满足用户在各个生活领域的需求，提升用户体验和满意度。

公益慈善活动：腾讯公司积极参与社会公益和慈善活动，关注教育、环保、扶贫等社会问题。公司成立了腾讯公益基金会，通过捐赠、项目支持和志愿者活动等方式，为社会公益事业提供资金和资源支持，履行企业社会责任。

产业生态布局：腾讯公司建立了开放、共赢的产业生态圈，与合作伙伴共同发展，共建数字化产业生态系统。公司与各行各业的合作伙伴合作，共同探索数字化转型和创新发展，推动产业生态的持续健康发展。

用户数据安全保护：腾讯公司注重用户的数据安全和隐私保护，制定了严格的数据管理政策和安全保护措施，保障用户数据的安全性和隐私性。公司致力于建立安全可信的数字化生态环境，提升用户对平台的信任度和使用体验。

综上所述，腾讯公司在现代营销观念下，以数字化服务创新、公益慈善活动、产业生态布局和用户数据安全保护为核心，完成了经典的社会市场销售观念实践。这些实践不仅帮助腾讯公司成为中国互联网产业的领军企业，还为整个行业树立了社会市场销售观念的典范，推动了社会的可持续发展和进步。

（资料来源：自己编写，2024－05－07）

### （三）大市场营销观念

大市场营销观念是由美国西北大学营销学教授菲力普·科特勒在1984年提出的。菲力普·科特勒对大市场营销观念的定义是，企业为了成功地进入特定市场并在该市场中从事业务经营，在策略上协调地使用经济、心理、政治和公共关系等方面的手段，以争取外国或当地各有关方面的合作和支持。

特定市场是指进入屏障极高的封闭型或保护型市场。

在一般市场上，进入屏障主要来自顾客、资本、原材料、经销商、竞争者、信誉等因素。而在大市场营销观念中，市场进入屏障还包括歧视性的法律规定、垄断协定、社会偏见和文化偏见、不友好的分销渠道、拒绝合作的态度等。

目前我国仍处于社会主义市场经济初级阶段，受到社会生产力发展程度、市场发展趋势、经济体制改革的状况及广大居民收入状况等因素的制约，我国大多数企业的经营哲学仍处于以推销观念为主、多种观念并存的阶段。

大市场营销观念表现为营销的可持续发展性，它是生态的、社会的、大市场的、整体营销观念的综合体现，与传统观念相比，在营销目的、出发点、着重点、组织、策略与手段上更加完善，其特征可概括为以下六个方面。

（1）营销的目的性。优先考虑社会发展和长期福祉，主动实现目标顾客需求和利益的持续满足，从而达到企业长期利润的最大化。营销的目的升华到国家与社会、消费者与公众、企业与职工利益三位一体的层面。

（2）营销的均衡性。遵循由目标、环境、条件和策略构成生态模型的均衡理论，不少企业已逐步摒弃片面的生产中心论和被动的市场中心论，以“适应外部生态环境求生存，发挥企业内在优势谋发展”的思路，通过营销战略、营销策略的制定和优化，最终达成营销目标、内部条件与市场环境的动态平衡。

（3）营销的主动性。冲破企业外部环境不可控的界限，积极影响、主动适应目标市场，借助社会、文化、心理、传媒等手段转变消费观念，创造新的需求，开发潜在市场。运用经济、政治、权力、公关、合作等手段渗透和冲破封闭市场。敢于冲破企业外部环境不可控的思维定式，需求拉动与营销推动并举，面对多维度、多变量、多层次、多结构的市场积极去影响，主动发掘潜在需求，实现目标顾客特殊需求和利益的持续满足。创造消费需求，赢得市场先机已是众多企业不懈追求的目标。

（4）营销的共生性。共生营销的概念由美国市场学家艾德勒提出，指由两个及两个以上企业以联合建立利益共同体的形式，在开发市场机会的过程中，充分发挥各盟员的优势，开发规模效应的营销方略。摈弃瓜分利益者是冤家、一味彼此对抗的陈旧观念，旨在解决相关企业之间的矛盾，通过企业、供应商、经销商等成员之间联合结盟，借助产、供、销的整体价值让渡系统的合力，减少无益竞争，谋求利益“双赢”甚至“群赢”，增强适应能力，巩固市场地位，实施多元化经营以减弱市场风险，开拓有利的市场。其形式包括水平一体化，即在某一特定营销活动内容上的企业合作；垂直一体化，即在生产经营不同阶段上的企业合作进行前向、后向一体化经营；交叉一体化，即业务范围完全不同的企业间合作进行多元化经营。面对复杂的竞争结构，企业应实行竞争与协作并举、进攻与防御并重的方针，规划可持续发展战略。全球性的竞争催生了“营销网络”的概念，企业寻找“战略伙伴”或“同盟者”以获取更广泛、更有效的市场占有，谋求共同发展已成为一种时髦。摈弃同行是冤家、一味竞争的陈腐观念，寻求相关企业间的合作、联盟，借助聚集效应实现营销高效率。

（5）营销的整合性。营销是企业的龙头职能，将各层面、各环节、各部门的职能纳入统一营销管理系统形成一种合力。同时从过程和手段体系上优化营销战略和策略组合进行整体营销。

（6）营销的全员性。当代世界最著名的管理大师彼得·德鲁克指出：“市场营销是如此的基本，以至于不能把它看成是一个单独的功能。从它的最终结果，也就是从顾客的观点看，市场营销是整个企业的活动。”营销不是一个人的工作，也非一个部门的职责，它是企业的灵魂，是全员性的活动。“如果你不直接为顾客提供服务，就向那些为顾客提供服务的人提供服务”，这是企业内各部门遵循的准则，也是提出全员性营销的基础。除拥有健全高效的市场部、销售部、公关部等核心营销组织外，企业必须建立与相关职能部门的协调机制，取得诸如政策、资金、技术、质量、服务等全方位的支持；生成以市场因素为约束条件的目标连锁体系，使总目标和分层目标都能与外部环境相联系，让各层组织体不同程度地接触市场信号，同外界发生更多的接触，以增强适应环境变化的敏感性；组建诸如营销－研发、生产－营销等联合机构，形成以目标任务为导向，可单独完成产品的开发、设计、研制、生产、销售、服务全过程的快速反应联队，将各层面、各环节、各部门的职能纳入统一营销管理系统，形成一种合力。

## 【同步习题】

### 1. 单项选择题

（1）在马克思关于市场的定义中，市场被视为（　　）。

A. 商品交换的简单场所　　B. 商品交换的间接参与者集合

C. 商品经济发展到一定阶段的产物　　D. 商品供给与需求的独立体

（2）从经济学者的角度，市场是（　　）。

A. 买方和卖方直接见面的地点　　B. 消费者的购物决策中心

C. 商品购买者和买卖双方交换关系的总和　　D. 商品交换活动的非经济关系集合

（3）下列选项中最准确地反映了美国著名营销学者菲利浦·科特勒对市场营销的核心描述的是（　　）。

A. 市场营销是商品和服务的简单推广过程

B. 市场营销是企业内部的产品生产计划

C. 市场营销是通过研究市场需求、制定营销策略，以实现销售的过程

D. 市场营销是个人或集体通过创造、提供并同他人交换有价值的产品，以满足其需求和欲望的一种社会和管理过程

（4）根据文中关于需要、欲望和需求的概念，以及产品的定义，下列选项中最准确地描述了市场营销活动的核心的是（　　）。

A. 市场营销活动的核心是创造人们的基本需要

B. 市场营销活动的核心是通过产品满足人们的欲望，并将其转化为实际的需求

C. 市场营销活动的核心是销售尽可能多的产品，不考虑人们的实际需要

D. 市场营销活动的核心是推广产品，使其看起来更吸引人，而不必真正满足人们的需求

（5）（　　）认为只要企业生产出优质产品，顾客就会自然找上门来。

A. 生产观念　　B. 产品观念　　C. 市场营销观念　　D. 推销观念

**2. 简答题**

（1）请结合实例阐述市场的概念，并分析市场在现代经济体系中的核心作用。你认为在数字经济时代，市场概念发生了哪些变化？

（2）对比传统营销观念与现代营销观念的主要差异，并探讨现代营销观念（如顾客导向、价值创造、绿色营销等）对企业战略制定和实施的影响。请以小米公司为例，说明如何在营销中践行现代营销观念。

## 【实践训练】

### 1. 实训目的

（1）通过本次实训，授课教师能够迅速掌握全班学生情况，以便以后有针对性地、因人制宜地组织开展营销活动。

（2）加深学生之间的相互了解，锻炼学生们上台发言的勇气和口头表达能力，这种勇气和表达能力正是从事市场营销工作的人员所必不可少的。

### 2. 实训内容

一分钟自我推销演练，演练内容：

（1）问候；

（2）自我介绍（包括姓名、来自哪里、个人兴趣爱好、专长、家庭情况、对市场营销实务课程的认识和学习期望等）。

### 3. 实训步骤

学生应按授课教师要求，精心编写一份一分钟自我推销介绍词，然后利用课余时间，反复演练，直到内容熟练、神情自然。在课堂时间登上讲台进行一分钟自我推销演练。具体步骤如下。

（1）上台问候。跑步上台，站稳后先对所有人问好，然后再开始介绍。注意展现热情，面带微笑。

（2）正式内容演练，即自我推销介绍。注意音量、站姿、介绍顺序、肢体动作等。

（3）致谢回座。对所有人说谢谢后才能按教师示意回到座位。

### 4. 实训评价表

实训完成后，对实训效果进行评分，并记录在评价表中。

评价表

| 序号 | 评价标准 | 评分细则 | 分值 | 得分 |
|---|---|---|---|---|
| 上讲台自我推销介绍（55分） | | | | |
| 1 | 声音大小 | 声音清晰洪亮，全场可闻，无过大或过小现象 | 10 | |
| 2 | 热情展现 | 表情丰富，眼神交流充分，展现出对市场和市场营销的热情与兴趣 | 7 | |
| 3 | 面带微笑 | 始终保持微笑，态度亲切，具有亲和力 | 10 | |
| 4 | 站姿 | 站姿端正，自信稳重，无晃动或倚靠现象 | 8 | |
| 5 | 肢体语言 | 肢体语言自然得体，可有效辅助表达，增强说服力 | 5 | |
| 6 | 语言表达 | 语言流畅，条理清晰，用词准确，逻辑性强 | 10 | |
| 7 | 服装得体 | 穿着整洁，符合场合，展现专业形象 | 5 | |
| 自我推销介绍词内容（35分） | | | | |
| 1 | 内容新颖性 | 介绍内容具有创新性，能吸引听众注意力，展现独特见解 | 10 | |
| 2 | 内容独特性 | 体现个人对市场和市场营销的深入理解，避免泛泛而谈，有独到观点 | 10 | |
| 3 | 顺序自然 | 介绍顺序逻辑清晰，层次分明，过渡自然，易于听众理解 | 15 | |
| 时间掌控（10分） | | | | |
| 1 | 时间管理 | 严格遵守规定时间，不超时也不过于仓促，内容完整呈现 | 10 | |
| 总分 | | | 100 | |

### 5. 注意事项

（1）学生应精心进行一分钟自我推销介绍词准备。教师可要求学生干部督促学生反复演练，使学生在登上讲台时能达到内容熟练、神情自然。

（2）注意课堂纪律掌控，控制笑声，确保自我推销介绍过程不受环境气氛影响，能自然顺利进行。

（3）上台演练必须按指定顺序，一个接一个进行。自我推销介绍者提前在旁边准备，上台前向教师举手示意“报告，某某号学生准备完毕，请指示”，听到教师“开始”指令后，跑步上台。结束时，听到教师“时间到，停”指令后，向所有人说“谢谢”后才能按教师示意从讲台的另一侧回到座位。

（4）准备好计时工具，从演练人上台问好后开始计时，达到50秒时，给予举牌提醒，“还有10秒”，示意学生准备结束。时间达到一分钟，停止演练。不足一分钟者须站足一分钟。

项目三

# 了解市场营销环境

## 【项目导读】

认识与分析营销环境成为营销管理的基础和重要内容，通过本项目的学习，学生能够在对环境的认识和分析过程中不断发现机会和识别威胁，选择达到企业营销目标的最佳途径。

## 【学习目标】

### • 知识目标

(1) 掌握微观环境和宏观环境的主要内容。

(2) 了解市场营销活动与市场营销环境之间的关系。

(3) 了解企业对于营销环境的变化所采取的对策及SWOT分析法。

### • 能力目标

(1) 使学生正确认识市场营销环境，能够有效地开展营销活动。

(2) 使学生掌握SWOT分析法，能够运用SWOT分析法分析企业营销环境。

### • 素质目标

(1) 认识企业应具备的营销道德和社会责任心。

(2) 使学生在企业营销活动中能正确地使用营销道德约束自己，树立一定的社会责任心。

(3) 认识新形势下我国营销环境的变化与要求，与时俱进，改革创新。

## 【学习指南】

### 1. 知识结构图

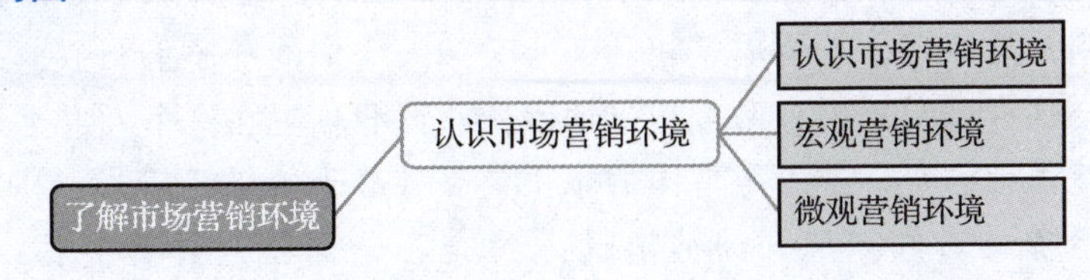

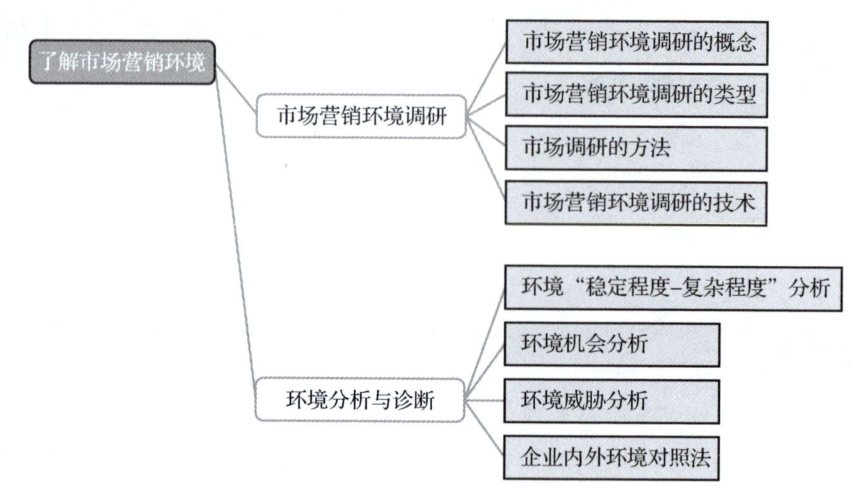


### 2. 重难点内容

（1）重点：掌握市场营销调研种类、方法和技术，认识新形势下我国营销环境的变化与要求。

（2）难点：正确认识市场营销环境机会与市场营销环境威胁，并熟练利用分析模型对市场营销环境机会与威胁进行分析。

## 【问题导入】

（1）你认为市场营销环境是如何对企业产生影响的？为什么？

（2）你认为市场营销环境受什么因素影响？为什么？

## 【案例导入】

齐相晏婴将要出使楚国，楚王得知后就和左右人商量：“不久晏婴就要来了，我想当众要笑他一下，你们有什么好办法？”左右人给楚王出了一个主意……

不久，晏子到了。楚王安排了酒席招待他。大家正喝得高兴的时候，只见两个吏卒绑着一个犯人来到楚王面前。楚王故意问：“这个犯人是哪国人？犯了什么罪？”吏卒回答道：“是齐国人，犯了盗窃罪。”楚王看了看晏婴，笑嘻嘻地问：“齐国人都善于偷盗吗？”

晏子离开座位，不慌不忙地回答：“我听人家说，橘子生在江南一带时叫作橘，又大又甜；假如把它移到江北一带，就变成了枳，又小又酸。它们的叶子很相似，果实的味道却完全不同。为什么会这样呢？就因为两个地方的水土不同啊！现在这个人，生活在齐国的时候并不偷盗，到了楚国就偷盗，是不是楚国的水土使百姓善于偷盗啊？”

楚王听了，脸羞得通红，只好讪讪地说：“是不能同圣人开玩笑的，我反而自讨没趣了！”

（资料来源：《中华经典藏书——晏子春秋》，2007－12）

【知识准备】

# 任务一　认识市场营销环境

## 一、认识市场营销环境

### （一）市场营销环境概念认知

#### 1. 市场营销环境的概念

市场营销环境是指制约和影响企业营销活动的各种条件和因素。它对企业的生存和发展有着极为重要的影响作用。它既涉及外部环境，也涉及内部条件，外部环境形成企业营销的机会和威胁，内部条件显示企业的优势和劣势。企业的生存与发展依托于动态变化的营销环境，它的营销行为既要受到自身条件的限制又要受到外部条件的制约。企业只有能动地、充分地使营销活动与营销环境相适应，才能使营销活动产生最佳的效果，从而达到企业的营销目标。

#### 2. 市场营销环境的内容

根据营销环境对企业市场营销活动产生影响的方式和程度，可大致将市场营销环境分成两大类：宏观营销环境和微观营销环境。

（1）宏观营销环境。

宏观营销环境因素包括人口环境、经济环境、自然环境、科学技术环境、政治法律环境、社会文化环境等，如图 3－1 所示。这些因素不仅会直接影响企业的营销活动，而且还直接对企业营销环境中的微观营销环境因素产生影响，从而对企业的市场营销活动产生限制或促进作用。

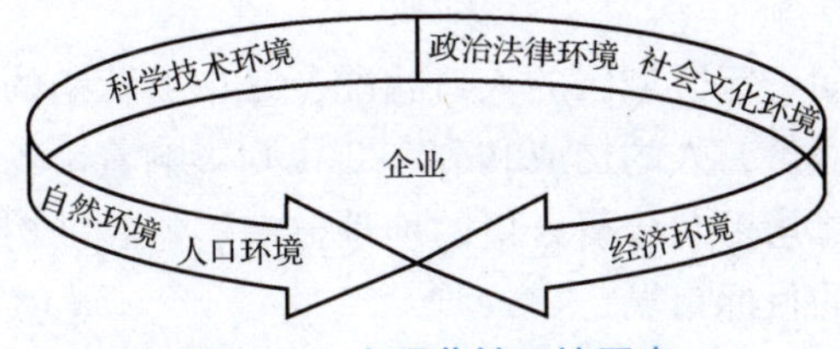


图 3－1　宏观营销环境因素

（2）微观营销环境。

微观营销环境因素包括企业内部环境、供应商、营销中介、顾客、竞争者、公众等，如图 3－2 所示。这些因素与企业市场营销活动有着十分密切的联系，并对企业产生直接的影响。

微观营销环境与宏观营销环境不是并列的关系，而是主次的关系；微观营销环境可直接影响企业的营销活动，同时会受到宏观营销环境的制约；宏观营销环境又以微观营销环境为载体影响企业的营销活动。

### （二）市场营销环境特征

#### 1. 客观性

客观性是营销环境的首要特征。营销环境的存在不以营销者的意志为转移。主观地臆断某些环境因素及其发展趋势，往往造成企业做出盲目决策，导致在市场竞争中的惨败。

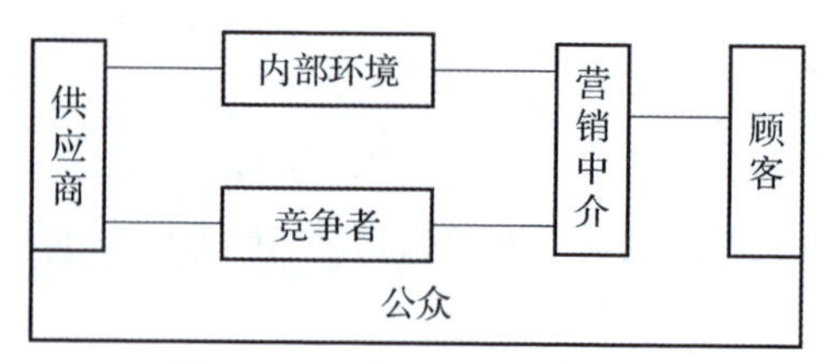


图3-2 微观营销环境因素

### 2. 动态性

动态性是营销环境的基本特征。任何环境因素都不是静止的、一成不变的。相反，它们始终处于变化甚至急剧的变化之中。

### 3. 复杂性

营销环境包括影响企业市场营销能力的一切宏观和微观因素，这些多方面、多层次的因素彼此相互作用和联系，共同作用于企业的营销活动，使营销环境中既蕴含着机会，也潜伏着威胁。

### 4. 不可控性

与企业内部管理机能（如企业对自身的人、财、物等资源的分配使用）相反，营销环境是企业无法控制的外部影响力量，例如，无论是直接营销环境中的消费者需求特点，还是间接营销环境中的人口数量，都不可能由企业决定。

## 二、宏观营销环境

宏观营销环境指那些作用于直接营销环境，并产生市场机会或制造环境威胁的主要社会力量，包括人口、自然、经济、科学技术、政治法律和社会文化等企业不可控制的宏观因素。企业及其直接环境都受到这些社会力量的制约和影响。

### （一）人口环境

人口环境是指一定时期一定区域区的人口状况，是市场营销的基本要素。市场是人的市场，人的数量决定市场的潜量，人的构成和分布变化则影响着市场的格局。人口分析，是分析一个国家或地区的人口总量以及分析人口的地理分布、年龄结构、性别等因素，以便企业根据自身条件，选择适合的目标市场。

### 1. 世界人口数量迅速增长

随着世界科学技术进步、生产力发展和人民生活条件改善，世界人口平均寿命延长，死亡率下降，全球人口尤其是发展中国家的人口持续增长。然而世界人口的增长极端不平衡。发达国家的出生率下降，人口甚至出现负增长，导致这些国家市场需求呈缓慢增长的趋势，有的甚至开始萎缩。而世界人口的过度膨胀又会为有限的地球资源带来巨大的压力，因此，可持续发展战略的研究为市场营销提出了新的课题。

营销案例1

### 2. 人口结构

（1）年龄结构。

不同年龄的消费者对商品的需求不同。分析一定时期内人口的年龄结构，有助于企业发现好的市场机会。人口年龄结构老化也是我国目前人口结构的一个明显趋势。至2014年年底，我国65岁以上的老年人口已占总人口的10.1%，达到13 755万；再加上人口自然增长率下降，我国人口老龄化速度在不断加快。老年人用品的需求不断扩大，如养老保险、医疗保健用品、营养食品等，将为许多企业提供生存与发展的机会。

（2）性别结构。

男性用品市场和女性用品市场的出现是性别结构在市场上的反映。性别的差异除了使男女在消费需求上表现出明显的不同外，也会使购买习惯与购买行为产生较大的区别。比如，由于女性具有喜欢打扮、操持家务、抚育孩子等特点，她们倾向于购买服装、化妆品、家庭日用品及儿童用品等。而男性则是烟酒、汽车等商品的购买主力军。因此企业可以根据产品的性别属性制定不同的营销策略。

（3）家庭结构。

家庭的数量及规模直接影响许多消费品的市场需求。目前，我国的家庭结构正由过去的“大家庭”逐步转向以“三位一体”为主的小家庭。在沿海地区及大中城市，“丁克（Dink）”家庭及单身贵族的数量也日渐增多。家庭规模小型化，给经营小型家具、小型生活用品、小型公寓的企业带来了无限商机。

（4）社会结构。

根据资料统计，至2014年年底，城镇人口、乡村人口分别占总人口的54.77%和45.23%。这一社会结构决定了企业在国内市场中的市场定位，如果产品采用薄利多销的路线，则应以乡村人口为主要营销对象，市场开拓的重点应放在农村，反之，则应该把市场营销重心放在城市。

（5）民族结构。

我国是一个幅员辽阔的多民族国家，不同民族的生活方式、文化传统、生活禁忌均不相同。因此，企业在营销的过程中，应注意目标市场消费者的民族特点，重点开发可适应各民族特性、受各民族消费者欢迎的商品。

#### 3. 人口的分布

人口的地理分布指人口在不同的地理区域的密集程度。由于各区域的自然条件、经济发展水平、市场开放程度、社会文化传统、社会经济及人口政策等因素的不同，不同区域的人口具有不同的需求特点和消费习惯。

人口密度是反映人口分布状况的重要指标。人口的地理分布往往不均匀，各区域的人口密度大小不一。人口密度越大，意味着该地区人口越稠密、市场需求越集中。准确地了解这一指标有益于营销者制订有效的营销计划。

### （二）经济环境

经济环境是指影响企业营销活动的一个国家或地区的宏观经济状况，主要包括收入因素、消费因素、储蓄和信贷因素等，它是影响企业营销活动的主要环境因素。

#### 1. 消费者收入因素

消费者收入是指消费者个人从各种来源所得的货币收入，通常包括个人工资、奖金、退休金、其他劳动收入、红利、租金、馈赠等。消费者的购买力受消费者收入制约，所以消费者收入是影响社会购买力、市场规模、消费者支出和支出模式的一个重要因素。

（1）国民收入。

国民收入指一个国家物质生产部门的劳动者在一定时期内所创造价值的总和。人均国民收入等于一年内国民收入总额除以总人口，可大体上反映一个国家的经济发展水平。一般地，人均收入增长时，对消费品的需求和购买力增加，反之则缩减。

（2）个人收入。

个人收入指个人在一定时期内通过各种来源获得收入的总和，包括薪资、租金收入、股利股息、保险等。个人收入大体上反映了个人购买力水平。

（3）个人可支配收入。

个人可支配收入指个人收入中扣除各种税款和非税性负担（如工会会费、养老保险等）后的余额。它是消费者个人可以用于消费或储蓄的部分，个人可支配收入形成了实际的购买力。

（4）个人可任意支配收入。

个人可任意支配收入指个人可支配收入减去消费者用于购买生活必需品的开支后剩下的部分。个人可任意支配收入是影响市场消费需求比较活跃的因素，它通常对高档品、奢侈品的需求影响比较大。

### 2. 消费者支出模式

消费者支出模式指消费者各种消费支出的比例关系，即消费结构。社会经济的发展、产业结构的转变和收入水平的变化等因素直接影响了社会消费结构，而消费者的个人收入则是单个消费者或家庭的消费结构的决定性因素。

对这个问题的分析涉及恩格尔定律。1857年德国经济学家和统计学家恩斯特·恩格尔（Ernest Engl）在对英国、法国、德国、比利时不同收入家庭的调查基础上，发现了关于家庭收入变化与各种支出之间比例关系的规律，提出了著名的恩格尔定律。之后，该定律不断得到其追随者的补充修正，目前已成为分析消费结构的重要工具。该定律指出，随着家庭收入增加，用于购买食品的支出占家庭收入的比例会下降，用于住房和家庭日常开支的费用比例保持不变，而用于服装、娱乐、保健和教育等其他方面及储蓄的支出比例会上升。其中，食品支出占家庭收入的比例称为恩格尔系数。恩格尔系数是衡量一个国家、一个地区、一个城市、一个家庭的生活水平高低的标准。企业从恩格尔系数中可以了解市场的消费水平和变化趋势。表3-1所示为恩格尔系数与富裕程度的关系。

表3-1 恩格尔系数与富裕程度的关系

| 恩格尔系数 | 富裕程度 |
|---|---|
| 59%以上 | 绝对贫困 |
| 50%~59% | 勉强度日 |
| 40%~50% | 小康水平 |
| 20%~40% | 富裕社会 |
| 20%以下 | 非常富裕 |

### 3. 消费者储蓄和信贷

消费者的购买力还受到储蓄和信贷的直接影响，当收入一定时，储蓄越多，现实消费量越小，但潜在消费量越大；反之，储蓄越少，现实消费量越大，但潜在消费量越小。企业营销人员应当全面了解消费者的储蓄情况，尤其是了解消费者储蓄目的的差异。近年，我国居民储蓄额和储蓄增长率较大，显然会影响企业销售目标的实现，但另一方面，企业若能激发消费者的潜在需求，就可开发新的目标市场。

我国目前兴起的个人消费信贷，即消费者使用信用借款购买商品，然后按期归还。消费信贷使个人可以提前支取未来收入，提前消费，因此，个人消费信贷对购买力也有很大的影响，企业营销人员应关注这一趋势的变化，及时抓住市场机会。

### （三）自然环境

#### 1. 自然资源趋于短缺

许多国家和地区目前已面临水、石油、煤以及其他自然资源缺乏的危机，而且这种危机及其影响还将进一步扩大。此现象的出现，既有自然资源分布不均匀的原因，又有人为的因素，如对资源的不合理开发和利用。

#### 2. 环境污染日益严重

随着全球工业化和城市化的发展，环境污染程度日益增加。公众对环境问题越来越关心，纷纷指责环境污染的制造者。这对于会造成环境污染的行业和企业而言是一种环境威胁，它们在社会舆论的压力和政府的干预下，不得不采取措施控制污染；另外，这也给研究控制污染、减少污染的行业和企业带来新的市场机会。

### （四）科学技术环境

当代科学技术发展异常迅速，科学技术成果转化为产品的周期缩短，产品更新换代加快，特别是以电子技术、生物工程为基础的技术革命，日新月异的技术进展极大地改变了人类的生活方式和生产方式，对企业的营销活动产生着极其重要的影响。

企业应密切关注当代科技的发展动向，注意市场对新技术和新产品的需求，积极利用技术发展给企业带来的营销机会；同时，也应积极采取措施防止新技术造成威胁。

### （五）社会文化环境

社会文化环境一般是指在一种社会形态下，已经形成的价值观念、宗教信仰、道德规范、审美观念以及世代相传的风俗习惯等被社会公认的各种行为规范。文化作为一种适合本民族、本地区、本阶层的是非观念，强烈影响着消费者的购买行为，使生活在同一社会文化环境下的各成员的个性具有相同的方面，它是影响购买行为的重要因素。

营销案例 2

#### 1. 价值观念

价值观念就是人们对社会生活中各种事物的态度和看法，在不同的文化背景下，人们的价值观念具有很大的差别，消费者对商品的需求和购买行为深受价值观念的影响。

#### 2. 宗教信仰

宗教信仰是影响人们消费行为的重要因素之一。某些国家和地区的宗教组织会干涉教徒的购买行为，一种新产品出现时，宗教组织可能会针对该产品提出限制，分布禁令，因为认为该产品与宗教信仰相冲突。相反，如新产品出现后得到宗教组织的赞同与支持，宗教组织就会号召教徒购买使用，起到一种特殊的推广作用。

营销案例 3

### 3. 审美观念

审美观念通常指人们对商品的好坏、美丑、善恶的评价，不同的国家、民族、宗教、阶层和个人，往往有不同的审美标准。人们的消费行为归根结底是为了维护每个社会成员的身心健康和追求日趋完善的生活。人们购买商品的过程，实际上是一次审美活动，这个审美活动的全过程完全由消费者的审美观念支配。

### 4. 生活习惯

不同国家和地区的人们都有自己的风俗和生活习惯，不同的生活习惯导向不同的需求，研究风俗和生活习惯，不但有利于组织消费品的生产和销售，而且有利于正确、主动地引导健康的消费。

## 三、微观营销环境

### （一）企业

微观营销环境的第一个因素是企业，具体指企业的内部环境。企业的市场营销活动不是企业某个职能部门的孤立行为，而是企业在高层管理部门的领导下，为实现企业总目标通力合作，涉及决策、财务、采购、生产、人事、研发等部门。它是企业内部各部门科学分工与密切协作的组织行为。仅依靠企业分管具体销售部门的努力不可能把营销工作做好。因为市场营销工作需要高层管理部门这个领导核心的支持和认可，同时市场营销部门需要利用的资金及将资金进行合理分配的工作都需要财务部门的大力配合，还有，产品的开发与设计需要研发部门、生产部门的集中工作等，所有相关部门都同市场营销部门的计划具有密切联系。因此，企业内部环境的协调，是指市场营销部门在制订和执行营销计划时，必须考虑其他相关部门的意见，同时要处理好各部门之间的关系。企业内部资源状况以及各部门之间的分工是否合理，直接决定了企业的市场营销管理决策，是企业经营成败的关键。

### （二）供应商

供应商是向企业及其竞争者供应原材料、部件、能源、劳动力等资源的企业和个人。供应商是能对企业的经营活动产生巨大影响的力量之一。供应商提供货源的价格往往直接影响企业的成本，供货的质量和时间的稳定性直接影响企业服务目标市场的能力。所以，企业应选择能保证质量、交货期准确和价格更低的供应商，并且避免对某一家供应商产生过度依赖，以防受该供应商突然提价或限制供应的控制。对于供应商，传统的做法是选择几家供应商，按不同比例分别进货，并促使它们互相竞争，从而达到供应商为了提高自己的供货比例而主动提供价格折扣和优质服务的效果。这样做，虽然能降低进货成本，但也隐藏着很大的风险，如供货质量参差不齐，过度的价格竞争使供应商负担过重导致放弃合作等。在认识到这点后，越来越多的企业开始把供应商视为合作伙伴，设法帮助它们提高供货质量和及时性。

### （三）市场营销中介

市场营销中介是帮助制造商将其产品促销、销售、分销给最终买主的服务机构，包括中间商、物流机构（实体分配单位）、营销服务机构和金融机构等。

#### 1. 中间商

中间商是协助企业寻找顾客或直接与顾客进行交易的商业组织和个人。中间商分为两类：代理中间商和商人中间商。代理中间商指专门协助达成交易、推销产品但不拥有商品所有权的中间商，如经纪人、代理人和制造商代表等。商人中间商指从事商品购销活动并对所经营的商品拥有所有权的中间商，包括批发商、零售商。

除非企业完全依靠自己建立的销售渠道，否则中间商对企业产品从生产领域成功地流向消费领域有至关重要的影响。中间商是联系生产者和消费者的桥梁，它们直接和消费者打交道，协调生产厂商与消费者之间存在的数量、地点、时间、品种以及持有方式的矛盾。因此，它们的工作效率和服务质量直接影响到企业产品的销售状况。

#### 2. 物流机构

物流机构又称实体分配单位，是帮助企业储存、运输产品的专业组织，包括仓储公司和运输公司。企业根据成本、运送速度、安全性和方便性等因素选择合适的实体分配单位。实体分配单位的作用在于使市场营销渠道中的物流畅通无阻，为企业创造时间和空间效益。近年，随着仓储和运输手段的现代化，实体分配单位的功能越发明显和重要。

#### 3. 营销服务机构

营销服务机构包括市场调研公司、财务公司、广告公司、各种广告媒体和营销咨询公司等，它们提供的专业服务是企业营销活动中不可缺少的。尽管有些企业自己设有相关的部门或配备了专业人员，但大部分企业还是会从专业的营销服务机构以合同委托的方式获得这些服务。企业往往在比较各营销服务机构的服务特色、质量和价格后，选择最适合自己的有效服务。

#### 4. 金融机构

金融机构包括银行、信贷公司、保险公司等为企业营销活动提供融资或保险服务的各种机构。在现代社会里，几乎每一个企业都与金融机构有一定的联系和业务往来。企业的信贷来源、银行的贷款利率和保险公司的保费变动无一不对企业的市场营销活动产生直接的影响。

在市场经济得以发展的今天，企业通过各种市场营销中介来进行市场营销过程中的各种活动，正是源于社会分工的要求，这是营销活动顺应社会发展的标志之一。

### （四）顾客

微观营销环境中的第四种力量就是顾客，即目标顾客。顾客是企业的服务对象，是企业的上帝，是企业的商业伙伴，是企业产品的直接购买者或使用者。企业与市场营销渠道中的各种力量保持密切关系的目的就是有效地向目标顾客提供产品和服务。顾客的需求正是企业营销工作的起点和核心。因此，认真分析目标顾客需求的特点和变化趋势是营销过程中极其重要的基础工作。

市场营销学根据购买者和购买目的对企业的目标顾客进行分类。包括以下几类。

（1）消费者市场。消费者市场由为了满足个人消费需求而购买的个人和家庭构成。

（2）生产者市场。生产者市场由为了进行加工生产并获取利润而购买的个人和企业构成。

（3）中间商市场。中间商市场由为了通过转卖以获取利润而购买的批发商和零售商构成。

（4）政府市场。政府市场由为了履行政府职责而进行购买的各级政府机构构成。

（5）国际市场。国际市场由国外的购买者构成，包括国外的消费者、生产者、中间商和政府机构。

每种市场类型在消费需求和消费方式上都具有鲜明的特色。企业的目标顾客可以是以上五种市场中的一种或几种，即一个企业的营销对象不仅包括广大的消费者，也包括各类组织机构。企业必须分别了解不同类型目标市场的需求特点和购买行为。

### （五）竞争者

企业很少能单独占领某一市场，因而企业的市场营销活动常常会受到各类竞争者的影响，一个企业想要获得成功，就必须比竞争者做得更好，在消费者心里留下比竞争者更有优势的印象，尽可能地提升消费者的满意度。一般地，企业会面临四个层次的竞争者。

#### 1. 品牌竞争者

最直接而明显的竞争者，指产品种类、规格、型号相同但品牌不同的竞争者。

#### 2. 行业竞争者

较品牌竞争者更深一层次的竞争者，指生产同种产品但规格、型号、式样不同的竞争者。

#### 3. 形式竞争者

比行业竞争者更深层次的竞争者，指提供能够满足消费者同种需求的不同产品的竞争者。

#### 4. 愿望竞争者

最深层次的竞争者，指提供不同产品以满足消费者不同需求的竞争者，即与自己争夺同一消费者购买力的竞争者。

在这四个层次的竞争者中，品牌竞争者是最常见、最外在的。但一个成功的企业不应该仅满足于在品牌层次的竞争中取胜，也应该关注其他层次的竞争者。因此，企业在营销活动过程中，仅考虑消费者的需求是不够的，还应考虑在同一目标市场内竞争者的数量、竞争地位及其营销策略，找到能与竞争对手抗衡的最佳营销策略，力求扬长避短，发挥优势。

### （六）公众

公众指对企业实现其市场营销目标的能力有着实际或潜在影响的群体。公众可能有助于一个企业实现市场营销目标，也有可能妨碍这一过程。公众主要包括以下六类。

#### 1. 政府公众

政府公众是指相关政府部门。企业营销的成败在一定程度上取决于政府是否支持。因此，企业在制订营销计划时，必须考虑各级政府的方针与政策，妥善处理与各级政府部门的关系。

#### 2. 媒体公众

媒体公众是指电视台、电台、报纸、杂志、网络等大众传播媒体。这些媒体公众的正面或反面宣传对企业声誉具有举足轻重的作用。

#### 3. 金融公众

金融公众是指可能影响企业获得资金能力的银行、保险公司、投资公司以及证券公司等。

#### 4. 群众公众

群众公众是指各种消费者权益保障组织、环境保护组织、少数民族组织、未成年人保护组织等。它们是企业必须重视的力量，因为它们在社会中具有相当大的影响力。

**5. 社区公众**

社区公众是指企业所在地附近的居民和社区组织。企业在营销活动中应避免同社区公众的利益发生冲突，可指派专人负责处理社区关系，并努力为公益事业做出应有的贡献。

**6. 一般公众**

企业的公众形象是一个企业在一般公众心目中的形象，它对企业的经营发展是至关重要的。企业必须了解一般公众对自己的产品和活动的态度，争取在一般公众心目中建立良好的企业形象。这有助于企业开展营销活动。

有时候公众的态度会直接影响企业营销的效果，因此，成功地处理与各类公众的关系格外重要。目前，已有许多企业设立了公共关系部门，专门负责与各类公众构筑的良好关系，为企业建设宽松的营销环境。

# 任务二 市场营销环境调研

【营销案例】

新口味的可口可乐为什么滞销？

## 一、市场营销环境调研的概念

### （一）市场调研的含义

市场调研是运用科学的方法，有目的、有计划地收集、整理、分析有关供求、资源的各种情报、信息和资料，把握供求现状和发展趋势，为制定营销策略和企业决策提供正确依据的信息管理活动，是市场调查与市场研究的统称。它是个人或组织根据特定的决策问题而系统地设计、搜集、记录、整理、分析及研究市场各类信息资料，并报告调研结果的工作过程。市场调研是市场预测和经营决策过程中必不可少的组成部分。

### （二）市场调研的功能和作用

市场调研的功能主要体现在以下三方面。

一是收集并陈述事实，获得市场信息的反馈，可以向决策者提供关于当前市场状况和进行营销活动的线索。

二是解释信息或活动，了解当前市场状况形成的原因和一些影响因素。

三是预测功能，通过对过去市场信息的研究，推测市场的发展和变化趋势。

## 二、市场营销环境调研的类型

### （一）市场环境调研

市场环境调研内容包括政法环境调研、经济环境调研、文化环境调研、气候和地理环境调研。

### （二）市场需求调研

市场需求调研内容包括社会购买力调研、市场商品需求结构调研、消费人口结构调研、消费者购买动机调研、消费者购买行为调研。

### （三）竞争对手调研

竞争对手调研的主要内容包括竞争对手的数量与经营实力、竞争对手的市场占有率、竞争对手的竞争策略与手段、竞争对手的产品、竞争对手的技术发展等。

### （四）产品调研

产品调研的主要内容包括产品实体的调研、产品包装的调研、产品品牌的调研、产品服务的调研、产品市场占有率的调研、产品价格的调研。

### （五）分销渠道调研

企业应通过市场调研，设计出与自己产品特点、企业特点、市场状况相匹配的分销渠道；并通过调研，选择适合的渠道成员，组建分销渠道并有效地管理自己的分销渠道。

### （六）促销活动调研

在制定促销组合决策时，应先进行促销活动调研，一方面，应考虑企业的促销投资如何在众多的促销工具之间进行分配，如何组织实施各项促销活动；另一方面，也需要对促销的效果进行调研。

### （七）广告效果调研

广告效果调研内容包括广告受众的界定、广告送达率、广告媒体调研、广告记忆、广告与销售业绩的关系等。

## 三、市场调研的方法

### （一）电话访问

企业内部的销售代表或专业的第三方调研公司的人员通过电话对客户进行有条理的访问。

### （二）邮寄/传真调研表

公司通过邮寄或传真调研表对抽样的客户进行调研。

### （三）入户访问

入户访问指调研员到被调研者的家中或工作单位进行访问。在直接与被调研者接触的情况下，利用访问式问卷逐项进行询问，并记录下对方的回答；或是将自填式问卷交给被调研者，告知填写方法，在对方填写完毕后回收问卷。

### （四）拦截访问

拦截访问是指在某个场所（一般是较繁华的商业区）拦截在场的一些人员进行面访调研。这种方法常用于商业性的消费者意向调研活动。

### （五）小组（焦点）座谈

小组（焦点）座谈（Focus Group）是由一个经过训练的主持人仔细选择并邀请一定数

量的（6~15个）客户，以一种无结构的自然的形式与一个小组的被调研者交谈，了解客户满意度、价值的相关内容。

### （六）深度访谈

深度访谈是一种无结构的、直接的、个人的访问，在访问过程中，一个掌握高级技巧的调研员深入地与一个被调研者进行访谈，以揭示对某一问题的潜在动机、信念、态度和感情。

### （七）在线访问

在线访问是指企业利用网上文字评论或其他在线的调研方式收集客户的信息。

## 四、市场营销环境调研的技术

### （一）问卷设计技术

问卷调查是目前市场调查工作中被广泛采用的调查方式，即由调查机构根据调查目的设计各类调查问卷，然后采取抽样的方式（随机抽样或整群抽样）确定调查样本，通过调查员对样本的访问，完成事先设计的调查项目，最后，由统计分析得出调查结果的一种方式。它严格遵循概率与统计原理，因而，调查方式具有较强的科学性，同时也便于操作。在这一方式中，除了样本选择、调查员素质、统计手段等因素会对调查结果产生影响外，合格的问卷设计也是其中的一个前提性条件。

调查问卷的功能是把研究目标转化为特定问题，使问题和回答标准化；通过合适的措辞、问题流程与卷面设计促进合作，记录原始数据，加快数据分析过程，进行有效性测试。

问卷设计应达到的要求是问题清楚明了、通俗易懂、易于回答，同时能体现调查目的，便于答案的汇总、统计和分析。

### （二）抽样技术

在实际调研中用到的抽样方法很多，主要分为随机抽样和非随机抽样。

#### 1. 随机抽样

随机抽样又称概率抽样，主要分为以下几种。

（1）简单随机抽样，也称纯随机抽样，即从总体中不使用任何分组、划类、排队等方式，完全随机地抽取样本单位。

（2）等距抽样，也称机械抽样或系统抽样，即将总体中的各单位按一定标志或次序排列为图形或一览表（通常称为排队），然后按相等的距离或间隔抽取样本单位。

（3）类型抽样，也称分层抽样，即将总体中的各单位按属性特征分为若干类型或层，然后在各类型或各层中随机抽取样本单位。由于划类分层增强了各类型中单位间的共同性，更容易抽出具有代表性的样本单位。该方法适用于总体情况复杂、各单位之间差异较大、单位较多的情况。

（4）整群抽样，即从总体中成群成组地抽取样本单位，而不是一个一个地抽取样本单位。所取样本单位比较集中，所以调查工作的组织和进行比较方便。但样本单位在总体中的分布不均匀，导致准确性较差。因此，在群间差异性不大或者不适合单个地抽选样本单位的情况下，可采用这种方式。

### 2. 非随机抽样

非随机抽样也称非概率抽样，可分为以下几种。

（1）任意抽样，也称便利抽样，是指调查人员以随意性原则选择样本的抽样方式。任意抽样是非概率抽样中最简便、最节省费用和时间的一种方法。但是，如果总体中单位差异较大，则抽样误差也较大。因此，一般任意抽样多用于市场初步调查或情况不甚明了的调查。

（2）配额抽样，也称定额抽样，是指调查人员将调查总体样本按一定标准分类或分层，确定各类（层）单位的样本数额，在配额内任意抽选样本的抽样方式。

（3）判断抽样，即调查人员凭借意愿、经验和知识，从总体中选择具有代表性的样本进行调查。判断的意图在于选择更具有代表性的样本。

# 任务三　环境分析与诊断

在进行环境分析的时候，由于构成环境的因素很多，涉及的范围很广，在时间和费用有限的条件下，不可能对全部因素进行调查，企业可以根据分析的目的，选择对企业影响较大的因素进行调查和分析。对营销环境分析的方法主要有以下几种。

## 一、环境“稳定程度－复杂程度”分析

这一分析方法把环境归纳为两个方面，即“简单－复杂”和“静态－动态”。“稳定程度－复杂程度”矩阵如图3－3所示。其中，“简单－复杂”包括企业营销面临环境因素的多寡程度，以及这些因素的相似性程度；“静态－动态”为企业营销环境各因素变化的剧烈程度，如一个企业环境因素随着企业发展并未发生较多变化，则称为静态，反之则称为动态。

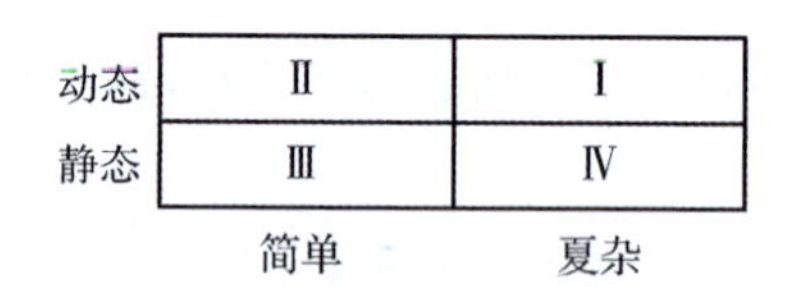


图3－3　“稳定程度－复杂程度”矩阵

由“稳定程度－复杂程度”矩阵可以得出以下四种企业营销环境。

### （一）第Ⅰ象限

“动态－复杂”环境的特点是环境的组成因素数量多，且相互间关联性小，环境组成因素处于连续不断的变化之中。处于这种环境中的企业，营销决策中的不确定性最大，风险最高。应该指出，在营销实践中，营销人员在环境分析中往往会着眼于“动态－静态”因素，而易忽视“简单－复杂”因素。

### （二）第Ⅱ象限

“动态－简单”环境的特点是环境的组成因素数量少，且相互之间差别不大，环境处在连续不断变化的过程之中。处于这种环境的企业，营销决策中遇到的不确定性中等偏高。

### （三）第Ⅲ象限

“静态－简单”环境的特点是环境的组成因素数量少，这些环境组成因素之间差别不大，环境的组成因素基本保持不变。对于这种环境中的企业，营销决策中遇到的不确定性最小，即风险最低。

### （四）第Ⅳ象限

“静态－复杂”环境的特点是环境的组成因素数量多，这些因素之间互不相同，环境的组成因素基本保持不变。处在这种环境的企业，营销决策中遇到的不确定性中等偏低。

## 二、环境机会分析

不同的环境条件和机会，能为企业带来不同的潜在利润，从而形成不同的潜在吸引力。同时，由于可利用的环境机会不同，企业能够战胜竞争对手取得成功的可能性也是不同的。利用“机会潜在利润－企业成功概率”组成分析矩阵，如图 3－4 所示，可以进行以下分析。

| | | |
|---|---|---|
| 机会潜在利润高 | Ⅱ | Ⅰ |
| 机会潜在利润低 | Ⅲ | Ⅳ |

图 3－4 “机会潜在利润－企业成功概率”矩阵

### （一）第Ⅰ象限

属于机会潜在利润高和成功概率低的环境条件，此时企业应设法改善自身的不利条件，使第Ⅰ象限的环境机会逐步移到第Ⅱ象限而成为有利的环境机会。

### （二）第Ⅱ象限

属于机会潜在利润和企业成功概率都高的状态，企业在这一市场条件下应全力去发展。

### （三）第Ⅲ象限

属于机会潜在利润低和成功概率高的环境机会，大企业对这种环境往往不予重视，对于中小企业而言，正可以不失时机地捕捉这样的机会。

### （四）第Ⅳ象限

属于机会潜在利润低和成功概率低的环境条件，处于这样的环境状态时，企业一般需要一方面积极改善自身条件，另一方面静观市场变化趋势，随时准备抓住转瞬即逝的机会。

## 三、环境威胁分析

在进行环境分析时，不仅要分析机会，也必须关注环境对市场营销活动造成的威胁。环境威胁分析矩阵如图 3－5 所示，对于第Ⅱ象限的威胁，企业应处于高度警惕状态，并制定相应的措施，尽量避免损失或者使损失降至最小，因为此时威胁的潜在严重性和出现的概率均很高。对于第Ⅰ、第Ⅲ象限的威胁，企业也不应该掉以轻心，应给予充分的重视，制定应变方案。对于第Ⅳ象限的威胁，企业一般应注意其变化，若有向其他象限转移趋势，则应制定对策。

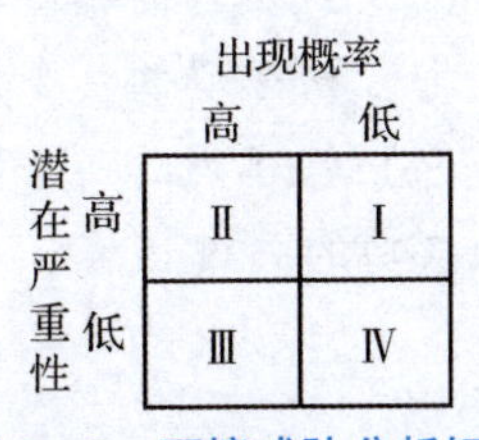


图 3－5 环境威胁分析矩阵

一般企业在应对环境威胁时可选用以下几种对策。

### （一）反攻策略

反攻策略即尝试限制或扭转不利因素的发展，通过法律诉讼等方式，使自身合法权益得到保护、不受侵犯，改变环境的威胁。

### （二）减轻策略

减轻策略即通过改变营销策略，减轻环境威胁的程度。在环境因素对企业营销形成一定的威胁，并且这一威胁后果不可避免时，减轻策略为可选的对策之一。

### （三）合作策略

企业通过各种合作手段（如联合、合作、合并、参与等），与更多的社会组织一同组成联合体，充分利用资金、技术、设备，取长补短，分散风险，共同保护自身利益。

### （四）转移策略

当处于严重威胁之中的企业，无法继续经营原有业务时，可采取逐步转移原来业务或调整业务范围的方式，以减轻环境对企业的威胁。

## 四、企业内外环境对照法

企业内外情况是相互联系的，将外部环境提供的有利条件（机会）和不利条件（威胁）与企业内部条件形成的优势与劣势结合并进行分析的方法称为SWOT方格分析法，如表3－2所示，采用该方法有利于制定出正确的经营战略。

表3－2　SWOT方格分析法（企业内外环境对照法）

| 企业外部因素 | 企业内部因素 | |
|---|---|---|
| | 优势（Strengths） | 劣势（Weaknesses） |
| 机会（Opportunity） | SO战略 | WO战略 |
| 威胁（Threats） | ST战略 | WT战略 |

【营销案例】

### 运用SWOT方格分析法分析沃尔玛（Walmart）案例

**优势**

（1）沃尔玛是著名的零售业品牌，它以物美价廉、货物繁多和一站式购物而闻名。

（2）沃尔玛的销售额在近年有明显增长，并且沃尔玛在全球范围内进行扩张。

（3）沃尔玛的一个核心竞争力是基于先进的信息技术的国际化物流系统。

（4）沃尔玛的一个焦点战略是注重人力资源的开发和管理。优秀的人才是沃尔玛在商业上成功的关键因素，为此沃尔玛投入时间和金钱对优秀员工进行培训并提高员工的忠诚度。

**劣势**

(1) 沃尔玛建立了世界上最大的食品零售帝国。尽管它在信息技术上拥有优势，但过大的业务范围可能导致出现对某些领域的控制力不够强的情况。

(2) 沃尔玛的商品涵盖了服装、食品等多个品类，在适应性上比起专注于某一领域的竞争对手，可能存在劣势。

**机会**

(1) 沃尔玛采取收购、合并或者战略联盟的方式与其他国际零售商合作，专注于欧洲或者大中华区等特定市场。

(2) 沃尔玛的卖场当前只开设在少数几个国家。因此，拓展市场（如中国、印度等）可以带来大量的机会。

(3) 沃尔玛可以通过新的商场地点和商场形式获得市场开发的机会。

**威胁**

(1) 沃尔玛因在零售业的领头羊地位而成为所有竞争对手的赶超目标。

(2) 沃尔玛的全球化战略使它可能在业务国家遇到政治上的问题。

(3) 沃尔玛多种消费品的成本存在下降趋势，原因是制造成本降低。造成制造成本降低的主要原因是生产外包逐渐向世界上的低成本地区转移。这导致了价格竞争，并在一些领域内造成了通货紧缩。恶性价格竞争是一个威胁。

（资料来源：知乎（求职干货专栏），2020-12-01）

## 【同步习题】

### 简答题

(1) 市场营销环境有哪些特征？分析营销环境的意义是什么？

(2) 结合实际生活举例说明社会文化环境对企业营销活动的影响。

(3) 市场调研的含义是什么？

(4) 什么是市场机会和环境威胁，如何对市场机会和环境威胁进行评估？

(5) 市场营销调研的功能和作用是什么？

(6) 简述市场营销环境综合分析的步骤。

## 【实践训练】

### 1. 实训目的

通过本次实训，学生比较系统地掌握市场营销学的基本理论、基本知识和基本方法，并且能够将理论与实际结合，在市场经济的发展进程中，了解并分析市场营销环境，研究消费者购买行为，明确市场营销战略，熟悉市场营销组合策略，制定市场营销决策，掌握组织和控制市场营销活动的基本程序和方法。实训以培养并提高应用市场营销原理、解决实际营销问题的基本能力为目标，为学生能够较好地适应市场营销管理工作奠定基础。

### 2. 实训内容

试用“机会潜在利润－企业成功概率”矩阵和环境威胁分析矩阵分析企业面临的环境机会与威胁，并商讨企业的对策。

某企业准备生产婴儿食品，得到的市场营销信息如下：

（1）我国现阶段育龄妇女人数增加，且用母乳哺育婴儿的产妇比例有较大幅度的下降；

（2）居民家庭收入有所增加，独生子女家庭舍得在孩子身上花钱；

（3）婴儿食品购买者偏爱进口货和名牌产品，国产新品在市场上很难站稳脚跟；

（4）婴儿食品生产原料之一的蔗糖在今后一段时间内供应趋紧，价格上涨幅度可能很大，其他原材料供应不会有较大变化；

（5）对婴儿食品的营养性要求占主导地位的消费情况在短期内不会发生变化；

（6）婴儿食品的生产技术比较简单，资金需求量不大，行业渗透障碍比较小；

（7）中国人民银行宣布调低人民币与外币之间的比价，政府也明确表示今后会严格控制消费品进口，这将较大幅提高进口婴儿食品的价格，降低市场对进口货的需求；

（8）国家法律规定婴儿食品必须符合一定的卫生标准，必须在包装上注明营养成分和保质期限，过期后必须销毁；

（9）一些卫生机构倡导产妇用母乳哺育婴儿；

（10）一些企业受经济效益和人员超编的影响，要求产妇多休产假。

### 3. 实训步骤

以营销资料为主，结合在图书馆、互联网查找到的资料，进行集体讨论、分析，最终以报告形式得出结果。在市场调研与分析的基础上，分析企业面临的机会与威胁，并商讨可采取的对策。

### 4. 实训评价表

实训完成后，对实训效果进行评分，并记录在评价表中。

评价表

| 评价项目 | 分值 | 得分 |
|---|---|---|
| 1. 实训计划设计合理，准备工作充分，对实训过程进行详细的记录 | 10 | |
| 2. 理论知识扎实，按照规定的实训步骤完成实训项目，逻辑清晰 | 20 | |
| 3. 组员之间能够进行有效的沟通，整个过程组织合理，语言表达准确无误，条理清晰 | 20 | |
| 4. 积极参与小组讨论，能提出建设性意见或建议 | 20 | |

续表

| 评价项目 | 分值 | 得分 |
| --- | --- | --- |
| 5. 对待任务认真，严格按照计划开展实训项目，态度良好 | 20 | |
| 6. 不迟到、不早退，听从指导教师安排，不私自中途离开实训场地 | 10 | |
| 总分 | 100 | |

### 5. 注意事项

（1）建立有效的沟通机制，确保团队成员之间能够及时分享信息、讨论问题和协调行动。

（2）对可能遇到的风险进行评估和预测，并制定应对措施，以便在风险发生时能够迅速应对、减少损失。

项目四

# 消费者行为分析能力培养

## 【项目导读】

通过本项目的学习，学生能够对消费者需求进行深入细致的研究，从消费者变化多端、错综复杂的购买动机与行为中找出规律。

## 【学习目标】

- 知识目标

(1) 掌握消费者购买行为的类型。

(2) 理解影响市场购买行为的主要因素。

(3) 了解消费者的购买动机。

(4) 了解生产者购买行为的类型。

(5) 熟悉组织市场购买类型与方式。

(6) 了解组织用户购买决策的过程、参与者和影响因素，能够针对购买者市场的购买者行为特点开展有效客户关系管理。

- 能力目标

(1) 培养学生对消费者心理及购买行为进行综合分析、归纳的能力。

(2) 培养学生运用市场营销相关知识建立现代组织的能力。

- 素质目标

(1) 锻炼学生的现代营销思维。

(2) 引导学生正确面对营销工作，培养学生的创新能力与解决问题的能力。

## 【学习指南】

### 1. 知识结构图

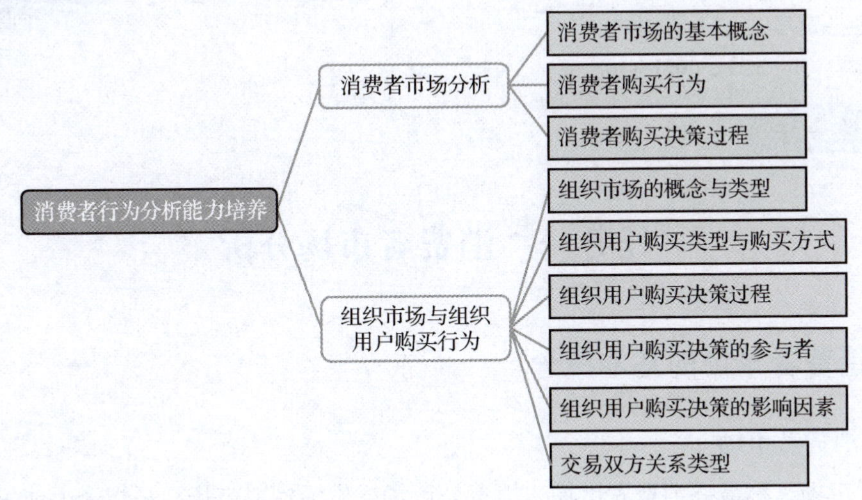


### 2. 重难点内容

(1) 重点：

理解影响市场购买行为的主要因素；

熟悉组织市场购买类型与方式。

(2) 难点：

了解消费者的购买动机；

了解组织用户购买决策的过程、参与者和影响因素。

## 【问题导入】

作为一名消费者，请回忆在选择是否购买某件产品时，会主要考虑哪些因素，为什么？

## 【案例导入】

### 海底捞的客户关系管理

四川海底捞餐饮股份有限公司成立于1994年，是一家以经营川味火锅为主，融会各地火锅特色于一体的大型跨省直营餐饮民营企业。通过员工满意度和客户满意度的双满意度考察体制，海底捞成功打造了火锅行业"五星级服务"典范。

海底捞的成功离不开成功的客户互动与成功的客户个性化管理。

想顾客之所想是海底捞的成功秘诀，曾光顾海底捞的顾客可以发现，在等待区等待就餐时顾客可自取免费水果、饮料和零食。在任何一家海底捞店里等候区都可以看到如下景象：大屏幕上不断更新最新座位信息，几十位排号顾客坐在那儿悠闲地吃着免费水果，喝着免费饮料，享受店内提供的免费上网、擦皮鞋和美甲服务，甚少出现焦躁情绪。本来无聊的排队等位过程成了一种享受。点餐时，服务员会根据就餐人数贴心地向顾客建议适当的菜量，同时"半份菜"也成为海底捞的特色菜品，在倡导节约的同时更显服务人性化。就餐时，皮筋、手机袋、围裙等任何可能被需要的东西在客户提出要求前就都已经全部送到手边，饭后还会再送上冰激凌、口香糖等。

同样，海底捞对客户的忠诚度管理也独具特色。

海底捞的员工会记录所服务顾客的相关信息，建立顾客档案并与顾客不断保持联络，让顾客记住海底捞，习惯海底捞的服务；在这一过程中海底捞逐渐成为这些顾客的第一选择。

（资料来源：360文库，2021-10-02）

感想与启发

【知识准备】

# 任务一 消费者市场分析

## 一、消费者市场的基本概念

### （一）消费者市场

消费者市场又称最终消费者市场、消费品市场或生活资料市场，是指个人或家庭为满足生活需求而购买或租用商品的市场。消费者市场是市场体系的基础，是起决定性作用的市场。

### （二）消费者市场的特点

#### 1. 普遍性、广泛性

消费者市场上购买者人数众多，市场范围广阔，可挖掘的潜力极大。

#### 2. 小型化

消费者市场以个人或家庭作为基本购买单位，因此每次交易量、交易额相对较少，一般都是零星购买，但是购买的频率却比较高。

#### 3. 分散性

消费者分布地域广泛，从城市到农村，消费者无处不在。

#### 4. 多变性、流动性

消费者的需求是纷繁复杂的，因此消费者市场必然呈现多变性，使购买力在不同的商品之间不断发生转移。同时，因为人口的流动性也很大，对消费品的需求也产生了流动性，消费者市场也随之有了流动性的特点。

#### 5. 替代性、互补性

因为消费品的专用性不强，大多数的商品可以互换使用，所以有较强的替代性。而有些商品在使用时必须与另一商品结合，例如，DVD影碟机必须与碟片配套使用，因而具有互补性。

#### 6. 非营利性

消费者购买商品是为了满足自己日常生活的需要，而不是用于获取利润。

#### 7. 非专业性

虽然消费者越来越理性，但是消费者对自己购买的商品都缺乏专业知识，不像生产者对自己需要的产品十分清楚，因而是非专业性的购买。

## 二、消费者购买行为

### （一）消费者购买行为模式

消费者购买行为泛指受消费主体思想意识和观念的支配，有目的地购买、消费、享用各种消费对象的活动，包括物质产品、精神产品和劳务等。在营销学中，消费者购买行为研究是指研究消费者怎样把自己有限的收入用于购买各种不同的消费品。

随着经济的发展、市场规模的不断扩大、市场信息量的不断增多，营销人员失去了和消费者直接接触的机会，但是为了掌握市场的基本情况，营销人员有必要向自己提问“5W1H”，这“5W1H”对于消费者而言又构成6个“O”。

| | | | |
|---|---|---|---|
| Who | 企业目标顾客是谁 | Occupants | 购买者、参与者（是个人或者组织） |
| What | 知道什么，购买什么 | Objects | 购买对象 |
| Why | 为何购买 | Objectives | 购买目的 |
| When | 何时购买 | Occasions | 购买时间、时机 |
| Where | 何地购买 | Outlets | 购买地点、地理情况 |
| How | 怎样购买 | Operations | 购买行动 |

根据这6个问题的答案，营销人员能基本掌握消费者的需求情况。营销刺激与消费者反应模式如图4－1所示。

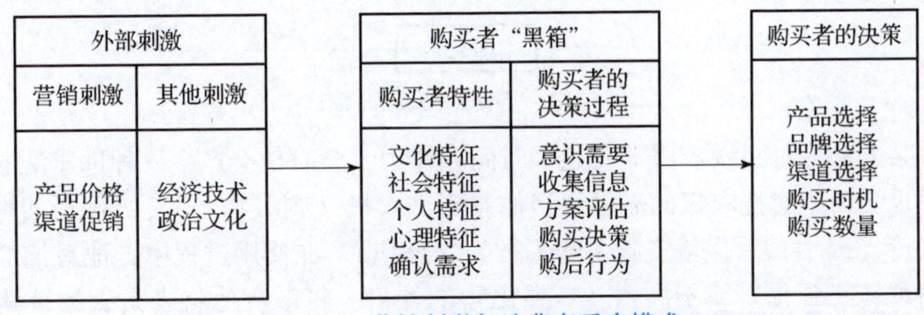


图4－1　营销刺激与消费者反应模式

图4－1所示为消费者购买行为模式。在营销刺激、其他刺激进入消费者意识后，消费者的特性、决策过程对购买决策产生影响。这时营销人员需要做的工作是了解在外部刺激产生到购买决策做出之前，消费者的意识是如何发生改变的。所以，购买者的特性、购买者的决策过程都对结果具有重要的影响作用。

### （二）影响因素分析

对于普通消费者而言，心理因素会支配其购买行为，影响消费者购买决策的心理因素有动机、感觉、学习以及态度。

#### 1. 动机

人们在正常生活中，当处于需要缺乏或未被满足时，身体便会出现紧张状态。为了缓解紧张，满足身体需要，身体内部会产生一种推动力量，促使人们实施可满足自身需要的行为。这种推动人们寻求需要的满足的内在动力就是动机，动机是一种内部驱动力。动机也是一种需要，它引导人们满足需要，消除紧张。

### 2. 感知

一般地，消费者通过眼、耳、鼻、舌等接受外界色、形、味等刺激，形成心理上的反应，这是个体对外界环境的最简单、最初的了解途径。消费者的购买动机一旦被激发，就会产生行为，但具体的行动受到外界刺激物或情境的影响，即感知的影响。例如，同去某一个商场的两个不同的消费者，他们都有购买服装的动机，但结果却不同，一个消费者认为这个商场服装的样式、剪裁入时，种类较多，价格相对合适，会选购不少衣服；而另一个消费者却认为商场里的服装样式陈旧、没特色，可能会空手而归。所以，在同样情景下、接受同样刺激的消费者，由于感知不同，购买决策和购买行为也会不同。这是因为消费者的感知在很大程度上依赖个人的态度、知识、经验、社会文化、心理等主观因素。因此，企业应注意顾客在感知上的差别性，留意顾客对商品的感知反馈，对企业促销宣传的反应等，以制定相关的营销策略。

### 3. 学习

一般地，学习是指由过去的行为引发的行为改变，即由经验引起的个人行为的改变。从市场营销的角度，消费者的学习，是消费者在长期购买、使用商品的基础上，不断获取、积累大量经验，并调整之后的购买行为过程。消费者的购买过程也有理性的一面。消费者的大多数行为都是学习获得的，通过学习，消费者将商品购买经验运用到未来的购买行为中。按照“刺激－反应”理论，人类的学习过程是包含驱动力、刺激物、提示物、反应和强化等因素的一连串相互作用的过程，如图4－2所示。

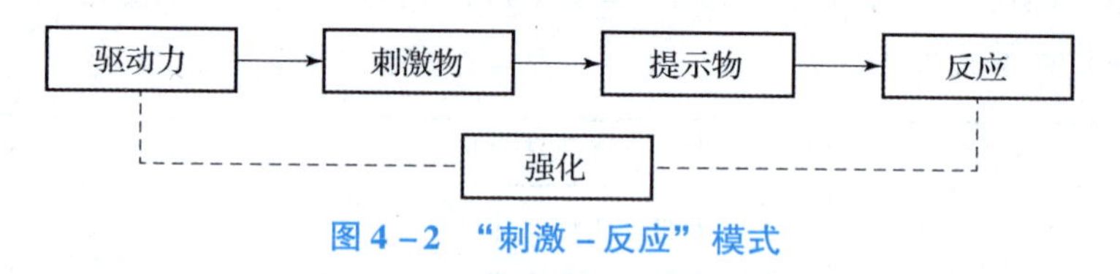


图4－2 “刺激－反应”模式

例如，某人认为每天洗衣服耗费过多时间和体力，此时他会产生一种逃避洗衣劳动的驱动力，同时也会产生对洗衣机的需求。当他看到洗衣机（刺激物），又接触到某种品牌洗衣机的广告宣传（提示）后，就实施了购买行为（反应）。在使用过程中，他对该品牌的洗衣机产生的满意（正强化）或不满意（负强化）的评价，将影响他将来是否继续购买同种品牌的产品。

对于企业而言，应通过各种途径为消费者提供信息，通过制定合理的市场营销策略，从外部对消费者产生一定影响，加强诱因，激发驱动力，促进消费者对产品的记忆、识别。企业在提供产品、传递信息的同时，也需要保证服务的质量，这样才能提高消费者对企业的忠诚度、信任度，使购买企业产品的行为形成习惯。

### 4. 态度

态度是指个人对某一事物长期持有的好与坏的认识、评价。人们对所有的事物都持有态度。消费者态度的影响因素，主要有三个方面：一是消费者本身对某种商品和服务的感觉，二是相关群体的影响，三是自己的经验及学习的知识。

态度决定人们对某一事物的好感与厌恶，当消费者对某产品有好感时，容易关注与此相关的信息，且会产生具有一致性的行为。人们没必要对每一事物都以新的方式做出解释和反应，所以态度难以改变。一般地，营销人员不应试图改变消费者的态度，而是应改变自己的产品以迎合消费者的态度，使企业的产品成为受目标市场顾客欢迎的产品。

#### 5. 个性

个性是指一个人特有的心理特征，它会使一个人对其所处的环境做出相对一致和持续不断的反应。一个人的个性会通过自信、支配、自主、顺从、交际、保守及适应等性格特征来表现。例如，在购买服装时，外向型的人往往喜欢色彩鲜艳、对比强烈、款式新颖的服装，而内向型的人则一般比较喜欢深沉的色调。同时，消费者的个性差异，还可导致消费者在购买过程中的不同表现。外向型的消费者，一般喜欢与售货员交谈，很容易表现出对商品的态度，但也容易受外界影响；内向型的人大多沉默寡言，内心活动复杂，但不轻易表露；理智型的消费者大多喜欢对商品进行反复比较、分析和思考，最后才做出购买决定；情绪型的消费者容易冲动，购买行为往往带有浓厚的感情色彩。

### （三）文化特征

文化是一个含义广泛的概念。广义上，文化是指人类在社会历史实践中所创造的物质财富和精神财富的总和。狭义上，文化是指社会的意识形态，以及与之相适应的制度和结构。文化作为一种社会氛围和意识形态，无时无刻不在影响着人们的思想和行为，当然也影响着人们对商品的选择与购买。每一种文化，又可以分为若干亚文化群，不同的亚文化群在语言文字、价值观念、生活习惯、艺术和审美方面都有所不同。

#### 1. 民族亚文化

各民族在漫长的历史发展过程中，形成了各自的风俗习惯、宗教信仰、生活方式及审美观等。这些不同的特征都将导致各民族之间在需求和购买行为等方面的差异。

#### 2. 宗教亚文化

宗教是人类社会发展到一定历史阶段出现的文化现象。世界上有许多不同的宗教，不同的宗教有不同的文化倾向和戒律，因此会影响消费者对事物的认识方式、对现实生活的态度、行为准则及价值观念，从而影响消费需求。

#### 3. 地域亚文化

不同的地理区域具有不同的气候、人口密度等，导致了消费者具有不同的风俗习惯、生活方式及爱好等，这些因素也必然会影响各地区消费者的购买行为。

### （四）社会特征

#### 1. 社会阶层

按照职业、收入、受教育程度、居住区域等可将人们划分为一定的社会阶层。社会阶层具有以下特点：一是处于同一社会阶层的人们在价值观、生活方式、思维方式等方面的类似性比处于不同阶层的人们的类似性更强；二是当人的社会阶层发生变化（如工人考上了大学，个体户发展成私营企业主）后，其行为特征也会随之发生明显变化；三是社会阶层的行为特征受到经济、职业、教育等多种因素影响，根据不同的因素进行划分，社会阶层的构成也会有所不同。

社会阶层对人们行为产生影响的心理基础在于人们的等级观和身份观，人们一般会采取同自己的等级、身份吻合的行为。等级观和身份观又会转化为更具有指导意义的价值观、消费观、审美观，从而直接影响人们的消费特征和购买行为。

#### 2. 相关群体

相关群体是指能够影响一个人的态度、意见和价值观念的一群人。人是社会环境的产物，一个人的消费习惯和爱好，并不是天生的，而是在社会和别人的影响下逐渐形成的。从主动的意义上，人们经常会向周围的人征询决策的参考意见；在被动的方面，人们周围的特定社会群体的行为方式、生活习惯等会不知不觉地对人产生潜移默化的影响。在现实生活中，人们每时每刻都会受到相关群体的影响。不过由于同各种相关群体的关系不同，受到的影响程度不同。比较密切的相关群体包括家庭成员、同事、邻居等。

相关群体对人们消费行为的影响一般表现为以下几点：第一，相关群体为每个人提供各种可供选择的消费行为或生活模式；第二，相关群体引起的消费欲望，造成人们对某种商品选择的一致化，因而影响人们对商品花色的选择；第三，相关群体内部的一种无形压力，促使群体中各成员的行为趋于一致。相关群体的凝聚力越强，内部沟通越有效，则对群体成员的影响就越大。

### 3. 家庭

家庭是社会的细胞，也是最典型的消费单位。在消费者购买行为中，家庭的影响至关重要，因为消费者的许多购买行为都是以家庭为单位进行的。家庭对购买行为的影响主要取决于家庭的规模、家庭的生命周期及家庭购买决策方式等方面。

营销案例

（1）不同规模的家庭具有不同的消费特征与购买方式。我国传统的三代或四代同堂的大家庭，消费量很大，但是家中高档耐用消费品却不一定多；现代的三口之家人数虽少，但对生活质量要求较高。家庭规模的变化，会直接影响产品需求的类型与结构。例如，我国家庭小型化趋势的出现，导致家庭厨房炊具也出现小型化、精致化的特点。

（2）家庭的生命周期不同，其消费与购买行为也有很大的不同。西方学者把家庭的生命周期分为以下八个阶段。

①单身阶段：已参加工作、独立生活、处于恋爱时期的年轻人处于这一阶段。这些人没有经济负担，收入主要用于购买食品、时装、书籍、社交及娱乐品等。

②备婚阶段：已确定未婚夫妻关系并积极筹备婚礼阶段。处在这一阶段的人们为构筑一个幸福的小家庭，购置房子、成套的家具、耐用消费品、时装等，这是家庭的生命周期中，消费相对集中的阶段。

③新婚阶段：已经结婚但未生育小孩的阶段。此时，家庭的购买行为以继续购置生活用品为主，如果经济允许，娱乐方面的支出可能会增加。

④育婴阶段（满巢 1）：有 3 岁以下孩子的家庭处于这一阶段。此时孩子成为家庭消费的重点。

⑤育婴阶段（满巢 2）：有 18 岁以下孩子的家庭处于这一阶段。孩子在这一阶段逐步长大，此时家庭的主要消费仍在孩子身上。与④阶段不同的是，此阶段孩子的教育费用将成为家庭消费的重要组成部分。在中国，上大学的孩子仍由父母供养至大学毕业。

⑥未分阶段（满巢 3）：有 18 岁以上但尚未独立生活的子女的家庭处于这一阶段。此时子女虽已长大成人，但仍同父母住在一起。此阶段家庭的消费中心发生变化，由子女逐渐移回父母自身。

⑦空巢阶段：子女相继成家、独立生活的阶段。此时的老年夫妇家庭，由于经济负担减轻，消费质量将提高。保健、旅游等将成为消费的重点。在中国，一些老人也会毫不吝啬地将钱花在孙辈身上。

⑧鳏寡阶段：夫妻一方去世，家庭重新回到单人世界的阶段，此时最主要的消费内容是

医疗保健、生活服务和老年社交活动。

(3) 家庭购买决策方式对购买行为也有十分重要的影响，主要包括家庭在进行购买决策时，是集中决策还是分散决策，是独断决策还是协商决策，是丈夫主导型决策还是妻子主导型决策等。

## 三、消费者购买决策过程

消费者购买决策过程是一个极为复杂的动态发展过程，其中存在多种可变因素和随机因素。只有对购买决策过程进行全面分析，企业营销活动才有可能成功。通常，购买决策过程可分为五个阶段：确认需求、搜集信息、评估选择、做出决策、购后行为。典型的购买决策过程如图 4 – 3 所示。

图 4 – 3 典型的购买决策过程

### (一) 确认需求

消费者的购买决策过程从消费者认识到自己的某种需求开始。这种需求，既可能由自身生理活动引起，也可能由外在刺激引起，或者是内外两个方面因素共同作用的结果。促使消费者确认需求的原因有如下几种。

(1) 日常消费品中的某些物品即将用完。例如，牙膏、洗衣粉等即将用完时，需要重新购买。

(2) 对现有的东西不满意。例如，服装不合潮流，希望购买更新潮的；现有电视机画质不好，希望购买更清晰的。

(3) 收入的变化。收入的增减对消费者有直接的影响。当收入增加时，人们就会产生新的需要。例如，近几年，随着我国城镇居民收入的不断提高，越来越多的人产生了购买小轿车的愿望。

(4) 需求环境的改变。新环境会产生新的需求。例如，现在人们在新购住房后一般都会将过去的家具全部更换。

(5) 对新产品的需求。当市场上出现新一代计算机时，许多计算机拥有者就会产生新的购买欲望。

(6) 对配套产品的需求。许多产品相关性很高，消费者购买了甲产品后，还必须买乙产品才能使用。例如，购买隐形眼镜，则必须搭配购买护理液等。

以上原因都可能成为唤起需求的诱因。对此，营销人员应明确引起消费者需求的因素，有针对性地采取措施，唤起和强化消费者的需求，从而诱使消费者产生购买动机。

### (二) 搜集信息

消费者在确认了自己的需要，产生购买动机后，便会着手进行相关信息的搜集。消费者一般会通过以下途径收集所需要的信息。

(1) 个人来源：包括家庭、亲友、邻居、同事、熟人。

(2) 商业来源：包括广告、推销员、经销商、包装品、展览。

(3) 公共来源：包括大众传媒、消费者协会、质检报告。

(4) 经验来源：包括产品的检查、比较和使用。

一般地，消费者得到的商品信息，大部分出自商业来源，而对消费者影响最大的途径是个人来源。各种来源的信息对购买决策都有重要影响，在通常情况下，商业来源的信息主要起通知作用，个人来源的信息主要起评价作用。作为企业，在消费者搜集信息阶段积极向消费者提供产品和服务的有关资料是至关重要的。

### （三）评估选择

消费者在充分收集各种信息之后，会对信息进行评估、整理，形成不同的购买方案，然后按一定的评估标准进行评价和选择。一般消费者进行评估选择的步骤如下：

（1）比较需要购买的商品的性能、特点；

（2）比较品牌；

（3）根据自己的爱好，确定品牌选择方案。

消费者既可能只以一个评估标准为依据来挑选商品，也可能同时考虑该商品各方面的特征。例如，购买房子时，购买者可能只考虑价格一个因素，也可能同时考虑价格、环境、结构、层次、内部设施等多个因素。

### （四）做出决策

消费者在进行评价选择后，会形成购买意图，进而做出购买决策并实施购买。但在形成购买意图和做出购买决策之间，如受到一些不确定因素影响，消费者也可能临时改变购买决策。这些因素主要包括以下几点。

（1）他人的态度。消费者在准备购买某品牌的商品时，他的家人或亲朋好友提出了反对意见，或者更有吸引力的建议，这有可能使消费者放弃购买或推迟购买。他人的态度对消费者影响力的大小取决于两点：一是反对意见的强烈程度；二是他人在消费者心目中的地位。反对越强烈，或提出者在消费者心目中的地位越重要，对消费者购买决策的影响力就越大；反之，则越小。

（2）意外的环境因素。在消费者将进行购买时，一些意外的环境因素，也可能使消费者改变或放弃购买。如失业、家庭另有紧急开支、收入变化等，都可能改变消费者购买意图。

（3）预期风险的大小。许多购买决策具有一定的风险，尤其是某些贵重物品的购买。如果消费者认为购买之后会给自己带来某些不利的影响，则可能推迟或改变购买。因此，营销人员必须设法提供确切的信息，降低消费者的预期风险。

### （五）购后行为

消费者购买商品并不意味着购买行为的结束，因为真正的消费在购买之后，只有经过消费，消费者才能真正对商品有所了解，产生满意或不满意的感觉，并据此进一步采取行动，如图4－4所示。

满意或不满意是购买后的主要感觉，消费者购买后的所有行为都基于这两种感觉。而是否满意一方面取决于所购商品是否同预期一致，另一方面取决于他人对所购商品的评价。

感到满意的消费者在行为方面会出现两种情况：一种是向他人进行宣传和推荐，另一种是不进行宣传。如果消费者能对企业的产品进行宣传是最理想的，企业应设法促使消费者产生这样的行为。

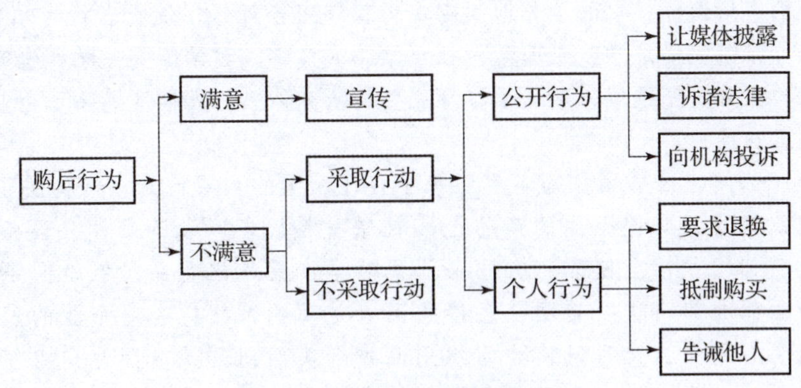


图 4－4　购买后的感觉和行为

感到不满意的消费者的行为则更复杂。首先有采取行动和不采取行动之分。一般而言，若不满意的程度较低或商品的价值不大，消费者有可能不采取任何行动；但如果不满意的程度较高或商品的价值较大，消费者一般都会采取相应的行动。

不满意的消费者可能采取的一些行为属于个人行为，如到商店要求对商品进行退换，将不满意的情况告诉亲戚朋友，以后不再购买此品牌或者该家企业生产的商品等。个人行为虽对企业有影响，但影响程度相对较小。消费者的另一种行为是将不满意的情况诉诸公众，如向消费者协会投诉，向新闻媒体披露，甚至将企业告上法庭。这样的行为会对企业造成较大的损失，企业应尽可能避免这种情况的出现。

现代市场营销观念认为稳定的市场份额比高额的利润更重要。因此，一旦出现消费者不满意的情况，企业应妥善处理，耐心听取消费者意见并诚恳道歉，公开采取积极的改进措施，在必要的情况下，主动对消费者进行赔偿等，以取得消费者的谅解与信任，保持稳定的市场份额。

（延展资料卡：4－1）

【素养阅读】

文化、社会、个人、心理等因素都会对购买行为产生影响，随着社交媒体的兴起，新型的消费模式不断涌现，对人们的消费习惯也产生了诸多影响。在日常消费中，应综合考虑个人经济条件、生理与个性等因素，正确看待网红种草、明星推荐，按需购买；理性消费，杜绝盲目攀比。

## 任务二　组织市场与组织用户购买行为

【营销案例】

### 购买者市场包括消费者市场与组织市场

消费者市场是消费品生产经营企业市场营销活动的出发点和归宿，也最终决定工业品生产经营企业的市场需求水平。例如，各类企业特别是消费品的生产经营企业希望提高市场营销效益，实现企业发展的愿景，则必须深入研究消费者市场和消费者行为的规律，据此进行市场细分和目标市场选择，有的放矢地制定市场营销组合策略。消费者行为学自20世纪50年代产生以来，在吸收经济学、心理学、社会学、人类学、数学等有关学科研究成果的基础上，不断拓宽和深化研究领域，形成了自身完整的研究体系，大幅度提高了企业市场营销决策的科学性和正确性。

企业、政府部门、社会团体等各类组织中存在大量的购买行为，这构成了企业产品销售市场中的组织市场。有些企业的产品是某种原材料、生产设备或办公设备，购买者是有关企业、政府部门和社会团体；有些企业虽然生产最终消费品，但是并不直接卖给消费者，而是经由商业部门进行转卖，直接购买者是商业部门；有些企业的产品既可以作为消费品被消费者购买，又可以作为组织用品被各类组织购买。因此，组织用户是企业重要的营销对象，企业应当充分了解它们的特点和购买行为，为制定正确的营销决策提供依据。

（资料来源：百度，2008－05－17）

## 一、组织市场的概念与类型

### （一）组织市场概念

组织市场指从事生产、销售等业务活动的企业、政府部门和非营利组织为履行职责而购买产品和服务所构成的市场。简言之，组织市场是由以某种正规组织为购买单位的购买者构成的市场，与消费者市场相对应。就卖主而言，消费者市场是个人市场，组织市场是法人市场。

### （二）组织市场类型

组织市场包括生产者市场、中间商市场、非营利组织市场和政府市场。

（1）生产者市场指购买产品或服务用于制造其他产品或服务，然后销售或租赁给他人以获取利润的单位和个人构成的市场。组成生产者市场的主要产业有工业、农业、林业、渔业、采矿业、建筑业、运输业、通信业、银行业、金融业、保险业和服务业等。

（2）中间商市场也称转卖者市场，指购买产品用于转售或租赁以获取利润的单位和个人，包括批发商和零售商构成的市场。

（3）非营利组织泛指所有不以营利为目的、不从事营利性活动的组织。非营利组织市场指为了维持正常运作和履行职能而购买产品和服务的各类非营利组织构成的市场。

（4）政府市场指为了执行政府职能而购买或租用产品的各级政府和下属各部门。各国政府通过税收、财政预算掌握了相当部分的国民收入，形成了潜力极大的政府采购市场。

## 二、组织用户购买类型与购买方式

### （一）购买类型

#### 1. 直接重购

直接重购指组织用户的采购部门按照过去的订货目录和基本要求继续向原先的供应商购买产品，这是最简单的购买类型。当某产品的库存量低于规定水平时，需要进行重购。采购部门对以往的所有供应商加以评估，选择满意的供应商作为直接重购的供应商。被列入直接重购名单的供应商应尽力保持产品质量和服务质量，提高采购者的满意度。采购部分也经常采用自动化重购系统，以减少重购的时间。未列入名单的供应商可尝试提供新产品并改进服务，以促使采购部门进行转移或部分转移购买，以少量订单入门，然后逐步争取买方、扩大采购份额。

**2．修正重购**

修正重购指组织用户改变原先所购产品的规格、价格或其他交易条件后再行购买。用户会与原先的供应商协商新的供货协议甚至更换供应商。此时，原先的供应商会感到一定的压力，因此会全力以赴以继续保持交易；对于新的供应商，这一过程则是拓展市场的最好机会。这种决策过程较为复杂，买卖双方都有较多的人参与。

**3．新购**

新购指组织用户初次购买某种产品或服务。这是最复杂的购买类型。新购产品大多是不常购买的项目，如购入大型生产设备、建造新的厂房或办公大楼、安装办公设备或计算机系统等，采购者要在一系列问题上做出决策，如产品的规格、购买数量、价格范围、交货条件及时间、服务条件、付款条件、可接受的供应商和可选择的供应商等。购买行为的成本和风险越大，则购买决策的参与者越多，需要收集的信息越多，购买过程越复杂。由于采购者没有固定的供应商名单，因此这一过程对于所有的供应商都是机会，也是挑战。

### （二）组织用户购买方式

对于大宗商品，组织市场购买者常常采用系统购买的方式。组织用户通过一次性购买而获得某项目所需全部产品的采购方法称为系统购买。供应商所采用的与系统购买相应的销售方法称为系统销售。系统购买最初产生于政府采购。政府采购重要武器和通信系统时，不是从不同供应商分别购买各种部件然后汇总，而是从所有符合条件的供应商中选择最合适的一个，向它购买该项目所需的全部产品，由它负责招标和组装零部件，最后收到可立即投入使用的成品。这种购买方法也称“交钥匙解决法”，因为购买者只要“转动一下钥匙”就可以进入工作。系统销售有各种不同的形式。一是供应商销售一组连锁产品，例如，汽车零部件供应商出售汽车中的某个系统，包括座椅系统、刹车系统、车门系统等。二是系统承包，即一个单独的供应商为购买者提供维护、修理、操作所需的全部物料。从采购方的角度，将存货的任务交给销售方，可以降低成本；减少了挑选供应商的时间，可以降低费用；有合同条款的规定，可以降低价格。从销售方的角度，保证市场中有固定需求，降低了经营风险；减少了单证工作，使经营成本降低。在水坝、钢铁厂、水利系统、卫生系统、油气管道、公共设备、新城镇等建设中，越来越多的购买者采用系统购买的方式，供应商也意识到这种趋势，把与之相应的系统销售作为一种重要的营销手段，在价格、质量、信誉和其他各方面进行竞争以期中标。

## 三、组织用户购买决策过程

理论上，组织用户完整的购买决策过程可分为八个阶段，但是具体过程依不同的购买类型和购买方式而定，直接重购和修正重购可能跳过某些阶段，新购则会完整地经历各个阶段。零星商品购买决策过程可能比较简单，而购买大宗商品、系统购买的决策过程可能比较复杂，如表 4－1 所示。

表4-1 组织用户购买决策过程

| 购买阶段 | 购买类型 | | |
|---|---|---|---|
| | 新购 | 修正重购 | 直接重购 |
| 1. 问题识别 | 是 | 可能 | 否 |
| 2. 总需要说明 | 是 | 可能 | 否 |
| 3. 明确产品规格 | 是 | 是 | 是 |
| 4. 物色供应商 | 是 | 可能 | 否 |
| 5. 征求供应建议书 | 是 | 可能 | 否 |
| 6. 选择供应商 | 是 | 可能 | 否 |
| 7. 签订合约 | 是 | 可能 | 否 |
| 8. 绩效评价 | 是 | 是 | 是 |

### （一）问题识别

问题识别指组织用户认识自己的需要，明确所要解决的问题。问题识别可以由内在刺激或外在刺激引起。

（1）内在刺激。比如，企业决定制造一种新产品，需要新设备或原材料；机器发生故障，需要更换或需要新零件；已购的商品不理想或不适用，需要更换供应商。

（2）外在刺激。采购人员通过广告、商品展销会或卖方推销人员介绍等途径了解到存在更理想的产品，从而产生需要。供应商应利用此方式刺激买方，引起问题识别。

### （二）总需要说明

总需要说明指通过价值分析确定所需项目的总特征和数量。标准化产品易于确定，而非标准化产品必须由采购人员、使用者、技术人员乃至高层经营管理人员协商确定。作为卖方的营销人员应向买方介绍产品特性，协助买方确定需要。

### （三）明确产品规格

明确产品规格指说明所购产品的品种、性能、特征、数量和服务，写出详细的技术说明书，作为采购人员的采购依据。供应商应通过价值分析向潜在顾客说明自己的产品和价格比其他供应商更理想。未被列入买方选择范围的供应商可通过展示新工艺、新产品把直接重购转变为新购，争取打入市场的机会。

### （四）物色供应商

物色供应商指采购人员根据产品技术说明书的要求寻找最佳供应商。如果是新购或所需品种复杂，组织用户为此花费的时间就会较长。调查表明，企业采购部门信息来源主要包括以下两方面。

（1）内部信息，如采购档案、其他部门信息和采购指南、推销员的电话访问和亲自访问。

（2）外部信息，如卖方的产品质量调查、其他公司的采购信息、新闻报道、广告、产品目录、电话簿、商品展览等。供应商应当进入工商企业名录和计算机信息系统，制定强有力的广告宣传计划和促销体系，寻找潜在和现实的购买者。

### （五）征求供应建议书

征求供应建议书指邀请合格的供应商提交供应建议书。对于复杂和花费大的项目，买方会要求每一位潜在供应商提出详细的供应建议书，经选择淘汰后，再请余下的供应商提出正式供应建议书。卖方的营销人员必须擅长调查研究、写报告和提建议。供应建议书应当是营销文件而不仅是技术文件，能够达到坚定买方的信心的效果，使所属公司从竞争中脱颖而出。

### （六）选择供应商

选择供应商指组织用户对供应建议书加以分析评价，确定供应商。评价内容包括供应商的产品质量、性能、产量、技术、价格、信誉、服务、交货能力等属性，各属性的重要性因购买类型的不同而不同。

组织用户在做出决定前，可能会与较为中意的供应商谈判，以争取更低的价格和更好的供应条件。供应商的营销人员可以从产品的服务和生命周期成本等方面制定应对策略以防止对方压价和提出过高要求。组织用户的采购中心还会决定使用多少供应商。有时它们倾向于选择一家大供应商，以保证原材料的供应和获得价格让步；有时它们会同时保持几条供应渠道，以免受制于人，并促使卖方展开竞争。各供应商都应及时了解竞争者的动向，制定竞争策略。

### （七）签订合约

签订合约指组织用户根据所购产品的技术说明书、需要量、交货时间、退货条件、担保书等内容与供应商签订最后的订单。许多组织用户愿意采取长期有效合同的形式，而不是定期采购订单。买方可能通过在需要产品的时候通知供应商随时按照条件供货的方式，实行无库存采购计划，从而降低或免除库存成本。卖方也愿意接受这种形式，因为可以与买方保持长期的供货关系，增加业务量，抵御新竞争者。

### （八）绩效评价

绩效评价指组织用户对各个供应商的绩效加以评价，以决定维持、修正或终止供货关系。评价方法包括询问使用者；按照若干标准加权评估；把绩效差的成本加总，修正包括价格在内的采购成本。供应商必须关注该产品的采购者和使用者是否使用同一标准进行绩效评价，以保证评价的客观性和正确性。

## 四、组织用户购买决策的参与者

对于不同的购买类型，购买决策的参与者也不同。直接重购时，采购部门负责人起决定作用；新购时，企业高层领导起决定作用。在确定产品的性能、质量、规格、服务等标准时，技术人员起决定作用；而在供应商选择方面，采购人员起决定作用。因此在新购的情况下，供应商应当把产品信息传递给买方的技术人员和高层领导，在买方选择供应商的阶段应当把产品信息传递给采购部门负责人。

组织用户的采购决策组织称为采购中心，指围绕同一目标直接或间接参与采购决策并共同承担决策风险的所有个人和群体。采购中心通常由来自不同部门且执行不同职能的人员所构成。采购中心成员在购买过程中分别扮演着以下七种角色中的一种或几种。

（1）发起者，指提出购买要求的人。他们可能是使用者，也可能是其他人。

（2）使用者，指组织用户内部使用这种产品或服务的成员。在多数情况下，使用者往往最先提出购买建议，并协助确定产品规格。

（3）影响者，指组织用户的内部和外部能够直接或间接地影响采购决策的人员。他们协助确定产品规格和购买条件，提供方案评价的情报信息，影响采购选择。技术人员大多是重要的影响者。

（4）决策者，指有权决定买与不买，并负责决定产品规格、购买数量和供应商的人员。有些购买活动的决策者很明显，有些却不明显，供应商应当设法弄清楚谁是决策者，以便有效地促成交易。

（5）批准者，指有权批准决策者或购买者所提购买方案的人员。

（6）采购者，指有权按照采购方案选择供应商并商谈采购条款的人员。如果采购活动较为重要，采购者中还会包括高层管理人员。

（7）信息控制者，指组织用户的内部或外部能够控制信息流向采购中心成员的人员。比如，采购代理人或技术人员可以拒绝某些供应商和产品的信息，接待员、电话接线员、秘书、门卫等可以阻止推销者与使用者或决策者接触。

为了实现成功销售，企业营销人员必须分析以下问题。谁是购买决策的主要参与者？他们影响哪些决策？他们的影响程度如何？他们使用的评价标准是什么？

当采购中心包含许多参与者时，销售人员难以与所有参与者都进行接触，此时来自大公司与小公司的销售人员策略就有所不同：小公司的销售人员将重点接触关键性的参与者，大公司的销售人员则尽可能地接触更多的参与者，采取多层次的深度推销。

【营销案例】

### 煤炭购买决策过程的参与者

山北煤炭公司业务员卢彦宏在向发电厂客户销售煤炭过程中需要拜访该厂各个相关部门的人员。锅炉工向上级部门汇报煤炭存量，以方便制订购买计划，评价煤炭质量（如水分、灰分、挥发分、固定含碳量、发热量、黏结指数等）作为发电厂的采购决策参考。卢彦宏需要通过拜访与锅炉工建立良好关系，请他们向上级部门客观评价本公司煤炭质量。煤炭大学的教授负责制定煤炭质量评价标准，检验不同产地煤炭质量并列出推荐名单作为发电厂的购买参考。卢彦宏需要通过拜访与教授建立良好关系，请他们检测本公司煤炭质量并在达到质量标准的前提下将本公司纳入推荐名单。发电厂的工程师和分管采购的副总经理有权制定采购方案，决定产品规格、购买数量和供应商。卢彦宏需要通过拜访与他们建立良好关系，强调本公司产品在质量、价格和服务方面的竞争优势，请他们优先考虑选购本公司产品。发电厂总经理有权批准或否决采购方案，重大采购项目必须得到总经理批准。卢彦宏需要通过拜访与总经理建立良好关系，争取尽快审批通过已经上报的采购方案。发电厂采购部经理和采购人员按照已经审批通过的采购方案进行采购。卢彦宏需要通过拜访与他们建立良好关系，商谈采购实施计划和细节，保证采购过程圆满完成。总经理、副总经理的秘书可以向领导汇报煤炭供应商和销售人员信息，请示领导是否会见。卢彦宏作为供应方的销售人员没有能力直接联系和拜访高层决策人员，所以必须通过拜访与秘书建立良好关系，请他们汇报并安排拜访机会与时间。

（资料来源：百度，2024－03－31）

**思考：**

发电厂煤炭购买决策过程中的发起者、使用者、影响者、决策者、批准者、采购者、信息控制者分别是哪些人？

## 五、组织用户购买决策的影响因素

影响组织市场购买决策的基础性因素是经济因素，即产品的质量、价格和服务。在不同的供应商中产品的质量、价格和服务差异较大的情况下，组织市场的采购人员会高度重视这些因素，仔细收集和分析资料，进行理性的选择；但是在不同的供应商中产品的质量、价格和服务基本没有差异且都能达到采购目标的情况下，组织市场的采购人员几乎无须进行理性的选择，其他因素就会对购买决策产生重大影响。

影响组织市场购买决策的主要因素可分为四大类：环境因素、组织因素、人际因素和个人因素，如图4－5所示。供应商应了解和运用这些因素，引导买方购买行为，促成交易。

| 环境因素 | 组织因素 | 人际因素 | 个人因素 | |
|---|---|---|---|---|
| 市场需求水平<br>国家需求前景<br>资金成本<br>技术发展程度<br>政治与法律因素<br>竞争态势 | 目标<br>政策<br>程序<br>组织结构<br>制度 | 职权<br>地位<br>态度<br>说服力 | 年龄<br>收入<br>教育<br>工作职位<br>个性<br>风险态度<br>文化 | 购买者 |

图4－5　影响组织市场购买决策的因素

### （一）环境因素

环境因素指组织用户无法控制的宏观环境因素，包括市场需求水平、国家经济前景、资金成本、技术发展程度、政治与法律、竞争态势等。从经济因素的角度，假如国家经济前景看好或国家扶持某一产业的发展，有关企业会增加投资，增加原材料采购和库存，以备生产扩大之需。在经济滑坡时期，组织用户会减少甚至停止购买，此时供应商的营销人员试图增加组织用户需求总量的努力往往是徒劳的，供应商只能通过艰苦努力保持或扩大自己的市场占有率。从技术因素的角度，技术的进步将导致企业采购者购买需求的改变，彩电、手机、计算机等产品的升级换代，导致企业所需原材料和机械设备发生了很大变化。从政治与法律因素的角度，国家法律和国际国内政治环境会影响采购者的购买需求。国家环境保护法规的建立与完善使企业对无污染的环保材料的需求激增；国内良好的政治氛围促进了我国经济稳定发展，企业采购需求持续增加；我国与世界各国良好国际关系的建立，大幅度地提高了我国产品的进出口量；各国对进出口业务的有关政策和制度规定，促进了我国进出口企业在采购与销售程序、组织结构和制度体系等方面的完善。

### （二）组织因素

组织因素指组织用户自身的经营战略、组织和制度等因素，包括经营目标和战略、政策、程序、组织结构、制度等。企业营销人员必须了解的问题包括组织用户的经营目标和战略是什么；为了实现这些目标和战略，需要什么产品；采购程序是什么；有哪些人参与采购或对采购产生影响；评价标准是什么；该公司对采购人员有哪些政策与限制等。比如，以降低总成本为目标的企业，会对低价产品更感兴趣；以市场领先为目标的企业，会对优质高效的产品更感兴趣。

### （三）人际因素

人际因素指组织用户内部参与购买过程的各种角色（使用者、影响者、决策者、批准者、采购者和信息控制者）的职务、地位、态度、利益和相互关系对购买行为的影响。供应商的营销人员应当了解每个人在购买决策中扮演的角色是什么、相互关系如何等，以便利用这些因素促成交易。

### （四）个人因素

个人因素指组织用户内部参与购买过程的有关人员的年龄、教育、个性、偏好、风险意识等因素对购买行为的影响。受这些因素的影响，采购中心每一成员可能表现出不同的采购风格，有理智型、情感型、习惯型等。

无论哪种风格的参与者，所考虑的中心问题都包括两个方面。一是企业需求，即企业战略的实现。购买过程的参与者会格外重视与自己职责直接相关的企业需求，购买过程与结果必须符合企业规章制度。工程技术人员会考虑产品的实际性能，生产人员会关心产品使用时的方便性与供应的可靠性，财务人员会重视产品的经济性，采购人员会重视操作和替代的成本，领导层会更加强调安全。二是个人需求，即个人的职位、收入与成就感的提升。组织需求与个人需求使购买过程参与者产生不同的动机与行为，它们并非购买产品，而是在购买的同时找到解决这两个问题的方法。供应商的销售人员应当了解他们的这两种需求并开展针对性的销售工作。

## 六、交易双方关系类型

为了提高市场营销效益，供应商和组织用户采用不同的方法管理彼此关系。组织用户的交易导向与忠诚度决定了交易双方关系的基本类型。交易导向指组织用户在交易活动中持有的支配性、指导性思想。组织用户采购的基本原则是用相对较低的成本获得最高利益，围绕这一基本原则会产生三种交易导向：购买导向、利益导向和供应链管理导向。组织用户的交易导向不同，对供应商的忠诚度也显著不同。

### （一）购买导向

购买导向指组织用户以最大限度维护自身利益、实现短期交易作为指导思想。在这种思想的指导下，购买者对供应商的忠诚度最低，交易行为是不连续的，关系是不友好甚至敌对的。购买者认为买卖双方通过交易而获得的利益是一个固定大小的馅饼，自己必须尽量获得最大的馅饼份额。在商品性能和质量既定的情况下，会强硬地讨价还价且不断寻找新的供应商以获得更低价格的商品。供应商应当分析此类组织用户的价值以及能否将交易导向转变为利益导向或供应链管理导向。如果组织用户价值大并且有可能转变交易导向，则应当开展有效的营销活动以加强双方关系，促进组织用户交易导向产生转变。如果组织用户价值不大或者不可能转变交易导向，则减少营销努力，保持松散的交易关系。

### （二）利益导向

利益导向指组织用户以建立交易双方长期的良好关系作为采购指导思想。在这种思想指导下，组织用户对供应商有较高的忠诚度，更加愿意签订长期合同以保证原材料的不间断供应。组织用户制定了较为完善的制度和方法，与供应商保持良好合作关系，通过更好的管理询价、成本控制以寻求节约，并与供应商分享节约的利益而非单纯压低价格。组织用户与供应商在原材料供应的早期阶段就开始密切配合（如库存水平、及时管理、产品设计等方面），采购目标是使自己和供应商都能在交易中获利。供应商应当通过提供优质产品、全面服务和签订长期合同以维系和巩固双方关系，力争将交易导向发展为供应链管理导向。

### （三）供应链管理导向

供应链管理导向指组织用户以建立交易双方密切的伙伴关系、实现双方价值最大化作为采购指导思想。在这种思想的指导下，组织用户对供应商高度忠诚，制定精细计划与供应商建立更加紧密的关系，让供应商参与产品设计与成本节约过程，通过拉动需求来增进价值。供应商应当充分运用自己的资源，最大限度地满足客户需求，与组织用户建立最紧密的、长期的战略合作关系。

戴尔公司采购案例研究

## 【同步习题】

**1. 单项选择题**

（1）受外界影响小、善于控制自己的情绪、会细心选择商品的消费者，其购买行为属于（　　）。

A. 保守型　　B. 情感型　　C. 理智型　　D. 习惯型

（2）消费流行既是一种经济现象，又是一种（　　）。

A. 政治现象　　B. 心理现象　　C. 环境现象　　D. 生理现象

（3）社会文化消费习俗中最稳定的习俗是（　　）。

A. 服饰消费　　B. 日用品消费　　C. 喜庆习俗消费　　D. 住宿消费

（4）广告最基本的功能是（　　）。

A. 信息　　B. 娱乐　　C. 促销　　D. 说服

（5）具有同质性高、选择性小、消费者购买频率高的特点的商品是（　　）。

A. 生活必需品　　B. 优质商品　　C. 特殊商品　　D. 耐用消费品

**2. 简答题**

（1）消费者市场的特点有哪些？分析消费者市场的意义是什么？

（2）简述消费者购买行为模式。

（3）简述影响消费者购买行为的因素。

（4）组织采购决策一般有哪些角色参与？这些角色对组织购买行为分别产生了怎样的作用？

（5）组织市场有哪些特点？

（6）组织市场的购买决策一般会经过哪些主要阶段？

## 【实践训练】

### 1. 实训目的

（1）通过本次实训，学生能够掌握影响消费者购买行为的因素，具备对消费者心理及购买行为进行综合分析、归纳的能力。

（2）在未来的工作中，学生可以运用所学知识，为企业制定有效的市场营销策略，以提高企业的市场竞争力和市场份额。

### 2. 实训内容

选择一个家庭作为调查单位，了解家庭的购买行为决策状况及购买行为特征。

### 3. 实训步骤

以实地调查为主，结合在图书馆、互联网查找到的相关资料，在市场调研与分析的基础上，针对以下内容设计调查问卷并进行调研、集体讨论与分析，最终以报告形式得出结果。

（1）家庭结构类型及功能。

（2）影响家庭购买行为决策的主要因素。

（3）家庭购买行为决策的主要特征。

### 4. 实训评价表

实训完成后，对实训效果进行评分，并记录在评价表中。

评价表

| 评价项目 | 分值 | 得分 |
|---|---|---|
| 1. 实训计划设计合理，准备工作充分，对实训过程进行详细的记录 | 10 | |
| 2. 理论知识扎实，按照规定的实训步骤设计调研问卷完成实训项目，逻辑清晰 | 20 | |
| 3. 组员之间能够进行有效的沟通，整个过程组织合理，语言表达准确无误，条理清晰 | 20 | |
| 4. 积极参与小组讨论，能提出建设性意见或建议 | 20 | |
| 5. 对待任务认真，严格按照计划开展实训项目，态度良好 | 20 | |
| 6. 不迟到、不早退，听从指导教师安排，不私自中途离开实训场地 | 10 | |
| 总分 | 100 | |

### 5. 注意事项

（1）建立有效的沟通机制，确保团队成员之间能够及时分享信息、讨论问题和协调行动。

（2）结合调研内容设置合理有效的问卷，确保调研结果的真实性与有效性。

（3）针对调研结果进行科学合理的分析并得出结论。

# 项目五

# 竞争者分析

## 【项目导读】

竞争是市场经济的基本特性。市场竞争形成的优胜劣汰，是推动市场经济运行的强制力量，竞争迫使企业不断研究市场、开发新产品、改进生产技术、更新设备、降低经营成本、提高经济效益和管理水平，获取最佳效益并推动社会进步。在发达的市场经济条件下，企业随时都处于竞争者的重重包围之中，竞争者的一举一动都会对企业的营销活动和效果产生重要的影响。企业必须认真研究竞争者的优势与劣势、竞争者的战略和策略，明确自己在竞争中的地位，有的放矢地制定竞争战略，才能在激烈竞争中求得生存和发展。

## 【学习目标】

- 知识目标

(1) 了解竞争者的类型。

(2) 熟悉基本竞争战略。

(3) 掌握不同竞争模式下的竞争策略。

- 能力目标

(1) 能够分析识别不同类型的竞争者。

(2) 能够设计企业竞争战略。

(3) 具备认识我国现阶段一些典型行业竞争状况的能力。

(4) 能够根据市场地位采取恰当竞争战略。

- 素质目标

(1) 提升学生的自我修养，合理规避竞争风险。

(2) 培养学生的判断力与决策能力。

(3) 锻炼学生的逻辑思维能力，增强学生的全局意识。

## 【学习指南】

### 1. 知识结构图

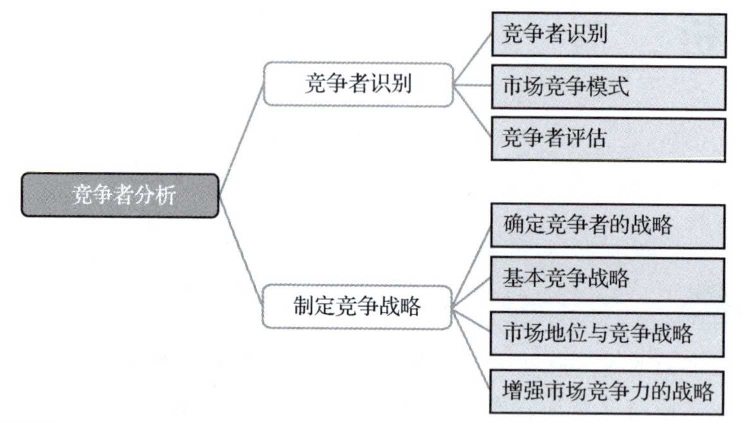


### 2. 重难点内容

（1）重点：了解竞争者类型；熟悉基本竞争战略。

（2）难点：能够识别不同类型的竞争者；能够设计企业竞争战略。

## 【问题导入】

（1）谁是竞争者，竞争者的战略和目标是什么？

（2）竞争者有什么优势与劣势，其反应模式是什么？应当攻击和回避的分别是什么类型的竞争者？

## 【案例导入】

### 王老吉 PK 可口可乐

#### 1. 王老吉的“可口可乐”梦想

一个红色的易拉罐和一句“怕上火，喝王老吉”的广告语让王老吉凉茶红遍了大江南北，从2002年1.8亿元的销售额到2005年30亿元的销售额，这一源自岭南的凉茶饮料品牌实现了质的跨越。包括王老吉在内的广东凉茶2005年销量达400万吨，而2005年可口可乐在中国内地的销量是31万吨，这是凉茶市场份额首次超过中国内地可口可乐的市场份额。而王老吉在产品包装、品牌运作、渠道策略上都把可口可乐作为标杆，在终端视觉识别管理方面已经成为很多本土品牌的榜样。王老吉的独特销售主张以及致力于成为凉茶饮料品类代表的品牌定位，以健康饮料概念打击非健康碳酸饮料可乐类产品，已经由实践证明是成功的市场策略。生产王老吉红色易拉罐产品的广东加多宝已计划仿效可口可乐的扩张方式，目前正在研究开发凉茶原汁的生产，下一步将在国内各地市场分区域开设罐装厂，成为中国的“可口可乐”这一梦想离王老吉越来越近（见图5-1）。

图5-1 王老吉 PK 可口可乐

**2. 可口可乐的本土反击**

面对王老吉等广东凉茶品牌的咄咄攻势，以及基于可口可乐在全球重点推广非碳酸饮料的决心，可口可乐公司收购了香港健康工房。健康工房是香港传统凉茶馆同治堂旗下品牌，现为香港即饮草本饮料市场的知名品牌。可口可乐目前推出的“健康工房”系列草本饮料有“清凉源”和“美丽源”两个口味，邀请张学友出任健康大使，目标直指凉茶市场。该凉茶饮料的包装规格除了类同王老吉热卖的易拉罐外，还增加了凉茶市场中罕见的PET瓶包装。而与王老吉等凉茶品牌更大的区别是“健康工房”系统饮料“更现代、更时尚、更健康”的诉求，而不是中国传统历史凉茶的诉求。

**3. 王老吉与可口可乐品牌分析**

王老吉和可口可乐“健康工房”谁更有机会胜出？谁将引领中国草本饮料市场的发展？现从以下几个方面进行分析。

(1) 产品层面：易拉罐产品为王老吉核心产品，利乐装产品借势发展，这两种产品分别由两家公司生产销售，市场拓展缺乏合力；可口可乐“健康工房”以两种口味、两个规格包装进入市场，尤其是PET瓶设计独特，并且是饮料的主流包装，可口可乐在产品上略显优。

(2) 价格层面：王老吉面对的现状非常尴尬，利乐装产品因为价格更低而打击了易拉罐产品的销量，而可口可乐“健康工房”两种口味、两个规格包装价格一致，在销售过程中可起到相互支撑的作用。

(3) 渠道层面：虽然王老吉经过这几年的迅猛发展，在全国建立了很好的渠道网络，但在饮料行业中，可口可乐的渠道依然是最强势的，并且由于可口可乐产品线丰富，所以渠道成本分摊后很低，而王老吉由于产品单一，渠道成本自然很高。

(4) 推广层面：王老吉以中国传统凉茶为主基调，“怕上火，喝王老吉”为核心的功能诉求，体现了专业的功能饮料；可口可乐“健康工房”以“亲近自然、感觉自然健康”为诉求点，邀请张学友出任健康大使，体现了时尚、健康饮料的定位，其目标消费群体比王老吉更为庞大。

通过简单的分析和比较，可以发现可口可乐“健康工房”略占优势，但实际的市场表现尚未可知，毕竟王老吉在凉茶饮料市场更专业、资源更集中、“船小好掉头”；而可口可乐资源分散，并不一定会全力投入这个产品。

(资料来源：百度，2019－10－24)

**问题：**

(1) 分析可口可乐与王老吉在目标市场中的地位，判定二者分别属于何种竞争者。

(2) 可口可乐应采取何种竞争策略？

(3) 王老吉应采取何种竞争策略？

【知识准备】

## 任务一　竞争者识别

企业参与市场竞争，不仅应了解自己的消费者是谁，还应掌握竞争对手的情况。需求的复杂性、层次性、易变性，技术的快速发展，产业的发展都会使市场竞争中的企业面临复杂的竞争形势，一个企业可能会被新出现的竞争对手打败，或者由于新技术的出现和需求的变化而被淘汰。企业必须密切关注竞争环境的变化，了解自己的竞争地位及自己与竞争对手之间的优劣势，知己知彼，方能百战不殆。

## 一、竞争者识别

企业的现实和潜在竞争者的范围极其广泛，如果不能正确地识别，则会患上“竞争者近视症”。企业被潜在竞争者击败的可能性往往大于现实的竞争者。如网上书店的发展使传统书店的市场缩小，提供招聘服务、房地产服务及汽车在线服务的互联网公司使传统的报刊业在相应市场上失去了巨大的份额。因此企业应当运用长远的眼光，从行业结构和业务范围的角度识别竞争者。

### （一）从行业角度分类

#### 1. 现有厂商

现有厂商是指本行业内现有的与企业生产同样产品的其他厂商，这些厂商是企业的直接竞争者（见图5－2）。

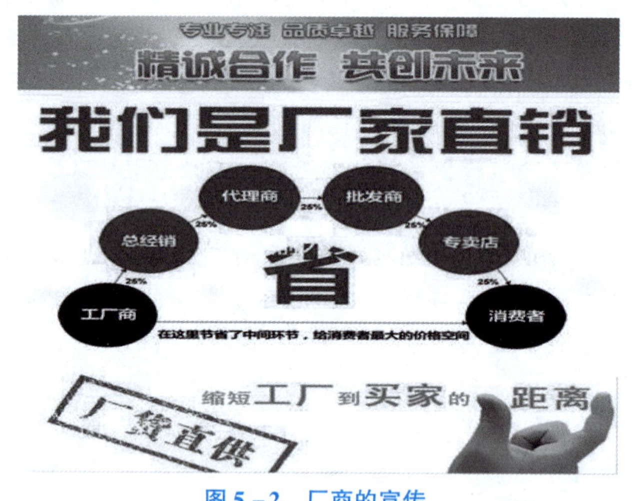


图5－2 厂商的宣传

#### 2. 潜在加入者

当某一行业前景乐观、有利可图时，会引来新的竞争企业，导致该行业的生产能力得到提升，市场份额和主要资源进行重新分配。另外，某些采用多元化经营策略的大型企业还经常利用其资源优势从一个行业侵入另一个行业。新企业的加入，可能导致产品价格下降，利润减少。

#### 3. 替代品厂商

与某一产品具有相同功能、能满足同一需求的不同性质的其他产品，属于替代品。随着科学技术的发展，替代品将越来越多，某一行业的所有企业都将面临与生产替代品的其他行业的企业的竞争问题。

### （二）从市场角度分类

市场竞争是市场经济的一般特征。只要商品生产和商品交换存在，就必然存在竞争。在市场经济中，任何企业都无法回避竞争。企业要在市场上取得成功，就必须积极参与市场竞争。而参与市场竞争的基本前提是在探究、掌握市场竞争规律的基础上制定符合企业目标和实力的竞争战略。企业不可能独占市场，所有企业都会面对形形色色的竞争者。在竞争性的市场中，除来自本行业的竞争对手外，还有来自替代品厂商、潜在加入者、原料供应者和购买者等多种力量的竞争。从消费者的角度，竞争者可以分为以下几种类型。

**1. 欲望竞争者**

欲望竞争者指提供不同产品、满足不同消费欲望的竞争者。消费者在同一时刻的欲望是多方面的，但很难同时得到满足，这就导致了不同需要，即不同产品的竞争。例如，消费者在年终收入有较大幅增加后，为改善生活，可以选择添置家庭耐用消费品、外出旅游或装修住宅等，此时虽产生了许多不同的欲望，但限于时间与财力，消费者只能选择某一个或几个力所能及的项目，作为这一时期的欲望目标。

**2. 属类竞争者**

属类竞争者指满足同一消费者欲望的可相互替代的不同属类产品，会引起消费者在决定需要的类型之后出现次一级竞争，也称含义竞争。例如，消费者需要购买家庭耐用消费品，但从家庭娱乐设备、新式家具、家庭健身器材之中，消费者需要再选择其中一类，以满足这一消费欲望。

**3. 产品竞争者**

产品竞争者指满足同一消费者欲望的同类产品。消费者在决定了需要的属类之后，还必须决定购买何种产品。例如，若消费者决定购买家庭娱乐设备，那他还需决定是购买大屏幕电视机，还是购买摄像机，或是购买高级音响设备。

**4. 品种竞争者**

产品还可分为很多品种，如果消费者决定购买大屏幕彩色电视机，那么还需要从市场中的晶体显像管彩色电视机、背投彩色电视机、等离子彩色电视机、液晶彩色电视机之中选择其中的一种。

**5. 品牌竞争者**

每一种大屏幕电视机又可分为许多不同的品牌，如长虹、TCL、康佳等多种国产品牌以及各种日、韩品牌等。

这五种竞争者类型紧密关联，如图 5 – 3 所示。

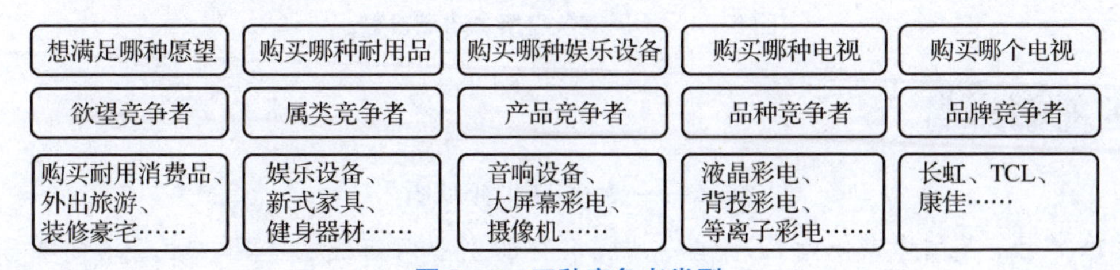


**图 5 – 3　五种竞争者类型**

**思考：**

判断下列竞争者分别属于哪种类型。

（1）伊利金典纯牛奶和蒙牛特仑苏纯牛奶。

（2）自行车和电动车。

（3）华为便携式计算机和小米手机。

华为的逆袭之路

### （三）从竞争地位角度分类

#### 1. 市场领导者

在某一行业的产品市场上占有最大市场份额的企业称为市场领导者。一般而言，大多数行业中都存在一家或几家市场领导者。市场领导者处于全行业的领先地位，一举一动都直接影响同行业其他企业的市场份额，其营销战略成为其他企业挑战、仿效或回避的对象。市场领导者的地位是在竞争中形成的，但不是固定不变的。

#### 2. 市场挑战者

市场挑战者指在行业中处于次要地位（第二、第三甚至更低地位）但又具备向市场领导者发动全面或局部攻击能力的企业。市场挑战者往往试图通过主动竞争扩大市场份额，提高市场地位。

#### 3. 市场追随者

二维码思政

市场追随者指在行业中处于次要地位并安于次要地位、在战略上追随市场领导者的企业。在现实市场中存在大量市场追随者。市场追随者的主要特点是跟随。在技术方面，它不做新技术的开发者和率先使用者，而是做学习者和改进者；在营销方面，它不做开辟市场的探路者，而是“搭便车”，以减少风险和降低成本。市场追随者通过观察、学习、借鉴、模仿市场领导者的行为，不断提升自身技能，并发展壮大。

#### 4. 市场补缺者

市场补缺者多是行业中相对弱小的一些中小企业。它们专注于被大企业忽略的某些细分市场，在这些体量有限的市场上通过专业化经营获取最大限度的收益，在大企业的夹缝中谋求生存和发展，对满足消费者需求起到拾遗补阙、填补空白的作用。市场补缺者通过生产和提供某种具有特色的产品或服务，赢得发展空间，甚至可能发展成“小市场中的巨人”。

不同竞争者所占市场份额如图5－4所示。

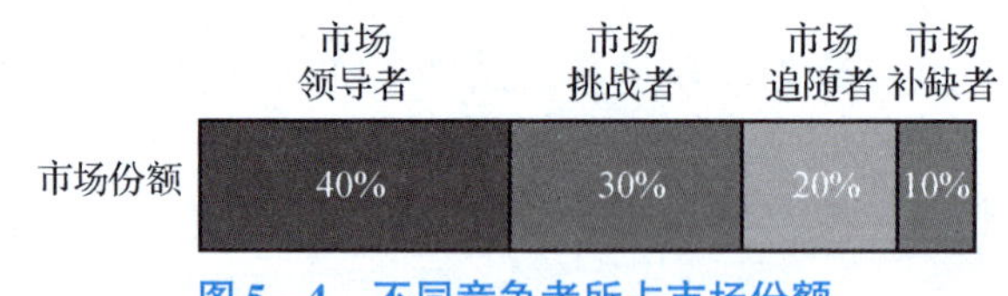

图5－4 不同竞争者所占市场份额

【营销案例】

**维珍——永远的“补缺者”**

维珍集团是英国多家使用维珍作为品牌名称的企业所组成的集团，由著名的英国商人理查德·布兰森爵士创办，是英国最大的私人企业，旗下拥有200多家公司，集团业务范围包括旅游、航空、娱乐、金融、铁路、唱片等。维珍集团的各公司在每一个行业里都不是名列前茅的，但在金融服务业、航空业、铁路运输业、饮料业，其产品或服务均被消费者公认为质量好、价格低，且紧随消费趋势。

布兰森曾经说过，如果有谁愿意，他可以这样度过一生：喝着维珍可乐长大，到维珍唱片大卖场买维珍电台上放过的唱片，去维珍院线看电影，通过维珍航空去度假，享受维珍假日酒店无微不至的服务，然后由维珍新娘安排一场盛大的婚礼，幸福地消费大量维珍产品，直到最后领着维珍养老保险金进坟墓。

（资料来源：道客巴巴，2019-11-11）

## 二、市场竞争模式

市场竞争是指市场经济中同类经济行为主体出于自身利益的考虑，增强自己的经济实力，排斥同类经济行为主体的相同行为的表现。市场竞争的内在动因在于各个经济行为主体自身的物质利益，以及对丧失自己的物质利益且被市场中同类经济行为主体排挤的担心。当某一行业刚刚形成，处于幼稚期时，行业内的企业很少；由于产品销路好，整个行业得到迅速成长，这时，较高的行业利润会吸引一些竞争对手纷纷加入；随着行业的发展和成熟，竞争越来越激烈，直到最后，只剩下数家实力强大的企业坚守阵地，形成寡头垄断，瓜分市场。根据行业内企业对市场上产品数量和价格的影响能力的大小，可将行业竞争结构分为完全竞争市场、完全垄断市场、垄断竞争市场和寡头垄断市场四种类型。

### （一）完全竞争市场

完全竞争市场又称纯粹竞争市场，是指一种竞争完全不受任何阻碍和干扰的市场。完全竞争的市场应具备以下条件。

（1）有众多的市场主体，即极大数量的买者和卖者。卖者数量多，每个卖者在市场上占有的份额很小，个别卖者供应量的变化不影响商品的市场价格；同时，众多买者中的任何一个也无法通过自己需求量的变化影响市场价格。

（2）市场客体是同质的，即产品不存在差别，且买者对于具体的卖方是谁没有特别的偏好。此时不同的卖者之间能够进行完全平等的竞争。

（3）总生产资源可以完全自由地流动，每个厂商都可以依照自己的意愿自由地进入或退出市场。

（4）信息是充分的，即消费者充分了解产品的市场价格、性能特征和供给状况；生产者充分了解投入品的价格、产成品的价格及生产技术状况。

最接近这些条件的市场是农产品市场。因此，一般把农产品市场称为完全竞争市场。

在完全竞争市场中，市场价格由供求双方的竞争决定，个别卖者和个别买者都是这一价格的接受者。换言之，在市场指定的价格下，市场对个别卖者产品的需求是无限的，对于个别买者产品的供给也是无限的。完全竞争市场是最理想的市场类型。因为在这种市场状况下，价格可以充分发挥调节作用，在长期均衡中实现市场价格＝边际成本＝平均成本。从整个社会的角度，总供给与总需求相等，资源得到了最优配置。但是，完全竞争市场也有缺点。例如，无差别的产品使消费者失去了选择的自由；各厂商的平均成本最低并不等同于社会成本最低；因为生产规模都很小，生产者无力进行重大的技术突破。在现实经济生活中，完全竞争市场是极少的，而且，一般情况下，竞争最后必然导致垄断的形成。

### （二）完全垄断市场

完全垄断市场又称独占性市场，是指完全由一家企业控制的市场。完全垄断市场存在的条件如下。

（1）卖方是独此一家，别无分店，而买家则很多。

（2）由于各种条件的限制，如技术专利、专卖权等，其他卖者无法进入市场。

（3）市场客体是独一无二的，不存在替代品。

在完全垄断市场中，由于只有一家企业，因此这一企业就可以操纵价格。操纵价格必然高于实际价格。因为垄断企业作为价格的制定者，知道每多售出一单位的产品都将导致价格下降，所以企业通过限制产量的方式控制价格，从而把价格保持在较高水平，以获取最大利润。

### （三）垄断竞争市场

垄断竞争市场，是指既存在垄断又存在竞争、既不是完全竞争又不是完全垄断的市场。

垄断竞争市场存在的条件如下。

（1）产品之间存在差别。产品差别是指同一类产品在性能、质量、外观、包装、商标或销售等条件方面的不同。由于产品之间存在差别，不同的产品可以凭借自己的特色在一部分消费者中形成垄断地位；同样也由于差别，不过是同类产品之间的差别，同类产品的使用价值会形成一种垄断和竞争并存的状态。

（2）市场上存在着较多的供给厂商，但没有一个是明显占据优势的，因而相互之间存在竞争。

（3）厂商进入或退出市场的障碍较小。

（4）交易的双方都能够获得足够的信息。垄断竞争市场的主要特点在于，这个市场中既存在有限度的垄断，又存在不完全的竞争。这一特点在价格方面表现为价格的差异。垄断竞争市场有利有弊。对于消费者而言，好处在于市场中存在不同特色的产品，可以满足消费者的不同偏好；不足在于须为此支付更高的价格。对生产者而言，短期超额利润可以驱动它们进行创新，但垄断竞争又会使销售成本增加。

### （四）寡头垄断市场

寡头垄断市场，是指由少数几家厂商垄断的市场。寡头垄断市场形成的原因是在这类市场中存在进入的障碍。例如，对于某些产品，只有当产量达到一定规模后平均成本才会下降，生产才是有利的；在某一行业中存在着资源垄断；寡头们本身采取了种种排他性措施；政府对这些寡头给予了扶持与支持等。

在寡头垄断市场上，每家厂商都占有相当大的市场份额，因此每一个厂商对整个行业的价格都有举足轻重的影响。但是，每家厂商在进行价格与产量的决策时，不但会考虑本身的成本与收益情况，还会考虑该决策对市场功能的影响以及其他厂商可能做出的反应。为了合伙谋求最大利润，寡头厂商会通过各种或明或暗的形式就价格和产量达成某种协议。如合法地组织一个贸易协会或卡特尔，由协会或卡特尔指定价格，分摊生产配额。更为普遍的办法则是采用价格领导制，即首先一个或几个寡头率先推出价格，其余寡头追随其后，确定各自的价格。

## 三、竞争者评估

### （一）竞争者类型

竞争者能否执行和实现战略目标，取决于其资源和能力。阿瑟·D. 利特尔咨询公司根据企业在目标市场的竞争地位将竞争者分为以下六种。

（1）主宰型。这类公司控制着其他竞争者的行为，有较大的战略选择余地。

（2）强壮型。这类公司可以采取不会危及其长期地位的独立行动，其他竞争者的行为难以撼动其长期地位。

（3）优势型。这类公司在特定战略中有较多的力量可以利用，且有较多机会改善其地位。

（4）防守型。这类公司的经营状况令人满意，但它在主宰型企业的控制下生存，改善其地位的机会很少。

（5）虚弱型。这类公司的经营状况不能令人满意，但仍然有改善的机会，如无法改变则会被迫退出市场。

（6）难以生存型。这类公司的经营状况很差且没有改善的机会。

### （二）评估竞争者的步骤

评估竞争者一般包括以下六个步骤。

#### 1. 识别企业竞争者

识别企业竞争者必须从市场和行业两个方面进行分析，既需要识别现有竞争者，也需要识别潜在竞争者；既需要分析行业内竞争者，还需要分析行业外的属类竞争者和欲望竞争者。

#### 2. 识别竞争者的策略

确认竞争者后，企业需要分析竞争者采用的策略有哪些，这些策略取得了什么效果，在哪些方面存在不足，是否存在薄弱环节等。

#### 3. 判断竞争者目标

竞争者虽然无一例外都会关心利润，但往往并不把获取利润作为唯一的或首要的目标。在利润目标的背后，竞争者有一系列组合目标。所以，企业应该了解竞争者对盈利的可能性、市场占有率的增加、资金流动、技术领先、服务领先和其他目标赋予的重要性权数。

#### 4. 评估竞争者的优势和劣势

在市场竞争中，企业需要分析竞争者的优势与劣势，做到知己知彼，才能有针对性地制定正确的市场竞争战略，以避其锋芒、出其不意、攻其弱点，利用竞争者的劣势，争取在市场竞争中占据优势，实现企业营销目标。

评估竞争者优势和劣势可分为以下两步。

第一步，收集信息。收集竞争者业务上最新的关键数据，主要包括销售量、顾客知晓度、市场份额、心理份额、情感份额、毛利、投资报酬率、现金流量、设备利用能力等。其中，“顾客知晓度”指在回答“举出这个行业中你首先想到的一家公司”这个问题时提名竞争者的顾客在全部顾客中的比例。“情感份额”指在回答“举出你最喜欢购买其产品的一家公司”这一问题时提名竞争者的顾客在全部顾客中的比例。收集信息的方法是查找第二手资料和对顾客、供应商及中间商进行调研得到第一手资料。

第二步，分析评价。根据所得资料综合分析竞争者的优势与劣势，如表 5－1 所示。表 5－1 中，5，4，3，2，1 分别表示优秀、良好、中等、较差和差。

表5－1　竞争者优势与劣势分析

| 品牌 | 顾客对竞争者的评价 | | | | |
|---|---|---|---|---|---|
| | 顾客知晓度 | 产品质量 | 情感份额 | 技术服务 | 企业形象 |
| A | 5 | 5 | 4 | 2 | 3 |
| B | 4 | 4 | 5 | 5 | 5 |
| C | 2 | 3 | 2 | 1 | 2 |

### 5. 确定竞争者的战略

各企业采取的战略越相似，它们之间的竞争就越激烈。在多数行业中，根据所采取的主要战略不同，可将竞争者划分为不同的战略群体。分析竞争者的现行战略有利于企业制定正确的战略决策。

### 6. 判断竞争者的反应模式

竞争者的反应模式类型有四种，如表5－2所示。

表5－2　竞争者的反应模式类型及采取行动的特点

| 反应模式类型 | 采取行动的特点 |
|---|---|
| 从容型 | 对某一特定竞争者的行动没有迅速反应或反应不强烈 |
| 选择型 | 只对某些类型的攻击做出反应，对其他类型的攻击则无动于衷 |
| 凶狠型 | 针对任何进攻都会做出迅速而强烈的反应 |
| 随机型 | 不表露可以预知的反应模式，无法预见可能产生的反应 |

# 任务二　制定竞争战略

## 一、确定竞争者的战略

各企业采取的战略越相似，它们之间的竞争就越激烈。在多数行业中，根据所采取的主要战略不同，可将竞争者分为不同的战略群体。例如，在美国的主要电气行业中，通用电气公司、惠普公司和施乐公司都提供中等价格的各种电器，因此可认为它们属于统一战略群体。

根据战略群体的划分，可以归纳出如下两点。一是进入各个战略群体的难易程度不同。一般小型企业适合进入投资和声誉都较低的群体，因为这类群体进入难度低；而实力雄厚的大型企业则可考虑进入竞争性强的群体。二是当企业决定进入某一战略群体时，首先需要明确谁是主要的竞争对手，然后决定自己的竞争战略。

除了在同一战略群体内存在激烈竞争外，在不同战略群体之间也存在竞争。原因如下：①某些战略群体可能具有相同的目标客户；②顾客可能分不清不同战略群体的产品之间的区别，如分不清高档货和中档货的区别；③属于某个战略群体的企业可能改变战略，进入另一个战略群体，如提供高档住宅的企业可能转而开发普通住宅。

【营销案例】

**什么是企业竞争战略？——猴子和狮子的故事**

猴子和狮子同在一个岛上。狮子因饥饿而想把猴子吃掉，于是猴子爬到树上不下来。过了两天，树上的猴子也饿得不行了，于是猴子说：“与其我们两个都饿着，不如你游到对岸去，那个岛上有很多东西吃。”狮子认为有道理，于是来到了海边，但它发现海水很深，非常危险。于是狮子又回来找到猴子问：“我怎么过去呢？”这时猴子大笑着说：“游到对岸是一个战略问题，而如何游过去是一个战术问题。”

（资料来源：百度，2010－08－25）

这个故事说明“企业竞争战略”应是在中长期目标下的具体的行动方案。而战略和战术是两回事。

## 二、基本竞争战略

基本竞争战略是由美国哈佛商学院著名的战略管理学家迈克尔·波特提出的，包括成本领先战略、差异化战略、集中化战略。企业基本竞争战略应解决的核心问题是如何通过确定消费者需求、竞争者产品及本企业产品这三者之间的关系，奠定本企业产品在市场上的特定地位并维持这一地位。

### （一）成本领先战略

成本领先战略也称低成本战略，是指通过有效途径降低总成本，以建立一种不败的竞争优势。这种战略要求企业努力取得规模经济，严格控制生产成本和间接费用，使企业的产品总成本降到最低水平。处于低成本地位的战略经营单位能够防御竞争对手的进攻，因为较低的成本可保证在通过削价与竞争对手进行激烈竞争后，企业仍然能够获得利润，从而在市场竞争中站稳脚跟。

春秋航空公司的成本领先战略实施

拼多多的成本领先战略

### （二）差异化战略

差异化战略也称特色优势战略，是指企业力求受到消费者普遍重视的某些方面能在该行业内独树一帜，即选择许多消费者重视的一种或多种特质，并赋予该物质独特的地位以满足消费者需求。差异化战略可以从四个方面开展，如表5－3所示。

**表5－3　差异化的表现**

| 差异类别 | 具体表现 |
| --- | --- |
| 产品差异化 | 产品质量、特征、工作性能、一致性、耐用性、可靠性、易修理性、式样、设计 |
| 服务差异化 | 送货、安装、消费者培训、咨询服务 |
| 人事差异化 | 胜任、礼貌、可信、可靠、反应敏捷、善于交流 |
| 形象差异化 | 标志、标语、环境、活动、核心价值观 |

【营销案例】

**贝因美的差异化运营**

贝因美很早就将保健品业已经盛行的导购模式运用到奶粉的终端销售上。

在品牌形象塑造方面，贝因美开展育婴讲座和爱婴工程，大量赞助全国多胞胎家庭和儿童福利院，通过新闻媒体的大量报道，潜移默化地树立品牌形象。

贝因美率先在国产婴儿奶粉中添加“DHA + AA”营养成分，与普通配方奶粉相比，构成明显的品质差异化。“DHA + AA”的合理配比，能促进婴儿智力和视力的发育，此营养配比是目标顾客购买奶粉的重要动机。

同时，贝因美在奶粉包装形态上寻求新的突破，使用有封口拉链的立袋作为袋装奶粉的包装，因为封口拉链立袋卫生、安全、防潮性能强；并且立袋正面面积大，有利于终端陈列面的抢占，因为陈列醒目，更易吸引顾客的眼球；更重要的是，在市场中，竞品奶粉尚无一采用立袋包装，所以该包装能凸显产品包装的与众不同。

在差异化竞争战略的引领下，基于目标顾客差异化、国产高档奶粉定位异化、婴儿专用奶粉定位专业化、产品成分和包装差异化、销售区域差异化、终端导购和品牌推广的差异化，贝因美婴儿奶粉上市后，销量一路攀升。

（资料来源：《贝因美在母婴渠道4P中差异化营销策略的研究》，作者刘宇玮）

### （三）集中化战略

集中化战略也称专一化战略，是指将企业的经营活动集中于某一特定的购买群体、产品线的某一部分或某一地域性市场，通过为这个小市场的购买者提供比竞争对手更好、更有效的服务，建立竞争优势的一种战略。

成本领先战略与差异化战略面向全行业，在整个行业的范围内活动。而集中化战略则是围绕特定的目标进行密集型的生产经营活动，要求能够提供比竞争对手更有效的服务。企业一旦选择了目标市场，便可以通过产品差异化或成本领先的方法，形成集中化战略。

## 三、市场地位与竞争战略

### （一）市场领导者的竞争战略

市场领导者为了维护自己的优势，保持自己的领导地位，通常可采取三种竞争战略：扩大市场需求、保护现有市场占有率和扩大市场占有率。

#### 1. 扩大市场需求

（1）吸引新使用者。每类产品都有吸引新使用者的潜能。潜在购买者可能因目前不知道此产品、价格不当、性能或型号问题而未购买该产品。企业可以针对这些不同情况采取措施，解决潜在购买问题，将这些潜在购买者转化为新的实际购买者。

（2）开发新用途。开发新用途是指发掘并推广现有产品的新用途。例如，杜邦公司先后将尼龙作为制作女袜、服装、汽车轮胎、沙发椅套、地毯的原料，通过不断开发尼龙的新用途而实现市场扩张。

（3）鼓励更多地使用产品。鼓励更多地使用产品即说服人们在每个使用场合更频繁地使用产品或者更频繁地更换产品。例如，牙刷销售商建议每三个月更换一次牙刷，有的甚至建议每月更换一次牙刷。

### 2. 保护现有市场占有率

（1）阵地防御。阵地防御即企业在目前的经营领域周围采取防范措施，像军事阵地周围的防御工事一样，以此抵御对手的攻击。但单纯依靠防御工事的作战很少能取得胜利。

（2）侧翼防御。在全面防卫整个“阵地”时，市场领导者应特别注意侧翼的薄弱环节。因为明智的竞争者总是针对企业的弱点发起进攻。

（3）先发制人的防御。市场领导者可以采取一种更积极的先发制人的防御战略。例如，企业对某个市场占有率逐渐接近并可能危及自己的竞争者发动攻击。这种以攻为守的战略的出发点是“预防胜于治疗”，防患于未然可收到事半功倍的效果。

（4）反攻性防御。当一个市场领导者采用了侧翼防御或先发制人的防御战略后仍受到攻击时，可使用反攻性防御战略。组织反击时应了解进攻者的弱点，做到有的放矢，提升反击效果。

（5）机动防御。机动防御即市场领导者不仅应积极防守现有阵地，还应将现有阵地扩展到可作为未来防御和进攻中心的新阵地，使企业在战略上有较多的回旋余地。例如，某企业将经营范围从“地板材料”扩展到“房间装饰材料”，使企业的业务扩展到相邻的行业，这有助于企业的综合发展和提高自卫能力。

（6）缩减式防御。缩减式防御也称战略性撤退，即一些大企业在资源过于分散、竞争力下降，致使本企业的市场被竞争者进一步蚕食时，本企业会放弃一些已失去竞争力的市场，而集中资源在本企业具备较强竞争力的领域进行经营。

### 3. 扩大市场占有率

（1）提高产品质量。通过提供优质产品、获得质量溢价、保持质量优异的品牌形象，有助于吸引更多消费者购买。

（2）广告宣传和强力促销。通过大量广告宣传和促销活动强化消费者对自己的品牌的认知，增加消费者对品牌的熟悉程度并使消费者产生品牌偏好。

（3）采取多品牌策略。此策略为美国的宝洁（P&G）公司首创，即在企业销路较广的产品项目中，采用多品牌营销的方式，使消费者在转换品牌后，仍然购买本企业的产品。如宝洁公司的洗发水品牌有海飞丝、飘柔、潘婷、沙宣、伊卡璐等。其中，海飞丝针对去头屑，飘柔主要使头发更加柔顺，潘婷则注重头发的养护，三者各有特点，各有特定消费群体，也各有自己独立的品牌。此外，宝洁公司在细分市场的基础上，也采取了独特的广告策略，即消费者利益细分法。由于不同消费者对产品的兴趣不同，关注点也不同，宝洁公司针对不同的消费群体推出不同特点的产品时会配以不同特点的广告，从而令消费者印象深刻，使产品深入人心。

【营销案例】

#### 安踏集团的市场战略

单聚焦：安踏集团将优化体育用品行业的鞋服产品确定为长期的核心战略，并认为必须提高产品的科技含量，增强产品的功能性和差异化优势，并且从研发设计端着手缩小与国际品牌的差距。

多品牌：安踏集团通过多品牌的产品组合，覆盖从高端到大众、从成人到儿童、从专业到时尚的各类体育用品细分市场，目前旗下的安踏、安踏儿童、FILA、FILAKIDS、DESCENTE、SPRANDI、KOLON SPORT等品牌基本形成了多元化、梯度化的品牌矩阵，可满足各类消费者的运动鞋服用品需求。

全渠道：目前安踏集团的线下零售网络已经涵盖百货商场、购物中心、专卖店等多种形态，安踏集团旗下各品牌已经拥有超过10 000家门店。在线上，安踏集团与京东、天猫、唯品会等电商平台开展了合作。

（资料来源：证券时报，2023-10-17）

### （二）市场挑战者的竞争战略

市场挑战者通常采用进攻战略，常用的进攻战略有以下五种。

#### 1. 正面进攻

正面进攻是指集中全力向对手的主要市场阵地发动正面进攻，即针对对手的强项而不是弱项进攻。这种进攻风险很高，但收益又具有很大的吸引力。正面进攻需要企业投入大量的资源和成本，所以企业需要慎重选择。

#### 2. 侧翼进攻

侧翼进攻是指寻找和攻击对手的弱点。有时可采取声东击西的战略，佯攻正面，实攻侧面或背面。侧翼进攻可以分为两种：一种是地理性的侧翼进攻，即在全国或全世界范围内寻找对手力量薄弱的地区，在这些地区发动进攻；另一种是细分性侧翼进攻，即寻找市场领导者尚未覆盖的子市场，在这些子市场上迅速填补空缺。

#### 3. 包围进攻

包围进攻是一种全方位、大规模的进攻战略。只有当市场挑战者拥有优于对手的资源和实力，且确信围堵计划的完成足以打垮对手时，才可采用这种战略。

#### 4. 迂回进攻

迂回进攻是一种最间接的进攻战略，企业完全避开对手的现有阵地展开迂回进攻。它主要适用于规模一般、力量较弱的企业。具体做法有三种：一是发展无关的产品，实行产品多元化；二是以现有产品进入新地区的市场，实行市场多元化；三是发展新技术、新产品以取代现有技术、产品。

#### 5. 游击进攻

规模较小、力量较弱的企业通常采用游击进攻。游击进攻的目的在于向对手发动小规模、断断续续的进攻，逐渐削弱对手实力，最终夺取永久性的市场份额。主要方法是在某局部市场中有选择地降价、开展短暂而密集的促销活动。

**【营销案例】**

**比亚迪引领新能源汽车行业，国产品牌进军高端市场**

2021年5月，比亚迪共销售新车45 176辆，同比增长45.3%；新能源汽车销量为31 681辆，同比增长198.8%，创历史新高。其中，2020年7月上市的比亚迪汉，单月销量高达8 214辆，累计销量已超8万辆，是比亚迪最主要的销量担当之一。

品牌形象的转变向来无声无息，国产汽车品牌比亚迪，已在不经意间完成了从低端向高端的跃迁，甚至登上了世界舞台，而最根本的原因是实现了技术的突破。2018年比亚迪发布的e平台是纯电动汽车技术发展至今的集大成者，实现了高压充配电三合一、驱动三合一、动力电池包、低压车身控制器集成和DiLink车机系统等全部五大平台模块的自研自产体系。同时，在全球动力电池遭遇“安全危机”的背景下，比亚迪在2020年推出了基于磷酸铁锂技术的刀片电池，由此将全球动力电池的安全标准提升到新的高度。

回顾比亚迪汽车发展史，从2003年至今，比亚迪已经历7轮产品周期，建成“王朝+e网”两大车系。根据有关机构测算，比亚迪的产品均价10年内增加近25倍，2020年乘用车加权均价大约为13.52万元，2021年有望达到15.17万元，不仅在国内自主品牌中处于领先位置，甚至已追平国内最畅销的合资品牌大众汽车。

在国产车中，20万元售价向来被视为高端车型的分水岭，比亚迪售价在20万元以上的车型有6款，在售产品有15款。如此丰富的高端车型的产品结构，也意味着比亚迪的产品形象非常健康并保持着继续向上攀登的强劲势头。

（资料来源：证券时报，2023-10-17）

### （三）市场追随者的竞争战略

#### 1. 紧密追随

战略突出“仿效”和“低调”。跟随企业在各个细分市场中以及在市场营销组合策略方面，尽可能效仿市场领导者，以至于有时会使人产生这种市场追随者像市场挑战者一样的感觉，但是它从不激进地冒犯市场领导者的领地，在刺激市场方面保持“低调”，避免与市场领导者发生直接冲突。

#### 2. 距离追随

战略突出“合适地保持距离”。市场追随者在市场的主要方面，如目标市场、产品创新与开发、价格水平和分销渠道等方面都追随市场领导者，但仍与市场领导者保持若干差异，以形成明显的距离。市场追随者对市场领导者既不构成威胁，又因市场追随者各自占有很小的市场份额，市场领导者免受垄断指责。采取距离追随战略的企业，可以通过兼并同行业中的一些小企业而发展自己的实力。

#### 3. 选择追随

战略突出“选择追随和创新并举”。市场追随者在某些方面紧跟市场领导者，而在另一些方面又别出心裁。这类企业不是盲目追随，而是择优追随，在对自己明显有利时追随市场领导者，且在追随的同时还不断地发挥自己的创造性，但一般不与市场领导者进行直接竞争。采取这类战略的市场追随者之中有部分可能发展成为市场挑战者。

### （四）市场补缺者的竞争战略

市场补缺者也称市场补白者，是指以某一特定较小的区域市场为目标，提供专业化的服务，并以此作为经营战略的企业。理想的市场补缺者有以下几个特点：应有足够的市场潜力和购买力，应有利润增长潜力，对主要竞争者不具有吸引力，应具备占有理想的市场缺口所需的资源能力和足以对抗竞争者的信誉。

市场补缺者的主要战略是专业化市场营销战略，可以从以下几个方面开展。

（1）专门致力于为某类最终用户服务的最终用户专业化。

（2）专门致力于分销渠道中的某些层面的垂直层面专业化。

（3）专门为被大企业忽略的小客户服务的客户规模专业化。

（4）只为一个或几个主要客户服务的特定客户专业化。

## 四、增强市场竞争力的战略

### （一）一体化战略

如果所在行业有发展前途，企业可考虑采用一体化战略。

#### 1. 后向一体化

后向一体化指企业收购、兼并原材料供应商，目的是拥有或控制其市场供应系统。

后向一体化战略一方面可避免原材料供应短缺、成本受制于供应商的风险，另一方面可为企业争取更多的收益。

#### 2. 前向一体化

前向一体化指企业收购或兼并批发商、零售商，或自办商业贸易公司，或将自己的产品向前延伸。如木材公司生产家具或开展木材贸易活动，造纸厂经营印刷业务，批发商开办零售商店等。

前向一体化战略一方面可避免企业受制于销售商，另一方面可为企业争取更多的收益。

#### 3. 水平一体化

水平一体化指企业兼并同类企业或实行联合经营，扩大经营规模并增强实力，以争取更多的收益。

### （二）多角化战略

企业在原有市场框架内的发展受限时，可考虑采用多角化战略，即同时生产经营两种以上基本用途不同的产品。多角化战略可细分为以下四种。

#### 1. 同心多角化战略

同心多角化战略是指企业以原有技术、特长和经验为基础开展新业务。

例如，汽车厂在生产汽车的基础上，增加生产电动车、起重机、小货车等业务。同心多角化战略的特点是新产品与原产品的基本用途不同，销售的关联性弱，但技术关联性强。因此，同心多角化战略可使企业发挥原有的优势，并且风险较小。

#### 2. 水平多角化战略

水平多角化战略是指企业生产具有新用途的产品并将产品销售给原有消费者，以满足原市场的新需求。

例如，某厂原来生产插秧机并卖给农民，后来又生产农药、化肥等，仍然将其卖给农民。

水平多角化战略的特点是原产品与新产品的基本用途不同，技术关联性弱，但销售的关联性强。由于企业需跨行业进入新的领域，因此水平多角化战略的风险较大。

#### 3. 纵向多角化战略

纵向多角化战略也称垂直多角化战略，是指企业以现有产品为基础，沿产品的加工工艺方向或产销方向扩大经营领域。

例如，钢铁公司投资铁矿石采掘业，或向机器设备的生产、销售方向扩展经营。

纵向多角化战略的特点是原产品与新产品的基本用途不同，但产品的技术、生产或流通的关联性较强。

#### 4. 横向多角化战略

横向多角化战略是指企业向着跨行业的经营范围扩展，如制药厂向旅馆业、零售业扩展等。

多角化战略虽有可取之处，但如果企业的资源有限、管理不善，盲目地使用多角化战略，扩展经营范围，会使企业的经营战线拉得过长，造成企业资源紧张，重点产品或重点项目得不到应有的保障。如此，企业反而会陷入更大的风险之中。

### （三）集团化战略

集团化战略是大企业以自己的经济优势为吸引力，吸引多种类型的企业（包括大中小企业）而共同组建企业集团的经营战略。

对于大企业而言，集团化战略具有以下三个方面的作用。

#### 1. 增强大企业的整体经营实力

不同行业的企业联合，可打破地区间、部门间、行业间的封锁和垄断，集中原先分散在众多企业中的资源、技术、经营能力，并通过优化组合获得巨大提升。例如，某化学工业公司先后兼并承包40多家企业，通过原材料生产、深加工和销售能力的优势互补，使原来分散在中小企业中低效运转的资源得到了充分利用。这不但节省了新项目的投资成本，而且增强了公司的综合利用能力。

#### 2. 增强大企业的竞争能力

在市场竞争日益激烈的今天，单个企业的力量往往有限，企业要想在竞争中取胜必须不断追求更强的竞争能力，组建企业集团有利于发挥群体优势。

#### 3. 增强大企业的应变能力

当宏观经济、政府政策、产业结构、市场需求、产品销售、原材料供应等方面出现不利变化时，即使是拥有强大实力的单个企业也难以应对困难的局面。组建企业集团可以发挥多企业联合的优势，分散单个企业承担的风险。

当然，企业在实施集团化战略时应注意以下几个问题。首先，作为集团核心的大企业应根据自身的经济实力，确定企业集团的规模；其次，作为集团核心的大企业应按经济、技术联系的不同特点，组建相应的企业集团；最后，作为集团核心的大企业应具有名优系列产品，且具备不断开发新产品的能力。

### 【同步习题】

#### 1. 单项选择题

（1）某奶制品生产企业的一些竞争者总是对该企业的降价竞销强烈反击，但对其增加广告预算、加强促销活动等却不予理会，那么这类竞争者属于（　　）。

A. 从容型竞争者　　B. 选择型竞争者

C. 凶狠型竞争者　　D. 随机型竞争者

（2）占有最大的市场份额，在价格变化、新产品开发、分销渠道建设和促销战略等方面对本行业其他企业起领导作用的竞争者，称为（　　）。

A. 市场领导者　　B. 市场补缺者　　D. 市场追随者　　C. 市场挑战者

（3）只为一个或几个主要客户服务，如美国有些企业专门为西尔斯公司或通用汽车公司供货，这种专业化方案属于（　　）。

A. 最终用户专业化　　B. 特定客户专业化

C. 服务项目专业化　　D. 客户规模专业化

（4）市场挑战者集中优势力量攻击对手的弱点，佯攻正面，实攻正面的策略属于（　　）。

A. 正面进攻　　B. 侧翼进攻　　C. 包围进攻　　D. 迂回进攻

（5）市场追随者在竞争战略上应当（　　）。

A. 攻击市场领导者　　B. 挑战市场领导者

C. 追随市场领导者　　D. 不做出任何竞争反应

（6）凡士林最初问世时是用作机器润滑油，之后凡士林被发现可用作润肤脂、药膏和发胶，这种扩大市场需求总量的方法是（　　）。

A. 吸引新使用者　　B. 增加使用量

C. 开发新用途　　D. 保持市场占有率

### 2. 判断题

（1）如果某个行业具有较强的利润吸引力，其他企业会设法进入。（　　）

（2）市场补缺者的竞争战略的特点是进行包围进攻。（　　）

（3）扩大总需求往往使市场领导者受益最多。（　　）

（4）市场领导者要保护市场份额，就必须正面攻击市场挑战者。（　　）

（5）竞争者是满足相同市场需要或服务于同一目标市场的企业。（　　）

### 3. 简答题

（1）简述评估竞争者的步骤。

（2）简述扩大市场需求的方法。

（3）简述市场追随者的竞争战略。

（4）简述市场补缺者的专业化类型。

## 【实践训练】

### 1. 实训目的

（1）通过本次实训，学生能够掌握市场竞争的层次，了解提高市场竞争力的战略。

（2）在未来的工作中，学生可以运用所学知识，为企业制定有效的市场竞争战略，提高企业的市场竞争力和市场份额。

### 2. 实训内容

选择某一企业，分析该企业的市场竞争状况以及所采取的竞争战略。

### 3. 实训步骤

（1）由教师布置实训任务，明确实训要点和注意事项。

（2）全班分为若干小组，采用组长负责制，组员合理分工、团结协作。

（3）进行实地调查，或采用第二手资料，完成相关资料和数据的收集。

（4）小组内部充分讨论，认真研究，完成分析报告。

### 4. 实训评价表

实训完成后，对实训效果进行评分，并记录在评价表中。

评价表

| 评价项目 | 分值 | 得分 |
|---|---|---|
| 1. 实训计划设计合理，准备工作充分，对实训过程进行详细的记录 | 10 | |
| 2. 理论知识扎实，按照规定的实训步骤完成实训项目，逻辑清晰 | 20 | |
| 3. 组员之间能够进行有效的沟通，整个过程组织合理，语言表达准确无误，条理清晰 | 20 | |
| 4. 积极参与小组讨论，能提出建设性意见或建议 | 20 | |
| 5. 对待任务认真，严格按照计划开展实训项目，态度良好 | 20 | |
| 6. 不迟到、不早退，听从指导教师安排，不私自中途离开实训场地 | 10 | |
| 总分 | 100 | |

### 5. 注意事项

（1）建立有效的沟通机制，确保团队成员之间能够及时分享信息、讨论问题和协调行动。

（2）对可能遇到的风险进行评估和预测，并制定应对措施，以便在风险发生时能够迅速应对、减少损失。

## 项目六

# 分析目标市场营销战略

## 【项目导读】

通过本项目的学习，掌握市场细分的标准和原则，其中应重点掌握目标市场营销战略及其限制条件，深刻理解市场定位对企业经营的重要意义。目标市场营销战略不仅能够帮助企业明确市场定位，构建竞争优势，实现资源优化配置，进行风险预测与应对，还能够提升品牌价值和销售业绩。

## 【学习目标】

- 知识目标

（1）了解市场细分的概念及作用。

（2）理解市场细分的不同水平和有效性标准。

（3）了解目标市场选择的方法和市场覆盖战略。

（4）理解市场定位的步骤及策略。

- 能力目标

（1）能够在实践中运用STP战略，根据不同的目标市场需求，制定相应的市场营销策略，为企业决策提供参考。

（2）能够对产品进行分析，判断出它的市场细分标准、所属目标市场及企业所采用的市场定位策略。

- 素质目标

（1）提高学生的市场敏感度，培养学生的创新思维。

（2）培养学生良好的团队合作精神。

（3）培育社会主义核心价值观，增强学生的社会责任感和竞争意识。

## 【学习指南】

### 1. 知识结构图

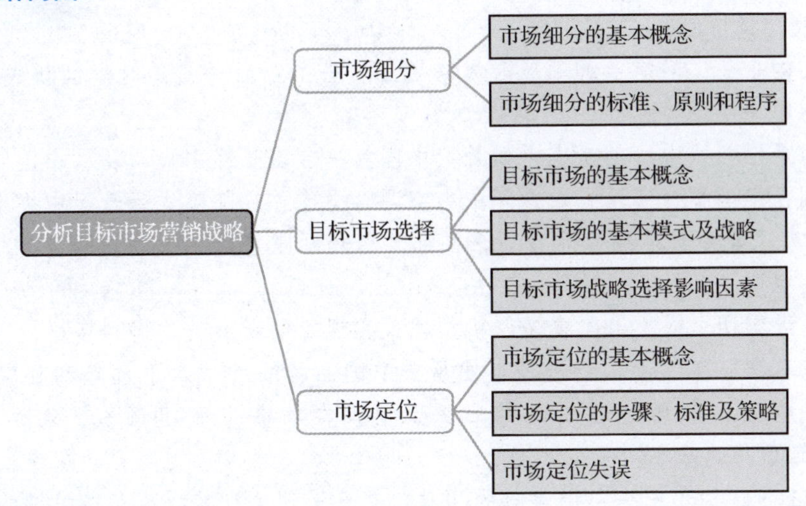


### 2. 重难点内容

（1）重点：理解细分变量的选择，掌握细分市场的评估及定位点的确定。

（2）难点：能够根据地理因素、人口因素、心理因素、行为因素细分市场；能评估细分市场，分析背景企业主要目标市场，确定背景企业产品的定位及企业定位策略。

## 【问题导入】

（1）一个企业是否能满足市场上所有人的所有需求？为什么？

（2）一个企业是否能满足市场上一个人的所有需求？为什么？

## 【案例导入】

### 五大细分市场夺第一，海尔中央空调做对了什么？

艾肯网最新数据显示，在2021年，中国中央空调市场增长率超过25%，创下近十年新高。

新机遇下，中央空调各个细分市场都在加速品牌化。根据近几年的数据，海尔中央空调在细分市场中的表现尤为突出，分别在磁悬浮中央空调、物联多联机、清洁供热、酒店行业、轨道交通行业五大细分市场占据第一份额。

那么，海尔中央空调在细分市场上是怎么实现引领的？其整体发展历程可以从三个方面进行概述：走得早、跑得快、行得稳。

1. 走得早：敢为人先

1993年，海尔成为第一个进入中央空调领域的中国企业。为了快速扩大市场规模，大多中国品牌选择合资或者代工。而海尔选择坚持自主创新，在1998年成功研发中国首台变频一拖多空调，荣获国家科技进步奖二等奖。

海尔的“敢为人先”在磁悬浮中央空调这一细分市场上也得以延续，率先追求最顶尖的中央空调技术。相较于在传统中央空调领域中外存在数十年的发展差距，在磁悬浮领域，中外的技术发展水平几乎同步。

早在2006年，中国第一台磁悬浮中央空调在海尔诞生。经过十余年的市场培育，磁悬浮中央空调领域的企业由当初的1家发展到如今的50多家，实现了从0到1、从1到N的突破。在新节能减排政策推动下，行业增速更是高达61.2%。

2. 跑得快：坚持创新

没有成功的企业，只有能够顺应时代的企业。当企业面对变局时，创新成为唯一途径，这也成为海尔中央空调"跑得快"的强动力。

海尔在磁悬浮领域中的创新成果显著：中国第一台磁悬浮中央空调、中国第一台风冷磁悬浮中央空调、中国首台模块式磁悬浮中央空调、全球首台降膜式磁悬浮中央空调、中国首台4200RT超大冷量磁悬浮离心机、全球首台风冷热泵磁悬浮中央空调、全球首台5G物联网磁悬浮中央空调……

除了磁悬浮空调之外，海尔在多联机领域也实现了创新突破。提到多联机，很多人最先想到的是日系品牌。实际上，经过多年发展，中国品牌的技术水平已经和外资品牌相差不大。甚至在一些细分市场中逐渐赶超日系品牌。在物联多联机领域，海尔占比提升至22.11%，与日系品牌基本持平。

2021年11月，海尔中央空调参与的"建筑热环境理论及其绿色营造关键技术"项目获得国家科学技术进步奖二等奖，再度证明了中国品牌的科技创新实力。

3. 行得稳：最优体验

海尔中央空调"千人千面"的场景定制方案，真正地满足了细分市场的用户需求。

以青岛地铁13号线为例，传统蒸发冷螺杆机组耗能高、噪声大、占地面积大；而由海尔中央空调定制的蒸发冷磁悬浮机组方案，不仅无须冷却塔，还能省却空调机房，并将设备房废热、余热回收供站台工作人员取暖，最终实现比传统机组节能40%~50%、节水50%~55%的运行效果。

凭借差异化的定制方案，海尔中央空调共计为35座城市、136条线路提供定制化服务，串联起中国超过4 200千米的地铁线路。同时，该套场景定制方案也在向更多细分领域延伸，如三星堆的考古挖掘现场、迪拜世博会中国馆、各地蔬菜花卉大棚……

走得早、跑得快、行得稳，海尔中央空调在细分市场走出了一条新路，也为中国品牌未来的发展提供了借鉴。双碳目标下，中央空调正加速迈向绿色时代。可以预见，未来在以海尔中央空调为代表的中国品牌引领下，中国中央空调将加速走向世界。

（资料来源：搜狐网，2022-02-10）

【知识准备】

## 任务一 市场细分

市场细分的概念是美国著名市场营销学者温德尔·斯密在总结了大量企业在市场营销实践方面的经验的基础上，于1956年首次提出的。这一概念在提出后不仅立即为理论界接受，也引起了各企业的普遍重视，并迅速得到应用，使企业的市场营销由大量营销阶段进入目标营销阶段。至今这一概念仍被广泛应用。

## 一、市场细分的基本概念

### （一）市场细分的概念

市场细分是从区别消费者的不同需求出发，以消费者需求和购买行为的明显的差异性作为标准，将整体市场细分为两个或更多的具有类似需求的消费者群，从而确定企业营销目标市场的过程。在理解市场细分的时候，应该关注以下几个方面。

（1）市场细分的实质是细分消费者的需求。

（2）市场细分的目的是企业在选择和确定目标市场后，针对性实施有效的市场营销组合，从而能够以最少的营销费用取得最佳的营销成果。

### （二）市场细分的作用

#### 1. 有利于发掘市场机会，形成新的富有吸引力的目标市场

企业的效益取决于产品的销路，而产品是否适销对路则在于它是否能满足消费者需求。企业通过市场细分可以发现哪些需求已得到满足，哪些只满足了一部分，哪些仍是潜在需求；相应地也可以发现哪些产品竞争激烈，哪些产品竞争较少，哪些产品亟待开发。如果企业能够满足这些消费需求，就可以把它作为自己的目标市场，这就是市场细分给予企业的营销机会。

#### 2. 有利于巩固企业现有市场

由于每位顾客的需求之间千差万别且不断变化，即顾客的需求、欲望及购买行为都呈现差异性，顾客需求的满足也呈现差异性。所以，没有一种产品或服务能吸引所有顾客，甚至对于那些只买同一种产品的顾客，他们的购买行为也会因季节等因素的不同而发生变化。通过市场细分充分把握各类顾客的不同需要，并投其所好地开展营销活动，可更好地满足消费者的需要，稳定企业的现有市场，从而提高经济效益。

#### 3. 有利于制定最佳营销方案

市场细分是企业制定营销战略和策略的前提条件。企业通过市场细分，选择自己的目标市场，利于企业研究和掌握某个特定市场的特点，有针对性地采取各种营销策略。一方面企业在市场细分的基础上针对目标市场的特点制定战略、策略，可做到“知己知彼”；另一方面，由于企业面对的是某一个或少数几个子市场，便于及时地捕捉需求信息，根据需求的变化随时调整市场营销组合策略，既可节省营销费用，又可扩大销售，提高市场占有率，实现企业营销目标。

#### 4. 有利于合理配置企业资源，提高企业竞争优势

现代企业无论规模多大，都不可能占有人力、财力、物力、信息等一切资源，也不可能向市场提供所有的产品，满足市场所有的消费需求。同时，任何一个企业由于受到资源限制和其他约束，不可能在市场营销全过程中占有绝对优势。企业的竞争能力受客观因素的影响而存在差别，但通过有效的市场细分战略可以改变这种差别。

### （三）市场细分战略在实践中的发展

一般而言，有什么样的市场条件，就会产生什么样的营销战略思想。市场细分战略作为现代市场营销理论的产物，其产生与发展经历了以下几个主要阶段。

#### 1. 大量营销（Mass Marketing）阶段

大量营销出现于物资短缺、供不应求的时代，经济发展的重心是速度和规模，企业市场营销的基本方式是大量营销，即大批量生产品种规格单一的产品和通过大众化的渠道推销。由于大量营销方式降低了成本和价格，在当时的市场环境下，大量营销可使企业获得较丰厚的利润。而在大量营销的环境下，企业没有必要，也不可能重视市场需求的研究，市场细分战略不可能产生。例如，美国可口可乐公司曾声称一直只生产一种味道、一种容器的可口可乐，并希望人人都喜欢这种饮料。

#### 2. 产品差异化营销（Product Different Marketing）阶段

第二次世界大战结束后，随着第三次科技革命的成果广泛应用于生产，西方国家的生产力得到迅速发展，产品的产量得到大幅提升，市场上逐渐出现供过于求的状况；卖方之间的竞争日趋激烈，企业的产品销量和利润开始下降。市场迫使企业转变经营观念，企业的营销方式经历了从大量营销向差异化营销的转变。产品差异化营销较大量营销是一种进步。企业向市场推出了与竞争者的产品相比具有不同质量、外观和品种规格等的产品或产品线。由于产品差异化缺乏市场基础，因此未能大幅提高产品的市销率。由此可见，在产品差异化营销阶段，企业仍没有重视市场需求的研究，此时仍不具备产生市场细分战略的基础和条件。

#### 3. 目标营销（Target Marketing）阶段

20 世纪 50 年代以后，在科学技术革命的推动下，生产力水平大幅提高，生产与消费的矛盾日益尖锐，以产品差异化为中心的推销体制已不能解决企业面临的市场问题。企业面对买方市场的严峻形势，纷纷认识和接受市场营销观念，开始实行目标市场营销，即企业识别各个不同的购买者群，选择其中一个或几个作为目标市场，运用适当的市场营销组合，集中力量为目标市场服务，满足目标市场需求。

可见，市场营销是战后营销思想和营销策略的新发展，市场细分则建立在这种差异性和可归类性的基础上。

## 二、市场细分的标准、原则和程序

### （一）市场细分的标准

市场细分的关键是确定标准。市场细分的前提是差异性，企业不仅需要区分不同消费群体的差异性，更重要的是找到造成差异性的原因，这些原因构成了市场细分的依据。对市场进行细分所依据的标准一般可概括为四大类，包括地理环境、人口状况、消费者心理和消费者行为，每个方面又包含了一系列的细分因素，如表 6－1 所示。

表 6－1　消费者市场细分标准

| 标准 | 具体细分因素 | 举例 |
|---|---|---|
| 地理环境 | 地方 | 北方、南方 |
| | 城市规模 | 大城市、中等城市、小城镇 |
| | 地区人口密度 | 城市、郊区、乡村 |
| | 气候 | 热带地区、海洋气候 |

续表

| 标准 | 具体细分因素 | 举例 |
| --- | --- | --- |
| 人口状况 | 年龄 | 婴儿、中年人、老年人 |
| | 性别 | 男性市场、女性市场 |
| | 婚姻状况 | 单身、已婚 |
| | 家庭规模 | 1人家庭、2人家庭、3人家庭 |
| | 收入 | 5 000元/月、5 000~10 000元/月 |
| | 职业 | 白领、蓝领、灰领 |
| | 教育程度 | 小学、初中、大学、研究生 |
| 消费者心理 | 生活方式 | 朴素型、时髦型、享受型 |
| | 个性 | 创新型、冲动型、谨慎型 |
| | 态度 | 乐观型、悲观型 |
| | 追求利益（动机） | 服务、质量、经济实惠、名望 |
| 消费者行为 | 购买动机 | 基本生活、享受娱乐 |
| | 购买频率 | 每月购买、每年购买 |
| | 品牌偏好 | 高档品牌、中档品牌、低档品牌 |

### 1. 地理环境细分

地理环境细分，是指企业按照消费者所在的地理位置以及其他地理变量（包括国家、城市农村、地形气候、交通运输等）的标准细分消费者市场。按地理环境因素细分市场是一种比较传统的划分办法，人们一般习惯使用这种办法。

市场潜量和成本也会因市场位置不同而有所不同，企业应该选择那些本企业服务效果最好的、效益较高的地理市场作为目标市场。例如，北京燕京啤酒集团公司的酒厂和物资供应都集中在北京、河北地区。因为这家公司以这些地区为目标市场，这种做法可降低成本，提升效益。

### 2. 人口状况细分

人口状况细分，是指企业按照人口统计变量进行市场细分。人口状况中的细分因素包括消费者的年龄、性别、职业、收入、教育、家庭生命周期、社会阶层、国籍、宗教、种族等。按人口状况细分市场是市场细分的一个极重要的依据和标准。使用人口状况作为标准细分市场简单易行，在企业营销管理中受到普遍重视。例如，某一市场的年龄结构对于产品需求具有基本的制约作用，因为不同年龄所需要的产品类型和消费方式可以有显著不同，最为典型的是第二次世界大战后的美国市场。

### 3. 消费者心理细分

消费者心理细分，是指按照消费者的生活方式、个性特点等心理变量细分消费者市场。消费者心理不能单独作为标准使用，因为差别化群体的容量无法用它来表示，所以它需要与人口状况一同使用。在消费者心理因素中，又包括社会阶层、生活方式、个性等方面。

（1）社会阶层。

社会阶层是指在一个社会中具有相对的同质性和持久性的群体，各群体按等级排列，每一阶层的成员都具有类似的价值观、兴趣爱好和行为方式。一个人的社会阶层归属不会仅由某一变量决定，而是受到职业、收入、教育、价值观和居住区域等多种因素的制约。社会阶层的不同会直接影响到人们对汽车、衣服、家具、娱乐、阅读和零售商的偏好。目前有许多企业只为特定的阶层设计产品或服务，专注于营造适合这些阶层的特色。

（2）生活方式。

生活方式是指消费者对自己的工作、休闲和娱乐的态度。生活方式不同的群体对产品和品牌有不同的需求。

营销人员应设法从多种角度区分不同生活方式的群体，如节俭者、奢华者、守旧者、革新者、高成就者、自我主义者、有社会意识者等，在设计产品和广告时应明确针对某一生活方式群体。例如，保龄球馆不会向节俭者群体推广保龄球运动，名贵手表制造商应研究高成就者群体的特点以及如何针对这一群体开展有效的营销活动，环保产品的目标市场是社会意识强的消费者。

（3）个性。

个性是指一个人特有的心理特征，具有稳定性。个性导致人们对自身所处环境产生相对一致和连续不断的反应。例如，外向的人爱穿浅色衣服和时髦的衣服，内向的人爱穿深色衣服和庄重的衣服；追随性或依赖性强的人对市场营销因素敏感度高，易相信广告宣传，易建立品牌信赖和渠道忠诚，独立性强的人对市场营销因素敏感度低，不轻信广告宣传。因此，企业在进行营销活动时越来越注重给自己的产品赋予品牌个性，树立品牌形象。

### 4. 消费者行为细分

消费者行为细分，是指企业按照消费者对产品的了解程度、态度、使用情况或反应等来细分消费者市场。特别是在消费者收入水平不断提高的条件下，消费者行为因素越来越重要。消费者行为中的细分变量包括购买时机、利益、使用者地位、使用率、消费者待购阶段和消费者对品牌的态度等，如表6－2所示。

**表6－2 消费者行为细分变量**

| 细分变量 | 作用 |
|---|---|
| 购买时机 | 能够帮助企业促进产品的销售。例如，在我国，不少企业利用春节、元宵节、中秋节、五一国际劳动节等节日大做广告，借以促进产品销售 |
| 利益 | 根据顾客从产品中追求的不同利益分类，是一种很有效的细分方法。例如，人们都在使用牙膏，但所追求的利益却各有不同，有的为了清洁牙齿，有的为了清新口气，有的为了预防疾病 |
| 使用者地位 | 可将使用者分为曾经使用者、潜在使用者、初次使用者和经常使用者等四类。一般实力雄厚的大公司多对潜在使用者这类消费者群产生兴趣，它们着重吸引经常使用者 |
| 使用率 | 可按使用率将市场分为偶尔使用者、一般使用者和经常使用者。经常使用者通常只是市场的一小部分，但在总购买量中却占了很高的百分比。如啤酒的经常使用者为中青年人，化妆品的经常使用者为青年、中年妇女，玩具的经常使用者为儿童等。企业往往把经常使用者作为自己的目标市场 |

续表

| 细分变量 | 作用 |
| --- | --- |
| 消费者待购阶段 | 消费者的待购过程可分为知晓、认识、喜欢、偏好、确信、购买六个阶段 |
| 消费者对品牌的态度 | 品牌忠诚度的高低，可以用顾客重复购买次数、顾客购买挑选时间、顾客对价格的敏感程度等标准来衡量。按照消费者的品牌忠诚度这一行为变量来细分，可以把所有的消费者细分为四类不同的消费者群：铁杆品牌忠诚者、几种品牌忠诚者、转移的忠诚者、非忠诚者 |

### （二）市场细分的原则

三只松鼠是怎样进行市场细分的?

#### 1. 可区分性

可区分性是指不同的细分市场的特征之间存在较大差别，可清楚地加以区分。一方面指各细分市场的消费者对同一市场营销组合方案具有差异性反应；另一方面，对于细分后的市场，企业应当分别制定独立的营销方案。如对于女性化妆品市场，可依据年龄层次和肌肤类型等变量加以区分。

#### 2. 可衡量性

可衡量性是指细分后的市场是可以识别和衡量的，即细分后的市场不仅范围明确，而且对其容量大小也应能大致做出判断。例如，具有“依赖心理”的青年人，由于在实际中难以测量，以此为依据的细分市场则不一定有意义。再如，美国有 2 400 万左撇子，这个数量几乎相当于加拿大的总人口数，但是少有产品是针对左撇子市场的，主要问题在于很难找到和衡量这个市场。

#### 3. 可进入性

可进入性是指细分后的市场应是企业营销活动能够抵达的，即是企业通过努力能够使产品进入并对顾客施加影响的市场。主要表现在三个方面：一是企业具有进入这些细分市场的资源条件和竞争能力；二是企业能够把产品信息传递给该市场的众多消费者；三是产品能够经过一定的销售渠道抵达该市场。

#### 4. 可营利性

可营利性是指细分后的市场有值得占领的价值，即细分后的市场应有适当的规模和发展潜力，以适应企业发展壮大的需要。细分后的市场规模与营销费用密切相关，如果细分市场的规模过小、市场容量太小、细分工作烦琐、成本高、获利低，则不值得细分。细分后的市场，容量或规模应大到足以使企业获利。

#### 5. 相对稳定性

相对稳定性是指细分出来的市场必须具有相对稳定性，以便企业可以长期有效地占领该市场。这意味着企业在占领该细分市场后的相当长时期内不必改变营销战略与营销组合，有利于企业制定较长时期的营销战略，减少营销风险，使企业取得稳定发展。如果市场变化过快，企业尚未能够实施其营销方案，目标市场已面目全非，则市场细分也失去意义了。

### （三）市场细分的程序

美国市场学家麦卡锡提出了市场细分的一整套程序，这一程序包括七个步骤。

#### 1. 选定产品市场范围

选定产品市场范围即确定进入什么行业，生产什么产品。在明确企业任务、目标，并对市场环境进行充分调查分析之后，首先从市场需求出发，考虑选定一个可能的产品市场范围。例如，某一房地产公司打算在乡间建造一幢简朴的住宅，若只考虑产品特征，该公司可能认为这幢住宅的出租对象是低收入顾客，但从市场需求角度，高收入者也可能是这幢住宅的潜在顾客。因为高收入者在厌倦高楼大厦之后，恰恰可能向往乡间的清静，从而可能成为这种住宅的顾客。

#### 2. 列举潜在顾客的基本需求

公司通过调查了解潜在消费者对住宅的基本需求，可能包括遮风避雨、安全、方便、宁静、设计合理、室内陈设完备、工程质量好等。

#### 3. 将需求归类，即缩小产品的市场范围

对于列举出来的基本需求，不同顾客强调的侧重点可能会存在差异。比如，遮风避雨、安全是所有顾客共同强调的，但有的顾客可能特别重视生活的便利性，而另外一类顾客则对环境的安静、内部装修等有很高的要求。通过对比这种差异，不同的顾客群体即可初步被识别出来。

#### 4. 抽掉潜在顾客的共同要求，明确需求的决定因素

所列购房的共同要求固然重要，但不能作为市场细分的基础。如遮风避雨、安全是每位顾客的要求，则不能作为细分市场的标准，因而应该剔除。

#### 5. 标示出可能的产品市场

根据潜在顾客基本需求上的差异方面，将他们分为不同的群体或子市场，并赋予每一子市场一定的名称。例如，房地产公司常把购房的顾客分为好动者、老成者、新婚者、度假者等多个子市场，并据此采用不同的营销策略。

#### 6. 评估产品市场细分的原因

进一步分析每一细分市场的需求与购买行为特点，并分析其原因，以便在此基础上决定是否可以对这些细分后的市场进行合并，或做进一步细分。

#### 7. 估计每一细分市场的规模

在调查基础上，估计每一细分市场的顾客数量、购买频率、平均每次的购买数量等，并对细分市场上产品竞争状况及发展趋势进行分析。

# 任务二　目标市场选择

企业进行市场细分的最终目的是有效地选择并进入目标市场。在市场细分的基础上，企业首先要认真评估各个细分市场，从众多的细分子市场中选择有营销价值的、符合企业经营目标的子市场作为企业的目标市场，然后根据自己的营销目标和资源条件选择适当的目标市场，并决定自己在目标市场上的相应战略。

## 一、目标市场的基本概念

### （一）目标市场的概念

目标市场是指企业决定要进入的市场，即企业的目标顾客，换言之，是通过市场细分后，企业准备以相应的产品和服务满足其需要的一个或几个子市场。

### （二）选择目标市场的依据

#### 1. 存在尚未满足的需求

这是选择目标市场首先考虑的因素。需求是企业生产经营的基础。企业选择的目标市场只有存在着尚未得到满足的需求时，才有进入的价值。企业进入该市场既能满足消费者需求，又能使企业自身得到生存和发展。

#### 2. 有足够的销售量

企业选择的目标市场不仅应有需求，而且还应有足够的销售量，这是选择目标市场时不可忽视的重要标准之一。

#### 3. 具有一定的竞争优势

企业选择的目标市场，应该是没有完全被竞争者控制的市场。一般有两种可能性：一是竞争尚不激烈，有进入的余地；二是表面上已被控制，但实际上仍可找到机会。

#### 4. 企业具备进入目标市场的能力

企业选择目标市场既需要考虑外部条件，即目标市场情况，又需要考虑企业自身主观条件。对一定的目标细分市场，企业须开发该市场经营资源和具备市场营销能力，同时，针对相当规模的目标市场，企业还要充分考虑自身的接待能力和招徕能力等。

小红书：从用户画像到社区运营

对于企业，目标市场选择至关重要，它是企业决定经营方向的关键，而正确的方向是取得成功的前提。

## 二、目标市场的基本模式及战略

### （一）目标市场的选择模式

目标市场是指企业打算进入的细分市场，或打算满足具有某一需求的顾客群体。企业在选择目标市场时，首先应确定目标市场的选择模式，然后应用科学合理的策略。

企业在选择目标市场时有五种可供考虑的市场覆盖模式，如图 6 - 1 所示。

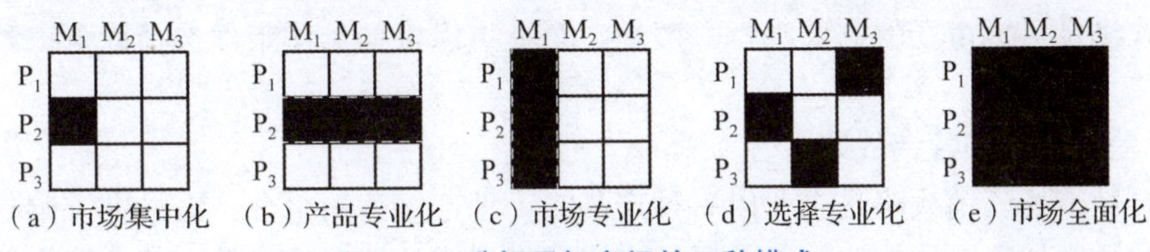


图 6 - 1　选择目标市场的五种模式

注：P 表示产品，M 表示市场。

#### 1. 市场集中化

市场集中化是一种最简单的目标市场模式，即企业只选取一个细分市场，只生产一类产品，供应某一单一的顾客群，进行集中营销。

集中营销有利于企业深入了解本细分市场的需要，积累声誉，以在该细分市场建立牢固的市场地位。但是，集中营销比一般情况风险更大。当细分市场出现不景气的情况或者某个竞争者决定进入同一个细分市场时，企业容易陷入困境，因此，许多公司更愿在若干个细分市场分散营销。

#### 2. 产品专业化

产品专业化是指企业集中生产一种产品，并向各类顾客销售这种产品。例如，空调生产商只生产空调，并同时向家庭、机关、学校、银行、餐厅、招待所等各类用户销售。

企业采取这种战略，专注于某一种或一类产品的生产，有利于形成和发展生产和技术上的优势，在特定领域树立很高的声誉。其局限性是当该领域被一种全新的技术与产品代替时，产品销售量有大幅下降的危险。

#### 3. 市场专业化

市场专业化是指企业专门经营满足某一类顾客群体需要的各种产品。例如，企业为大学实验室提供一系列产品，包括显微镜、示波器、本生灯、化学烧瓶等。若企业专门为这个顾客群体服务，并获得良好的声誉，也可能成为这个顾客群体所需各种新产品的销售代理商。但如果大学实验室突然削减经费预算，就会使企业销售额锐减，陷入危机。

市场专业化经营的产品类型众多，能有效地分散经营风险。但由于集中服务于某一类顾客，当这类顾客的需求下降时，企业也会遇到收益下降的风险。

#### 4. 选择专业化

选择专业化是指企业选取若干个具有良好的盈利潜力和结构吸引力，且符合企业的目标和资源的细分市场作为目标市场，但各细分市场彼此之间关联很少或根本没有任何联系，然而每个细分市场都有可能盈利。

这种模式可以有效地分散经营风险。即使某个细分市场盈利不佳，企业仍可继续从其他细分市场中获取利润。一般具有较多资源和较强营销实力的企业会采用这种模式。

#### 5. 市场全面化

市场全面化是指企业生产多种产品去满足各种顾客群体的需要。只有实力雄厚的大型企业选用这种模式，才能收到良好效果，如美国 IBM 公司在全球计算机市场、丰田汽车公司在全球汽车市场等。

### （二）目标市场战略

经过对目标市场的评估，可能会有不止一个细分市场符合企业的要求，此时企业应该通过何种方式满足目标市场的需要呢？一般地，企业可以根据具体条件选择以下三种目标市场战略。

#### 1. 无差异性市场营销战略

无差异性市场营销战略是企业以一种产品、一种市场营销组合，力求在一定程度上满足尽可能多的顾客的需求的战略。无差异性市场营销战略的特点是只考虑消费者或用户在需求上的共同点，而不关心他们在需求上的差异性。这种营销战略适用于消费需求偏好比较一致、市场集中的产品，如图 6－2 所示。

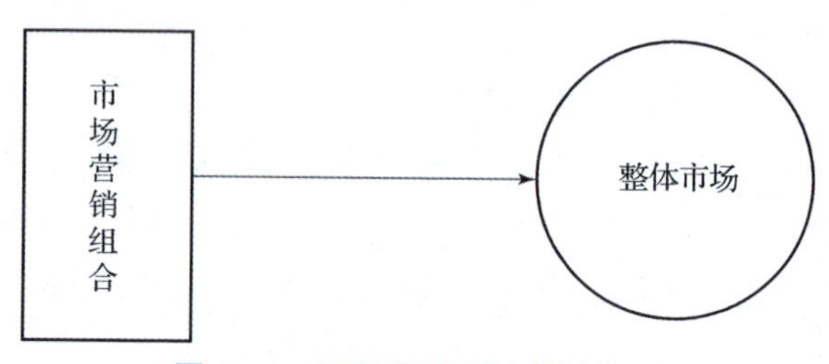


图 6－2 无差异性市场营销战略

可口可乐公司在20世纪60年代以前曾以单一口味的品种、统一的价格和瓶装、同一广告主题将产品面向所有顾客，就是采取的这种战略。

无差异性市场营销的理论基础是成本的经济性。其优点在于对单一的产品进行大批量的生产、储运和销售，可减少生产与储运成本；无差异的广告宣传和其他促销活动可以节省促销费用；不进行市场细分，可以减少企业在市场调查、产品开发、制定各种营销组合方案等方面的营销投入，有利于依靠廉价争取更多的消费者。

然而单一产品以同样的方式广泛销售并受到所有购买者的欢迎，几乎是不可能的。因为不能满足不同消费者之间的差异需求与爱好，难以适应市场需要的发展变化，而且极易造成市场竞争激烈和市场饱和，企业一般不宜长期采用这一战略。

【营销案例】

20世纪70年代以前，美国三大汽车公司都坚信美国人喜欢大型豪华的轿车，共同追求这一大的目标市场，采用无差异性市场营销战略。但是在20世纪70年代能源危机发生之后，美国的轿车消费需求已经变化，消费者越来越喜欢小型、轻便、省油的小型轿车，而美国三大汽车公司都没有意识到这种变化，也没有及时调整它们的无差异性市场营销战略，致使大型轿车市场竞争白热化而小型轿车市场却被忽略。日本汽车公司正是在这种情况下乘虚而入、打入美国市场的。

另外，采取无差异性市场营销战略需要满足一定的条件：一是企业具有大规模生产线，能够进行大规模生产；二是有广泛的分销渠道，能把产品送达所有的消费者；三是产品质量好，在消费者中有广泛影响力。

（资料来源：智库文档，2020－05－28）

### 2. 差异性市场营销战略

差异性市场营销战略是把整体市场分为若干个细分市场，从中选择一个或几个细分市场作为目标，并为每个细分市场制定不同的营销方案。差异性市场营销战略充分肯定了消费者需求的异质性，企业会针对不同的细分市场，采取不同的营销战略，来满足不同消费者不同的偏好、需求，如图6－3所示。

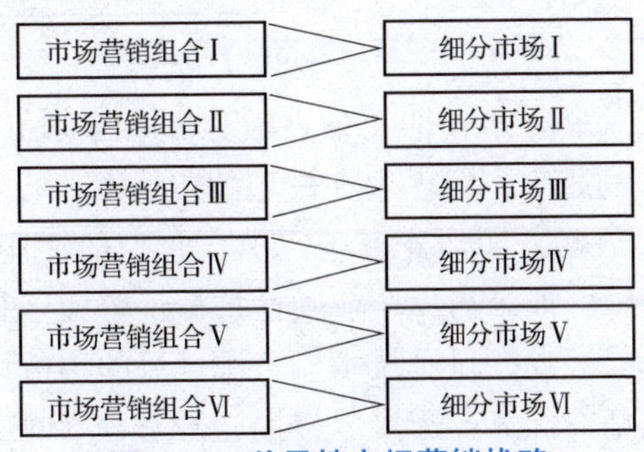


图6－3　差异性市场营销战略

比如，服装生产企业针对不同性别、不同收入水平的消费者推出不同品牌、不同价格的产品，并采用不同的广告主题来宣传这些产品，就是采用的差异性市场营销战略。

差异性市场营销战略的优点是小批量、多品种、生产机动灵活、针对性强，使消费者需求更好地得到满足，由此促进产品销售。例如，宝洁公司生产的洗发水就是如此，如果有头皮屑，就用海飞丝；如果想要头发柔顺，就用飘柔；如果想养护头发，就用潘婷。宝洁公司的产品在市场上的占有量一直保持领先。另外，由于企业在多个细分市场上经营，一定程度上可以减少经营风险；一旦企业在几个细分市场上获得成功，有助于提高企业的形象及提高市场占有率。

差异性市场营销战略的不足之处主要体现在两个方面：一是增加营销成本。由于产品品种多，管理和存货成本将增加；由于公司必须针对不同的细分市场发展独立的营销计划，会增加企业在市场调查、促销和渠道管理等方面的营销成本。二是可能使企业的资源配置不能有效集中，顾此失彼，甚至在企业内部出现彼此争夺资源的现象，使拳头产品难以形成优势。

并不是所有企业都适合采取这种策略，企业采取差异性市场营销战略必须满足以下条件：①企业的人力、物力、财力比较雄厚，能进行多品种生产；②企业的技术水平、设计能力能够适应多品种生产的要求；③企业的营销管理人员水平较高，能适应多种市场的要求；④产品销售额的提升大于增加营销费用。

很多企业由于巧妙地应用了差异化的竞争战略，以及个性化的推广策略，从而扶摇直上，迅速达到发展的巅峰状态。

认养一头牛

### 3. 集中性市场营销战略

集中性市场营销战略是在市场细分的基础上，企业集中力量推出一种或少数几种产品和市场营销组合手段，从而满足一个或少数几个子市场需求的战略，如图6－4所示。

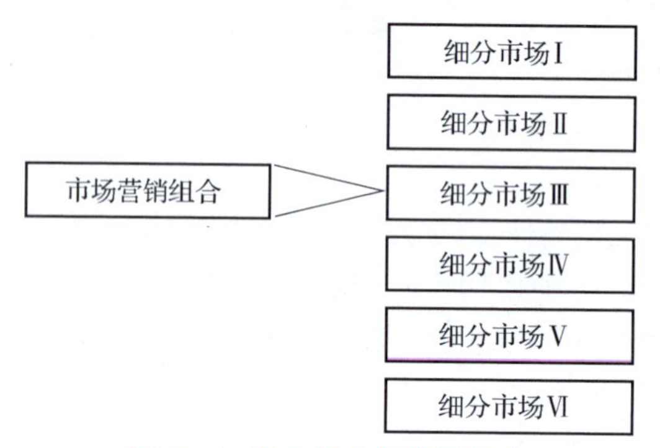


图6－4　集中性市场营销战略

这个策略着眼于消费者需求的差异性，重点放在某一个或几个消费者群，遵循“与其四面出击，不如一点突破”的原则，以谋求在较小的市场上占有较大的市场份额。

这种战略又称“弥隙”战略，即弥补市场空隙，它一般适用于资源薄弱的小企业。小企业要在市场竞争中站稳脚跟，如果与大企业硬性抗衡，弊大于利。如果避开大企业竞争激烈的市场部位，选择一两个能够发挥自己技术、资源优势的小市场，往往更容易成功。

采用集中性市场营销战略的优点：①可以提高企业在一个或几个细分市场上的占有率；②可以降低成本和减少销售费用；③有利于企业创名牌，增加销售量，提高利润率。例如，日本有一家生产雨衣的小企业，在该行业根本排不上名次，改为生产婴儿尿布后，成为该领域的领头企业，市场占有率达到80%。

这一战略的不足体现在两个方面：一是市场区域相对较小，企业发展受到限制；二是经营风险较高，一旦目标市场突然出现变化，如消费者兴趣发生转移，强大竞争对手进入，新的更有吸引力的替代品出现，都可能使企业因没有回旋余地而陷入困境。

**【营销案例】**

瑞士有一家名为美寿多的修鞋、配钥匙公司，它以修理皮鞋与配钥匙为经营业务，经过苦心经营，将一种不起眼的小生意，发展为世界性的企业。现在它在全世界27个国家建立了3 200个修鞋配钥匙中心，年营业额达数十亿美元。

美寿多公司之所以能够在小行业中做出大生意，主要靠其独创的经营途径。它在世界各国的3 000多个子公司，都位于当地的大百货公司中，因为大百货公司是面对各阶层消费者的。当然，美寿多公司经营的成功，最主要的原因还是它们重视修理质量和服务质量。为了保证修理质量，它们使用的材料都要经过公司认真检验后才送到各中心使用。正因为有如此严格的要求、精心的管理以及独树一帜的战略，所以该公司大获成功。

（资料来源：新浪网，2005－08－22）

## 三、目标市场战略选择影响因素

目标市场战略选择的多样性和企业情况的复杂性，决定了企业在具体选择目标市场战略时，要全面考虑，权衡利弊，才能做出最佳选择。一般地，企业选择目标市场战略时，必须考虑以下因素。

### （一）企业的资源和能力

如果企业在人力、财力、物力、信息及管理能力等方面都有充足的实力，就可以考虑选择无差异性市场营销战略；如果企业具有相当的规模、雄厚的技术、优秀的管理素质，则可以考虑选择差异性市场营销战略；反之，如果企业资源有限，实力较弱，难以开拓整个市场，就应该选择集中性市场营销战略。

### （二）产品特点

对于同质性产品，如面粉、食盐、火柴等产品，它们的差异性较小，产品的竞争主要表现在价格上，较适宜采用无差异性市场营销战略；对于差异性较大的产品，如家用电器、照相机、服装等，适宜采用差异性市场营销战略和集中性市场营销战略。

### （三）市场特性

如果市场上所有顾客在同一时期偏好相同，购买的数量相同，并且对市场营销刺激和反应相同，则可视为同质市场，宜实行无差异性市场营销战略；反之，如果市场需求的差异较大，则为异质市场，宜采用差异性市场营销战略或集中性市场营销战略。

### （四）产品生命周期

产品生命周期是指产品从投入市场到退出市场的全过程。对处于产品生命周期不同阶段的产品，应采取相应的目标市场战略。处于导入期和成长期的新产品，市场营销的重点是启发和巩固消费者的偏好，最好实行无差异性市场营销战略或针对某一特定子市场实行集中性市场营销战略；当产品进入成熟期后，市场竞争激烈，消费者需求日益多样化，可改用差异性市场营销战略以开拓新市场，满足新需求，延长产品生命周期。

### （五）竞争者状况

竞争者状况因素需要从市场竞争格局与竞争者策略两个方面来考虑。

（1）从竞争格局的角度，如果竞争者数量很多，企业为了吸引目标顾客，就应该采取差异性市场营销战略；若竞争者的数量很少，企业就可以采取无差异性市场营销战略，以满足消费者的市场需要。

（2）从竞争者策略的角度，如果竞争对手采用无差异性市场营销战略时，企业选择差异性或集中性市场营销战略有利于开拓市场，提高产品竞争能力。如果竞争者采用差异性市场营销战略，则不应以无差异性市场营销战略与其竞争，可以选择对等的或更深层次的细分或集中性市场营销战略。

#### （六）市场营销环境

市场营销环境影响市场的供求关系和消费者行为，由此影响企业对目标市场的选择。一般地，在供小于求的卖方市场，可采用无差异性市场营销战略；而在供大于求的买方市场，则适宜采用差异性市场营销战略或集中性市场营销战略。

## 任务三　市场定位

企业选定目标市场后，力使自己的产品在目标市场上形成竞争力，从而成功地进行目标市场营销，接下来需要考虑为自己的产品确立一个适当的市场地位，即目标市场产品定位。目标市场产品定位的实质是在消费者心中为产品树立某种形象。

### 一、市场定位的基本概念

市场定位，也称产品定位，是指企业设计出自己的产品和市场形象，并把其传递给市场，从而在目标市场内的消费者心中确立与众不同的有价值的地位，即企业以消费者对某种产品的特征、属性的关注程度，给本企业的产品设计的市场地位。对市场定位的理解应该把握以下几点。

（1）市场定位的基点是竞争。

（2）市场定位的目的在于吸引更多目标顾客。

（3）市场定位的实质是设计和塑造产品的特色或个性。

【营销故事】

**给自己定位**

有这样一个真实的故事：一个乞丐在地铁出口卖铅笔。这时过来了一位富商，他向乞丐的破瓷碗里投入了几枚硬币便匆匆离去。过了一会儿，商人回来取铅笔，对乞丐说："对不起，我忘了拿铅笔，我们都是商人。"几年后，这位商人参加一次高级酒会，一位衣冠楚楚的先生向他敬酒致谢并告知说，他就是当初卖铅笔的乞丐。生活的改变，得益于富商的那句话："我们都是商人。"

设想，如果乞丐一直没能遇到这样一位商人，也未能觉醒，而甘心做一名乞丐，他就失去了成功的契机。因此，每个人都应给自己定位。如果认为自己只能做乞丐，当然就只能一直做乞丐；如果认为自己也可以成为富商，在往这个方向努力时，就具备了这种可能。这个故事对你有何启发呢？你能给自己准确定位吗？

（资料来源：百度，2024-12-05）

## 二、市场定位的步骤、标准及策略

### （一）市场定位的步骤

#### 1. 分析产品，确定产品的主要特征和利益

这一点很重要，但也很容易被忽视。兵家有云：知己知彼，百战不殆。企业应该先了解本企业的产品。描述产品通常有两种方法：一种是直接描述产品有形和无形的特征，另一种是描述产品通过这些特征能满足哪些潜在顾客的需求和兴趣，即产品利益。

#### 2. 确认本企业潜在的竞争优势

（1）竞争者做得如何？

企业应调查市场上竞争对手的产品定位，调查竞争者产品的形象和在市场上所处的位置，并评估两者是否一致及其原因。

（2）市场需求满足得如何？

企业应调查目标市场的消费者的需求是什么，需求满足程度如何，消费者对产品的特性的评价标准，还必须明确目标市场消费者认为能满足需要的最重要的特征是什么。因为市场定位成功与否，关键在于企业能否比竞争者更好地了解顾客，对市场需求与服务有深刻、独特的见解。

（3）企业自身能够为消费者的需求做些什么？

消费者一般会选择那些给他们带来最大价值的产品和服务。因此，争取和保持顾客的关键是比竞争者更好地理解顾客的需要和购买过程，以及向他们提供更多的价值。通过提供比竞争者更低的价格，或者提供更高的价值以使较高的价格显得合理。企业可以把自己的市场定位为向目标市场提供优越的价值，从而可赢得竞争优势。

#### 3. 准确地选择相对竞争优势

相对竞争优势表明企业能够胜过竞争者的能力。这种能力既可以是现有的，也可以是潜在的。假定企业已很幸运地发现了若干个潜在的竞争优势，现在，企业必须根据其中几个竞争优势，建立市场定位战略。通常的方法是分析、比较企业与竞争者在下列七个方面的相对强弱。

（1）经营管理方面。主要考察领导能力、决策水平、计划能力、组织能力以及个人应变的经验等指标。

（2）技术开发方面。主要分析技术资源（如专利、技术诀窍等）、技术手段、技术人员能力以及资金来源是否充足等指标。

（3）采购方面。主要分析采购方法、存储及运输系统、供应商合作以及采购人员能力等指标。

（4）生产方面。主要分析生产能力、技术装备、生产过程控制以及职工素质等指标。

（5）市场营销方面。主要分析销售能力、分销网络、市场研究、服务与销售战略、广告、资金来源是否充足以及市场营销人员的能力等指标。

（6）财务方面。主要考察长期资金和短期资金的来源及资金成本、支付能力、现金流量、财务制度以及财务人员素质等指标。

（7）产品方面。主要考察可利用的特色、价格、质量、支付条件、包装、服务、市场占有率、信誉等指标。

总而言之，企业需要避免三种主要的市场定位错误：第一种是定位过低，即根本没有真正为企业选择合适定位；第二种错误是过高定位，即传递给购买者的公司形象太窄；第三，企业必须避免混乱定位，给购买者一个混乱的企业形象。

#### 4. 显示独特的竞争优势

一旦选择好市场定位，企业就必须采取切实步骤把理想的市场定位传达给目标消费者。企业所有的市场营销组合必须支持这一市场定位战略。企业确定市场定位后要有具体的行动而不是空谈。

（1）建立与市场定位一致的形象。要让目标消费群了解、熟悉企业的市场定位。企业在树立形象过程中，需要积极、主动地与消费者交流、沟通，唤起消费者的注意、兴趣，使目标消费者与企业的定位产生共鸣，并逐渐加深这种共鸣，使目标消费者产生更加强烈的感情。

（2）巩固与市场定位一致的形象。企业在向目标消费群体传递定位信息后，还需要强化目标顾客对定位的认识和印象。对任何事物的认识都是一个由表及里的过程，因此需要企业强化顾客的认识，加深对企业的印象；当顾客对企业的定位有了进一步的认识后，就需要保持目标顾客的认识，进而使企业的市场定位观念在消费者心目中形成固定的态度，加深企业和顾客之间的感情。

### （二）市场定位的标准

#### 1. 产品属性

产品本身的属性以及由此获得的利益可使消费者体会到产品的定位。例如，就轿车而言，人们对德国车的印象是高档、稳重；而对日本车的印象则是经济、小巧。

#### 2. 感觉性利益

感觉性利益包括视觉，如好看、样子好、有魅力、轻便、崭新等；触觉，如轻、好拿、柔软、暖和等；听觉，如噪声小、听起来舒服等；嗅觉，如无臭、香味等；味觉，如好吃、甜、酸等；其他，如无毒副作用、低脂肪等。

#### 3. 用途

为老产品找到一种新的用途，就可以对产品有一个新的定位，这也是种好办法。例如，小苏打一度被广泛用作家庭的刷牙剂、除臭剂等，现在已有不少新产品代替了这些功能。国外有厂商把小苏打当作防臭剂出售，另一个厂商则把它用作调味汁的配料等。

#### 4. 心理性利益

心理性利益，即提高内心的实现感和充实感，追求精神上的丰富感和满足感，保持良好的心理状态，如自尊心、威望、地位的满足、快感、安心感、轻松感等。

#### 5. 经济性利益

经济性利益，即降低成本、省力、省能、提高费用效率比、便宜和降价等。

#### 6. 社会性利益

社会性利益，即谋求对社会生活的发展和革新的贡献程度以及社会的接受程度，如绿色环保、提高消费者的福利水平、增大社会利益、保障健康等。

#### 7. 文化利益

文化利益，即对应价值观的多样化，可灵活地适应不同文化上的要求，如风俗习惯、法律等。

**8. 消费者**

这也是企业常常使用的一种方法，把产品指引给适当的消费群体或某个细分的子市场。例如，“大宝”的定位是平价化妆品，而“雅诗兰黛”是给档次较高的消费群使用的产品，“苗条淑女”受到最怕胖的年轻女性欢迎。企业应该根据细分的市场创建适当的形象。

### （三）市场定位的策略

市场定位的策略实际是一种竞争战略，即根据产品的特点及消费者对产品的认知，确定本企业产品与竞争者之间的竞争关系，是为了使企业的产品在目标消费群心目中占据比竞品更清晰、特别和理想的位置而进行的安排。企业常用的市场定位方式主要有以下几种。

**1. 避强定位**

避强定位是一种避开强有力的竞争对手的市场定位。其优点是能够迅速地在市场上站稳脚跟，并能在消费者或用户心目中迅速树立起一种形象。由于这种定位方式市场风险较低，成功率较高，常常为多数企业所采用。

**【营销案例】**

在1968年，七喜饮料公司的产品定位就是“非可乐”，因为美国当时正在热烈进行着反咖啡因运动，七喜公司的产品就借着这个东风，成为可口可乐、百事可乐的替代产品。

（资料来源：知乎，2023－09－19）

**2. 迎头定位**

迎头定位，是指一个有竞争实力但知名度不高、在市场上尚未取得稳定地位的产品，与一个已在市场上建立起领导者地位的产品直接对抗，以吸引消费者的关注，从而在市场上取得有利位置的定位方法，即与在市场上居支配地位的，也是最强的竞争对手“对着干”的定位方式。

这种方式风险较高，但一旦成功就会取得巨大的市场优势，因此对某些实力较强的企业有较大的吸引力。实行迎头定位，一方面要知己知彼，尤其要清醒地估计自己的实力；另一方面，要求市场有较大的容量。

**【营销案例】**

**阿迪达斯与耐克的“恩怨情仇”**

正如同可口可乐与百事可乐、肯德基与麦当劳一样，在体育品行业也存在着一对“冤家”，那就是阿迪达斯与耐克。这两大运动品牌先后诞生，又先后统治整个行业数十年，几乎瓜分了目前整个体育用品市场。两个品牌在刚成立时都只在某一体育用品领域有所擅长，但通过一系列的市场策略调整和产品创新，都逐渐演变成涵盖多个体育类项目的行业巨头。它们之间经历过产品战、公关战、代言战、并购战等。

（资料来源：知乎，2020－09－15）

**3. 产品的重新定位**

产品在目标市场上的位置确定并经过一段时间的经营后，可能会出现某些新情况，如有新的竞争者进入了企业选定的目标市场，或者企业原来选定的产品定位与消费者心目中的该产品印象（即知觉定位）不相符等，这促使企业不得不考虑对产品进行重新定位。

产品的重新定位，也称二次定位或再定位，是指企业变动产品特色以改变目标市场消费者对企业产品的原有印象，使消费者对产品的新形象重新认识的过程。这种策略通常可用于销路较少、市场反应较差的产品，旨在摆脱困境，使企业重新获得增长与活力。

通常，企业在重新定位前，需要考虑两个主要因素：一是企业将自己的品牌定位从一个子市场转移到另一个子市场时的全部费用；二是企业将自己的品牌定位在新位置上的收入有多少，而收入多少又取决于该子市场上的购买者和竞争者情况、销售价格等。

【营销案例】

**好的项目是在空白里找市场，还是从市场里找空白？**

网易云音乐在起步的时候，在线音乐市场上已经有了QQ音乐、酷我音乐和老牌的服务商酷狗音乐，其他大大小小的音乐平台更是不计其数，按理说2013年发布这款产品的时候市场已经是一片红海，但是善于分析市场的网易云音乐还是发掘出了空白区。在针对主要竞争对手进行分析后，网易云音乐发现了较为年轻的音乐发烧友这一人群，而且这类人又愿意为音乐付费，以此作为运营的切入点，成为后起之秀。

（资料来源：知乎，2018－05－21）

## 三、市场定位失误

市场定位失误是指企业由于市场定位不清或失误而失去消费者信任，总体上，企业需要避免以下几个主要的市场定位失误。

### （一）市场定位好高骛远

有些企业由于竞争对手在市场上的实力过高，结果将自己的产品市场定位过高，品牌创建初期气壮如牛，一段时间后却不得不偃旗息鼓。

【营销案例】

曾是中央电视台黄金时段日用消费品广告标王的太子奶，1998年4月在全国奶制品市场上占有率仅为1.8%，而国内两支“老牌劲旅”——娃哈哈和乐百氏占有率分别达到18%、32.4%。可太子奶一上市就摆出一副要争“老大”的姿态，全然不顾娃哈哈、乐百氏早已十分坚实的国内市场基础，投入了大量广告费用，但最终未能打开市场。相比之下，美国百事可乐公司的市场定位则更加明智。面对软饮料市场巨头可口可乐公司无可动摇的霸主地位，百事可乐没有选择从“舍得一身剐，敢把皇帝拉下马”的气势，盲目地与之一争高低，而是将自己市场定位于“老二”，以此为基础制定自己的营销和发展战略，专攻年轻人市场。它开发的产品能与年轻人那种朝气、清新、谦逊、不认输、不屈服的性格特征产生共鸣，因此在上市后很快便成为年轻人的新宠，也让百事可乐公司站稳了脚跟，从而占领了美国饮料市场30%的份额。可口可乐仍是“老大”，但市场份额却减至41%。

（资料来源：百度文库，2022－04－28）

### （二）市场定位笼统、模糊

企业在某个市场开展业务时不应四处出击，而应该根据自身营业条件，选择那些最具有吸引力并且能为之提供最有效服务的市场。即先进行市场细分，选择目标市场，然后进行企业市场定位（STP 营销）。

【营销案例】

娃哈哈、乐百氏均将自己的 AD 钙奶企业市场定位于儿童消费群，只在儿童身上下功夫，都取得了成功。而太子奶未进行市场细分，将所有人群都作为自己的目标，笼统对待顾客。如果在经营上没有针对性，没有个性特色，则很难取得成功。再如，某水果店店主在听取一营销教授建议之后，用红彩带将苹果两两一扎，取名为“情侣苹果”，看上去，听起来都很有意思，令人备感新奇。尽管定价稍高，情侣们仍争相购买，即使遇上苹果不好销的寒冷天气也是如此。因此，水果店收益颇丰。精明的水果店店主在市场细分后将占市场比例很大的情侣定为目标市场，加之独具匠心的产品目标市场定位，所以取得了成功。

（资料来源：中国企业家日报，2025－01－09）

### （三）品牌市场定位失误

根据调查，近年来，在实际操作过程中，我国企业在品牌市场定位方面至少存在以下三个方面的失误现象。

#### 1. 混淆市场定位

这是最典型的失误现象，也最为普遍，是指品牌特征太多或品牌市场定位频繁更改，使购买者对品牌形象感到困惑。

#### 2. 可疑市场定位

这种失误比较严重，是指产品特征、价格或宣传等方面不能让消费者信服。

#### 3. 过分市场定位

与上面两个失误现象相比，这种失误还算好些，但可能导致白白丢失更多的市场机会。过分市场定位是指定位过于狭窄，不利于产品线延伸或品牌延伸。

### （四）市场定位不切实际

企业在进行市场定位时，必须对目标市场进行深入了解。然而，一些企业可能在这一环节上存在失误。它们可能没有充分了解目标市场的需求、偏好和行为习惯，导致定位策略与市场实际情况不符。

### （五）市场定位没有特色

现代企业竞争表现为产品竞争。激烈的市场竞争中，如果产品毫无特色或毫无优势，竞争必然失败。因此，企业要分析自己产品的特色和优势，如技术领先、质量更好、价格便宜、服务周到等。

### （六）市场定位后不能做到

企业的产品一经市场定位，则需要保证产品真正能达到向用户承诺的目标，否则，即使产品在整体上优于竞争对手，但是在用户心目中还是“不合格”的产品，所以不能满意。这样的企业失去了用户的信任，也就失去了市场。

因此，市场定位的调整是一个持续的过程，企业应该保持敏锐的市场洞察力，及时调整策略，以适应市场的变化和发展。只有不断优化市场定位，企业才能在激烈的市场竞争中立于不败之地。

**【同步习题】**

### 1. 单项选择题

（1）某工程机械公司专门向建筑业用户供应推土机、打桩机、起重机、水泥搅拌机等建筑工程中所需要的机械设备，这是一种（　　）策略。

A. 市场集中化　　B. 市场专业化　　C. 市场全面化　　D. 产品专业化

（2）就每一特定市场而言，最佳市场营销组合只能是（　　）的结果。

A. 市场细分　　B. 精心策划　　C. 综合平衡　　D. 统筹兼顾

（3）采用（　　）模式的企业应具有较强的资源和营销实力。

A. 市场集中化　　B. 市场专业化

C. 产品专业化　　D. 市场全面化

（4）采用无差异性市场营销战略的最大优点是（　　）。

A. 市场占有率高　　B. 成本的经济性

C. 市场适应性强　　D. 需求满足程度高

（5）集中性市场营销战略尤其适合（　　）。

A. 跨国公司　　B. 大型企业　　C. 中型企业　　D. 小型企业

（6）重新定位，是对销路少、市场反应差的产品进行（　　）定位。

A. 避强　　B. 对抗性　　C. 竞争性　　D. 二次

（7）生活消费品市场的细分变量主要有地理环境、人口状况、消费者心理、消费者行为等四类，其中使用习惯属于（　　）。

A. 消费者行为　　B. 人口状况　　C. 消费者心理　　D. 地理环境

（8）美国宝洁公司开发了多种功能的多个品牌，如去头屑的海飞丝、让头发飘逸的飘柔、养护发质的潘婷等，这体现了（　　）。

A. 品牌策略　　B. 产品策略

C. 价格策略　　D. 目标市场战略

（9）消费者对某种产品的需求和爱好比较接近，企业在选择目标市场可采取（　　）。

A. 无差异性市场营销战略　　B. 差异性市场营销战略

C. 集中性市场营销战略　　D. 密集性市场营销战略

（10）目标市场营销由三个步骤组成：一是市场细分；二是选择目标市场；三是进行（　　）。

A. 推销　　B. 促销　　C. 竞争　　D. 市场定位

### 2. 简答题

（1）简述市场细分的概念与客观基础。

（2）企业选择目标市场应考虑哪些因素？

（3）简述企业进行市场定位的步骤。

## 【实践训练】

### 1. 实训目的

（1）通过本次实训，学生能够掌握目标市场营销战略的核心要义，提高市场分析和策略制定的能力。

（2）在未来的工作中，学生可以运用所学知识，为企业制定有效的市场营销战略，提高企业的市场竞争力和市场份额。

### 2. 实训内容

设定自己是某产品的市场营销经理，针对所经营的产品，分析研究“谁是客户”，找准目标市场，实施市场定位策略。

### 3. 实训步骤

以实地调查为主，结合在图书馆、互联网查找到的相关资料，进行集体讨论、分析，最终以报告形式得出结果。在市场调研与分析的基础上，确定并描绘你的客户。

（1）从年龄段、性别、收入、文化水平、职业、家庭大小、民族、社会阶层、生活方式等方面描述当前客户。

（2）他们来自何处？（本地、国内、国外、其他地方等。）

（3）他们买什么？（产品、服务、附加利益等。）

（4）他们每隔多长时间购买一次？（每天、每周、每月、随时、其他等。）

（5）他们买多少？（按数量、按金额等。）

### 4. 实训评价表

实训完成后，对实训效果进行评分，并记录在评价表中。

评价表

| 评价项目 | 分值 | 得分 |
|---|---|---|
| 1. 实训计划设计合理，准备工作充分，对实训过程进行详细的记录 | 10 | |
| 2. 理论知识扎实，按照规定的实训步骤完成实训项目，逻辑清晰 | 20 | |
| 3. 组员之间能够进行有效的沟通，整个过程组织合理，语言表达准确无误，条理清晰 | 20 | |
| 4. 积极参与小组讨论，能提出建设性意见或建议 | 20 | |
| 5. 对待任务认真，严格按照计划开展实训项目，态度良好 | 20 | |
| 6. 不迟到、不早退，听从指导教师安排，不私自中途离开实训场地 | 10 | |
| 总分 | 100 | |

### 5. 注意事项

（1）建立有效的沟通机制，确保团队成员之间能够及时分享信息、讨论问题和协调行动。

（2）对可能遇到的风险进行评估和预测，并制定应对措施，以便在风险发生时能够迅速应对、减少损失。

（3）进行 STP 分析和 SWOT 分析，明确市场机会和潜在威胁。

# 项目七
# 设计产品策略

## 【项目导读】

产品策略是企业市场营销中不可忽视的一环。通过对市场的深刻理解和分析，确定公司产品的定位和特色，制定差异化策略，并进行市场营销活动，才能更好地满足市场需求，提升企业在市场上的竞争力，实现企业的发展目标。

## 【学习目标】

- 知识目标

(1) 掌握产品整体概念的内涵和外延。

(2) 了解产品生命周期各阶段的特点及营销策略。

(3) 掌握新产品开发的重要性和程序。

(4) 熟练掌握品牌策略与包装策略。

- 能力目标

(1) 提高产品组合策略的分析能力。

(2) 能够识别与判断产品所处的生命周期阶段。

(3) 能够灵活运用产品生命周期理论开展营销工作。

(4) 具备创立品牌和包装策划的能力。

- 素质目标

(1) 树立产品质量观，创建国货品牌。

(2) 培养学生的创新精神，提升中国品牌在全球市场的竞争力。

(3) 培养学生的爱国情怀，增强民族自豪感。

## 【学习指南】

### 1. 知识结构图

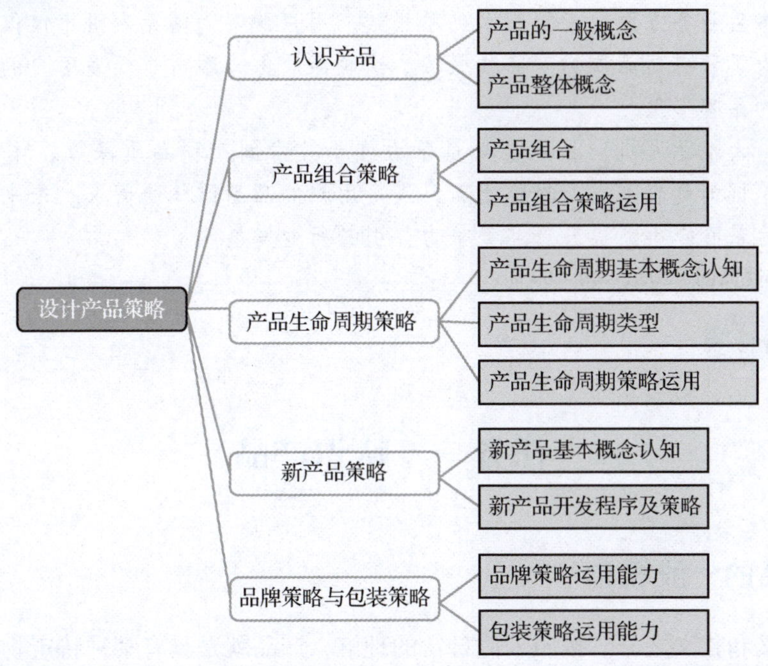


### 2. 重难点内容

（1）重点：对产品、产品组合、产品生命周期、新产品、品牌、包装等概念的理解和把握。

（2）难点：能够运用产品组合理论分析和解决企业中的相关问题。

## 【问题导入】

企业生产什么产品、为谁生产、生产多少，这似乎是经济学领域的问题，但其实是企业产品策略必须回答的问题。在当今互联网时代，要想成功，必须做出爆品，即具有引爆市场的产品和策略。企业不能存在侥幸心理，一直沉浸在温水煮青蛙的状况中，否则势必会在突然出现问题时出现巨大的漏洞。做爆品，首先要制定一份精密周全的爆品战略规划。一份好的爆品战略规划，能够让爆品在市场上具有更好的竞争力，这对于企业来说是非常重要的。那么如何设计产品策略呢？

## 【案例导入】

### 探寻大疆无人机产品策略的核心竞争力

大疆作为全球领先的无人机制造商，其产品策略对整个行业产生了深远的影响。通过不断创新和推出高质量的产品，大疆无人机已经成了消费者心目中的首选品牌。其产品不仅在性能上表现出色，而且在设计和用户体验方面也赢得了广泛好评。

首先，大疆无人机产品在技术创新方面一直走在行业前沿。无论是在飞行稳定性、飞行距离还是拍摄画质方面，大疆无人机都保持着领先优势。通过不断推出新款产品和更新技术，大疆巩固了在市场上的地位。例如，Phantom 系列产品采用了独特的飞行控制系统，保证了飞行稳定性和精准度，使用户可以在各种环境下轻松操作无人机。另外，大疆在摄像头和云台技术方面也有突出表现，为用户提供了高清晰度的拍摄体验。

其次，大疆无人机产品注重品质保障，这也是其核心竞争力之一。作为一个高端品牌，大疆始终坚持高标准的产品要求，严格控制每一道生产环节，确保产品质量。在配件选材、生产工艺以及售后服务方面，大疆都做到了极致。用户购买大疆无人机不仅仅是为了体验飞行乐趣，更是为了获得高品质的产品和服务。这种品质保障赢得了众多用户的信赖，也为大疆树立了很高的品牌形象。

总的来说，大疆无人机产品的核心竞争力在于技术创新和品质保障。作为行业领军企业，大疆不断挖掘消费者需求，推陈出新，满足用户的高品质体验需求。未来，大疆将继续以技术和品质为基石，不断提升产品竞争力，引领行业发展。

（资料来源：搜狐网，2024-04-09）

【知识准备】

# 任务一　认识产品

## 一、产品的一般概念

产品有广义和狭义之分。按照人们日常的理解，产品就是具有某种特定物质形状和用途的物品，是看得见、摸得着的东西。这也是狭义的产品概念。

广义的产品概念有两个特点：首先，并不是具有物质实体的物品才是产品，凡能满足人们某种需要的劳务也都是产品，如运输、维修、咨询、保险、金融等服务；其次，对企业来说，产品不仅包括具有某种物理和化学性质的实物本身，还包括随同实物提供的服务。而现代市场营销学所研究的正是广义的产品。

## 二、产品整体概念

产品整体概念是指消费者对于产品的认知和理解，它是产品开发、推广、销售等各个环节的基础。产品整体概念是一个多层次的概念，包含核心产品、有形产品、延伸产品、期望产品和潜在产品五个层次，如图7-1所示。

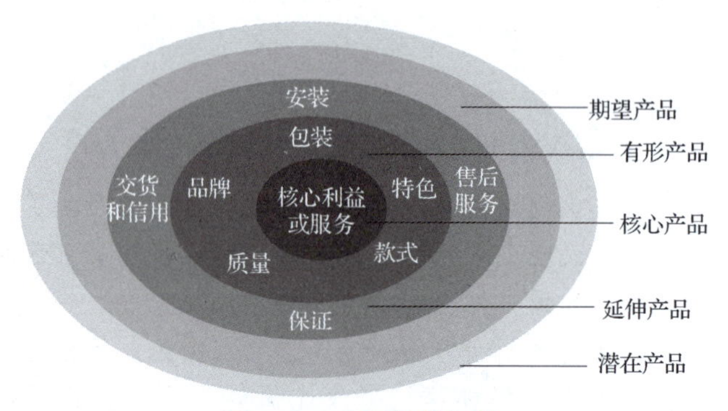


图7-1　产品整体概念

### 1. 核心产品

核心产品是指消费者购买某种产品时所追求的利益，这是顾客真正想要获得的东西，因而在产品整体概念中也是最基本、最主要的部分。消费者购买某种产品，并不只是为了占有或获得产品本身，而是为了获得能满足某种需要的效用或利益。

### 2. 有形产品

有形产品是指核心产品得以实现的具体形式，它向市场展示了实体和服务的形象。如果有形产品是实体产品，则它在市场上通常表现为产品质量水平、外观特色、式样、品牌名称和包装等。产品的基本效用必须通过某些具体的形式才能得以实现。市场营销者应首先着眼于顾客购买产品时所追求的利益，以求更完美地满足顾客需要，从这一点出发再去寻求利益得以实现的形式，进行产品设计。

### 3. 延伸产品

延伸产品是指顾客购买有形产品时所获得的全部附加服务和利益，包括提供信贷、免费送货、质量保证、安装、售后服务等。延伸产品的概念来源于对市场需要的深入认识，因为购买者的目的是满足某种需要，因而他们希望得到与满足该项需要有关的一切。西奥多·莱维特曾经指出：新的竞争不再聚焦于各个公司的工厂生产什么产品，而是聚焦于其产品能提供何种附加利益（如包装、服务、广告、顾客咨询、融资、送货、仓储及具有其他价值的形式）。

### 4. 期望产品

期望产品是指购买者购买某种产品时通常所希望和默认产品应具备的一组产品属性和条件。一般情况下，顾客在购买某种产品时，往往会根据以往的消费经验和企业的营销宣传，对所欲购买的产品形成一种期望，如旅店的客人期望的是干净的床、香皂、毛巾、热水、电话和相对安静的环境等。顾客所得到的，是购买产品所应该得到的，也是企业在提供产品时应该提供给顾客的。对于顾客来讲，在得到这些产品基本属性时，并没有太多的联想和偏好形成；但是，如果顾客没有得到这些，就会非常不满意，因为这意味着顾客没有得到他应该得到的东西，即顾客所期望的一整套产品属性和条件。

### 5. 潜在产品

潜在产品是指一个产品最终可能实现的全部附加部分和新增加的功能。许多企业通过对现有产品的附加与扩展，不断提供潜在产品，所给予顾客的就不仅仅是满意，还能使顾客在获得这些新功能的时候感到喜悦。所以，潜在产品指出了产品可能的演变，也使顾客对于产品的期望越来越高。潜在产品要求企业不断寻求满足顾客的新方法，不断将潜在产品变成现实产品，这样才能使顾客得到更多的意外惊喜，更好地满足顾客的需要。

对于任何企业来说，都要深入把握产品整体概念，以顾客需求为核心，开发出更多具有实用性的产品。在产品开发、推广、销售等各个环节中，要全面考虑产品整体概念的多层次结构，以满足消费者的需求和期望，提升产品的竞争力和市场占有率。

下面以日常经常使用的手机为例，进行产品整体概念的五个层次分析。

核心产品是指产品能够提供给消费者的基本效用或益处，是消费者真正想要获得的核心利益。比如手机的核心利益就是让消费者能够用手机来进行交流联系，培养感情，扩大交际圈，方便沟通，这正是大多数人对手机的基本需求。

有形产品是指产品在市场上出现时的具体物质形态，主要表现在品质、特征、式样、商标、包装等方面，是核心利益的物质载体，比如手机的外观、包装、相关配件（如充电器、耳塞、电池、说明书、保修卡）等具体的物质形态。

延伸产品是指由产品的生产者或经营者提供的、购买者有需求的产品层次，主要是帮助用户更好地使用核心利益和服务，比如手机的保修期、免费维修电话、全国联保、免费咨询、送货上门等。

期望产品是指顾客在购买产品前，对所购产品的质量、使用方便程度、特点等方面的期望值，比如购买手机时考虑的质量问题、是否方便使用与携带，以及具备什么特别的功能，如摄影功能、上网功能等。

潜在产品是指在延伸产品层次之外，由企业提供能满足顾客潜在需求的产品层次。它主要是产品的一种增值服务，比如手机的移动电子商务、在线金融交易、无线网络连接、网络资源共享等。

【营销案例】

从中国产品到中国品牌，海尔底气何在？

# 任务二　产品组合策略

## 一、产品组合

### （一）产品组合的概念

所谓产品组合，是指一个企业生产经营的全部产品线、产品项目的组合方式。其中，产品线是指具有相同的使用功能，但规格、型号不同的一组类似产品项目；产品项目是指产品线中按规格、外形、价格等区分的具体产品。

### （二）产品组合包括的因素

#### 1. 产品组合的宽度

产品组合的宽度又称产品组合的广度，是指一个企业所拥有的产品线的多少。产品线越多，说明产品组合的宽度越宽。例如，彩虹集团显像管股份有限公司仅生产显像管，其产品组合的宽度就很窄；相反，宝洁公司除了生产护发品外，还生产保健品、饮料、食品等，其产品组合的宽度就宽。

#### 2. 产品组合的深度

产品组合的深度是指产品线中的每种产品有多少品种。例如，佳洁士牙膏有3种规格和2种配方，那么佳洁士牙膏的深度就是6。通过计算各品牌产品的品种数目，就可以计算出宝洁公司产品组合的平均深度。

### 3. 产品的关联度

产品的关联度是指各产品线之间在最终用途、生产条件、销售渠道等方面的相互关联的程度。

产品组合的宽度、深度和关联度的不同就构成不同的产品组合。因此，企业的产品组合是由这三个因素来描述的。宝洁公司的产品组合如表7－1所示。

表7－1　宝洁公司的产品组合

| 清洁剂 | 牙膏 | 条状肥皂 | 纸尿布 | 纸巾 |
|---|---|---|---|---|
| 象牙雪 1930 | 格利 1952 | 象牙 1879 | 帮宝适 1961 | 媚人 1928 |
| 德来夫特 1933 | 佳洁士 1955 | 柯克斯 1885 | 露肤 1976 | 粉扑 1960 |
| 汰渍 1933 | | 洗污 1893 | | 旗帜 1982 |
| 快乐 1950 | | 佳美 1926 | | 绝顶 1100′s　1992 |
| 奥克雪多 1914 | | 爵士 1952 | | |
| 德希 1954 | | 保洁净 1963 | | |
| 波尔德 1965 | | 海岸 1974 | | |
| 圭尼 1966 | | 玉兰油 1993 | | |
| 伊拉 1972 | | | | |

（资料来源：［美］菲利普·科特勒著，《营销管理》，新千年版·第十版，第479页，北京，中国人民大学出版社，2001.7）

在表7－1中，产品项目共有25个，产品线有5条，产品组合平均深度为5（25/5）。

## 二、产品组合策略运用

通过对企业产品线中各产品项目的销售额和利润的分析，以及产品项目与竞争者同类产品的对比分析，为产品组合的优化提供了依据。产品组合策略，就是企业根据其经营目标和市场竞争环境，对产品组合的宽度、深度和关联度进行选择，使之形成最佳的产品组合。

通常情况下，企业采用的产品组合策略有以下几种。

### （一）扩大产品组合策略

扩大产品组合策略着眼于向顾客提供所需的所有产品。它包括三个方面的内容：一是扩大产品组合的宽度，即在原产品组合中增加一条或几条产品线，扩大产品经营范围；二是扩大产品组合的深度，即在原有产品线内增加新的产品项目，发展系列产品，增加产品的花色品种；三是增加产品组合的关联度。这三个方面，企业可以根据自己的情况，只采取其中一种策略，或者组合使用多种策略。

### （二）缩减产品组合策略

缩减产品组合策略是指企业从产品组合中剔除那些获利小的产品线或产品项目，就是缩小产品组合的宽度和深度，集中经营那些获利多的产品线和产品项目。这种策略通常是在经营状况不景气或者市场环境不佳时使用。

### （三）产品延伸策略

#### 1. 向下延伸

向下延伸又称低档产品策略，是指企业原来生产高档产品，后来决定增加低档产品。企业采取向下延伸策略的主要原因：原有的高档产品在市场上受到竞争者的威胁，且本企业产品在该市场的销售增长缓慢，因此企业向下延伸，以寻找新的经济增长点。

**【营销案例】**

我国著名的白酒生产企业五粮液集团，当其“五粮液”牌在高档白酒市场站稳脚跟后，便采取向下延伸策略，分别生产出了“五粮春”“五粮醇”“尖庄”等品牌，分别进入中档偏高的白酒市场、中档白酒市场和低档白酒市场，并都取得了较大的市场份额。

（资料来源：百度，2023－10－16）

#### 2. 向上延伸

向上延伸又称高档产品策略，是指企业原来生产低档产品，后来决定增加高档产品。企业采取向上延伸策略的原因有几个方面：一是市场上对高档产品的需求增加，高档产品销路好，利润率提高；二是企业追求高中低档齐备的产品线，使自己生产的产品品种更丰富、更全面，以占领更多的市场；三是利用高档产品来提高产品的形象。

#### 3. 双向延伸

双向延伸是指企业原来生产中档产品，现在同时向高档和低档产品延伸。一方面增加高档产品，另一方面增加低档产品，丰富产品类型，扩大市场阵容。

### （四）产品线填充策略

企业也可以通过产品线填充策略来延长其产品线，即在现有的产品线范围内增加更多的产品。比如，饮品多增加一些口味和功能性饮料，口红多增加一些色彩和包装样式。

产品线填充的动机包括追求更多的利润、满足因产品线缺少产品而抱怨销量下降的经销商的需求、满足消费者对产品多样性的需求、设法成为领先的全产品线公司、填补漏洞以打击竞争对手。

因此，企业为面向市场，该选择怎样的产品组合策略呢？企业的产品组合，既要根据细分人群和价格带明确不同产品之间的区隔，设定好不同产品各自所需承担的营销任务，也要想清楚品牌的代表品项是哪个。这一策略对品牌认知的建立和品牌形象影响最大。

### （五）产品差异化策略和产品细分化策略

产品差异化策略就是在同质市场上，使本企业的产品同竞争者的产品有明显不同的特点。这些不同，可以表现在物理、化学性能上，也可以表现在产品的外观设计和包装上，还可以表现在产品的附加利益上。采用什么方法显示差别，需要根据不同的产品决定。

产品组合应该遵循的原则是有利于促进销售和增加企业的总利润。企业在选择产品组合策略时，必须从企业自身和市场的实际情况出发，保证产品组合的最优化。因此，企业需要考虑三个方面的因素：一是企业的生产条件，包括资金、技术、设备、原材料供应等；二是市场的需求量及其需求增长量；三是市场竞争的状况。由于因素不同，产品组合策略也应不同。

# 任务三　产品生命周期策略

## 一、产品生命周期基本概念认知

产品生命周期（PLC），是指产品从投入市场到最后退出市场所经历的市场生命循环过程，如图 7－2 所示。也就是说，它表示的是一种新产品开发成功且投入市场后，从鲜为人知，到逐渐被消费者了解和接受，然后又被更新的产品所代替的过程。

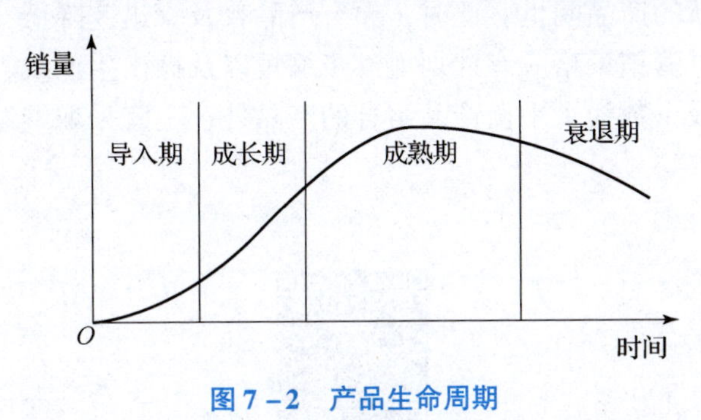


图 7－2　产品生命周期

产品生命周期一般以产品的销售量和所获得的利润额来衡量。典型的产品生命周期曲线是 S 形。根据销售增长率的变化情况，可以把它分为四个阶段，即导入期、成长期、成熟期和衰退期。

### （一）导入期

新产品刚刚投入市场，人们对新产品缺乏了解，销售量少，销售增长缓慢，产品还有待于进一步完善。此时，产品生产成本和营销费用较高，一般没有利润或只有极少利润，竞争者很少或没有。主要原因：首先，新产品虽然在开发过程中经历各种试验，但由于缺乏经验，产品还存在着一些技术问题有待解决；其次，消费者从使用、接受到再扩散总要经历一个过程，即使有些产品技术问题解决了，销售增长仍然很缓慢。产品越新颖，经历的时间越长，企业需要做出更大的市场营销努力。

### （二）成长期

新产品逐渐被广大消费者了解和接受，销售量迅速增长，利润也相应增加，但也因此引得新的竞争者纷纷介入。

新产品从导入期转入成长期的标志是销售量迅速增长。对于非耐用消费品来说，具有创新精神的初试者由于使用产品感到满足而开始重复购买，并通过消费者之间的交叉影响使新产品迅速向市场扩散。这一阶段另一个重要的特征是竞争者纷纷介入，当新产品盈利较高时更是如此。在产品成长期，企业的营销策略要着重于如下两方面：①建立良好的分销渠道，这不仅意味着适当扩大分销点，还必须处理好同批发商和零售商的伙伴关系，使他们优先分销本企业品牌产品；②促销重点从产品转向品质。

### （三）成熟期

成熟期的特点是产品在市场上基本饱和，虽然普及率继续有所提高，但销售量已趋于基本稳定。由于竞争日益激烈，特别是出现价格竞争，使产品差异化加剧，市场更加细分，顾客对品牌的忠实感开始建立。产品市场占有率主要取决于重复购买率的高低，而维护市场占有率所需的费用仍然很高，因此少数财力不足的企业被迫退出市场。

大部分消费者已购买了此产品，销售增长趋缓，市场趋向饱和，利润在达到顶点后开始下降。由于要应对激烈的竞争，企业需要投入大量的营销费用。

### （四）衰退期

销售量显著减少，利润大幅下降，竞争者纷纷退出，原产品被更新的产品取代。

由于竞争态势、消费偏好、产品技术及其他环境因素的变化，产品销售量减少而进入衰退期，从而诱发出更新的产品问世。此时，原有产品普及率迅速降低，成本回升，分销环节转向营销新品。因此，营销策略应有计划地逐步缩短以及撤出生产线，处理存货，考虑设备工具的再利用。除了极少数为了平衡产品组合的产品外，不宜采取继续营销的策略。

【营销案例】

从诺基亚的兴与衰看企业全生命周期发展与转型营销案例

## 二、产品生命周期类型

### （一）循环型

循环型又称“循环－再循环型”或“反复型”（见图7－3），这种类型的代表是处方药品。新药品推出时，企业通过大力推销，使产品销售出现第一个高峰，然后销售量下降；于是企业再次发动推销，使产品销售出现第二个高峰。一般地，第二次高峰按需分配和持续时间都小于第一次。

### （二）流行型

流行型产品刚上市时只有少数人接纳，然后随着少数人的使用和消费，其他消费者也发生兴趣，纷纷模仿，进入模仿阶段。然后产品被大众广泛接受，进入全面流行阶段，最后产品缓慢衰退。因此，流行型的特征是成长缓慢，流行后保持一段时间，然后又缓慢下降（见图7－4）。

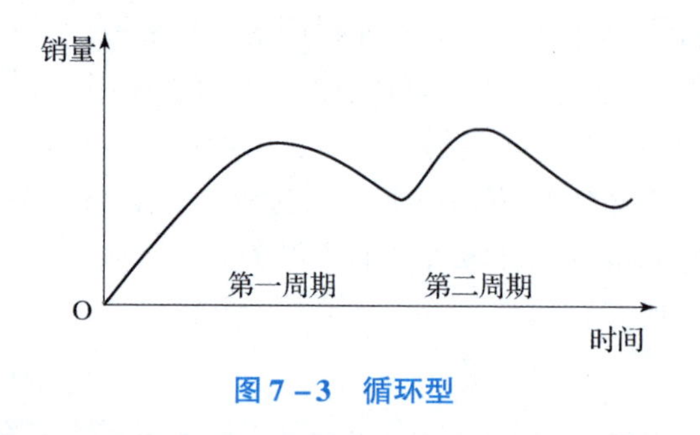


图7－3　循环型

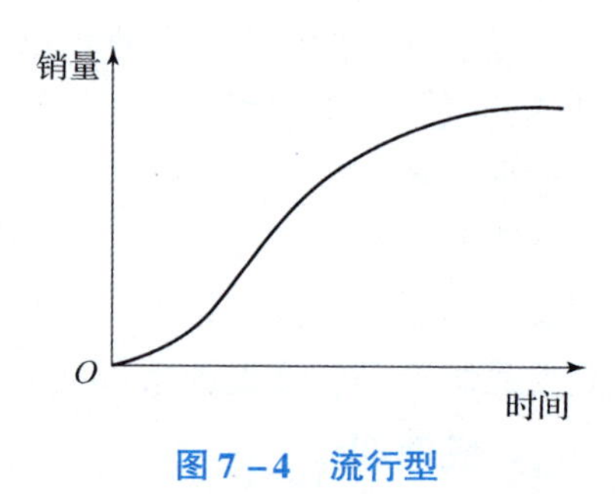


图7－4　流行型

### (三) 时髦型

时髦型产品的生命周期是快速成长又快速衰退，其时间较短（见图7-5），如电子卡通玩具等。原因在于时髦型产品只是满足人们一时的好奇心或标新立异的需求，并非人们的长期、稳定的需求。

### (四) 扇贝型

扇贝型产品的生命周期特点是不断延伸再延伸（见图7-6），原因是产品不断创新或发现新的用途、新的市场，因此有连续不断的生命周期。如尼龙的生命周期就是呈扇贝型，因为尼龙不仅可做降落伞，而且还可做袜子、衬衫、地毯等，从而使其生命周期一再延长。

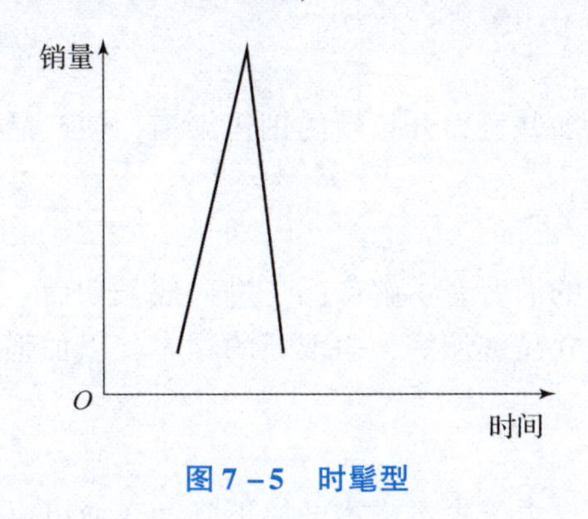


图7-5 时髦型

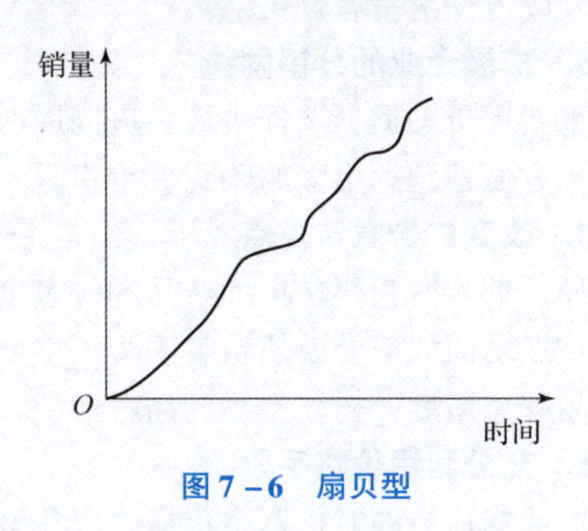


图7-6 扇贝型

## 三、产品生命周期策略运用

### (一) 导入期的营销策略

#### 1. 快速撇脂策略

快速撇脂策略是指采用高价格，同时进行大量促销活动。高价格可以使企业迅速回收成本和获取利润，高促销则可以尽快提高产品知名度，吸引消费者。采用这种策略的市场条件：大部分消费者还不了解这种新产品，已经了解这种产品的人则急于求购，并且愿意按企业所定价格购买；企业面临潜在竞争者的威胁，亟须建立消费者对产品的偏好，树立品牌形象。

#### 2. 缓慢撇脂策略

缓慢撇脂策略是指在采用高价格的同时，进行很少的促销活动。高价格可以使企业获取利润，而低促销则降低了促销费用，使企业获得更多的利润。采用这种策略的市场条件：大多数消费者已经知道了这种产品；需要购买者愿意出高价；潜在的竞争者威胁不大。

#### 3. 快速渗透策略

快速渗透策略是指采用低价格和低水平的促销活动来推销新产品，以使产品迅速进入市场，取得尽可能多的市场份额。采取这种策略，目的是在导入期以最快的速度提高市场占有率，以便在以后的时期获得较多的利润。采用这种策略的市场条件：一是该产品市场容量很大；二是潜在顾客对该产品不了解，且对价格十分敏感；三是市场的潜在竞争较为激烈；四是产品的单位生产成本会随着生产规模和销量的扩大而迅速下降。

#### 4. 缓慢渗透策略

缓慢渗透策略是指采用低价格和低水平的促销活动来推销某种新产品。低价格是鼓励消费者迅速接受新产品，低水平促销则可以节省促销费用，增加企业盈利。采用这种策略的市场条件：市场容量很大；大多数消费者已了解这种产品，但对价格反应敏感；存在着相当的潜在竞争者。

## （二）成长期的营销策略

### 1. 提高产品质量

从质量、性能、式样、包装等方面努力加以改进，可以提高产品在市场上的竞争力，满足顾客更新、更高的需求，从而促成顾客更多的购买行为。

### 2. 寻找新的市场

通过细分，找出新的、尚未得到满足的细分市场，并结合企业的实际情况，组织生产和销售，以方便消费者购买。

### 3. 扩展企业的分销网络

重新评价渠道、选择决策，巩固原有渠道，增加并努力开拓新的销售渠道，使产品更迅速、更方便地到达更多的购买者手里。

### 4. 改变广告宣传重点

导入期阶段主要是扩大产品的知名度，让更多的消费者了解产品。进入成长期后，广告宣传重点转向如何劝说消费者购买。主要目标是建立品牌偏好，争取新的顾客，以加强消费者的品牌忠诚度，树立产品的品牌形象。

### 5. 充分利用价格手段

应选择适当的时机调整价格，以争取更多顾客。由于生产成本开始下降，企业可以适当地降低产品的价格。初期采用高价格策略者，更可以大幅降价，以吸引更多的购买者，排挤竞争者，牺牲目前的短期利润来争取市场占有率的扩大，从而为长期获利打下基础。

## （三）成熟期的营销策略

### 1. 市场扩张

第一，通过发掘现有产品的新用途，促使消费者增加消费量，如把节日用品推广到日常使用，或为了取得更佳的使用效果，提倡加倍使用或多量使用某种产品。

第二，开发产品的新市场，把现有产品扩大到其他细分市场上，如强生公司就曾把婴儿使用的洗发精和爽身粉推广到成年人市场，美国的众多饮料公司则把饮料从国内市场推广到国际市场。

### 2. 产品改进

通过提高产品质量、增加新的功能、改进产品款式、提供新的服务等，以吸引新的用户使用并促使现有用户提高使用率。例如，电视机除室内使用外，现在又推出了可以室外使用的手提式电视机，既可供野外活动时观赏电视节目，也能在汽车内使用。

### 3. 调整营销组合

企业的营销组合不是一成不变的，它会随着企业内外部环境的变化而做出相应的调整。产品生命周期到了成熟阶段后，各种内外部条件发生了重大变化，因而营销组合也要进行调整。企业可以通过降低价格、增加广告、改善销售渠道及提供更加完善的售后服务等方式，延长产品的成熟期，避免衰退期的过早到来。

## （四）衰退期的营销策略

### 1. 保留策略

保留策略是指企业继续把该产品留在市场内。由于其他企业先后退出了市场，它们留在市场内的顾客将由留在市场内的企业接受，因此，企业仍然有一定的销量和利润。这种策略又有如下两种选择。

第一，逐渐收缩。企业逐渐放弃那些销售状况不好的细分市场，将营销力量集中在销售状况良好、具有利润的细分市场上，坚守收缩后的市场阵地。此外，剩下的消费者忠诚度较高，对价格敏感度较低；同时，随着“收藏热”的持续，一些有收藏价值的产品可以制定较高的价格。因此即使销售量下降，企业也能因价格高而获利。

第二，维持现状。有的产品看似到了衰退期、被淘汰的阶段，然而一旦条件发生变化，这些产品仍有机会东山再起，再获发展。例如，杜邦公司的尼龙产品，当它在军事上的应用衰退时，该公司把它应用在女性的裤袜上，然后又转向婴儿的裤袜，从而使产品出现了几个生命循环。我国的黑白电视机市场也是如此，当彩色电视机在 20 世纪 80 年代风靡全国时，黑白电视机似乎到了生命的尽头，但在 20 世纪 80 年代后期至 90 年代，由于农村消费者的需要和出口的增加，黑白电视机市场又进入了一个新的鼎盛期。但是新循环的出现，往往要求市场有相当大的改变，而市场又瞬息万变，因此应用此策略风险极大，必须对消费者爱好和市场进行深入的研究。

#### 2. 淘汰策略

淘汰策略是指企业决定放弃本产品，停止生产和销售处于衰退期的老产品，把企业的资源转向新产品的开发和推广，以新产品取代老产品，有计划地把原有的消费者引导到企业的新产品或其他产品。采用这种策略需要考虑以下几个问题。

第一，将产品完全抛弃，还是予以转让？通常后者较为有利，既可以回收部分价值，减少企业的损失，也使利润不至于一下子完全消失。

第二，将产品立即淘汰还是缓慢淘汰？立即淘汰可以使企业把全部精力用于新产品或其他产品的开发和推广，而缓慢淘汰则可以使企业在剩余市场上多争取一些盈利。

第三，企业是否保留一定量的零部件及服务？答案通常是肯定的，这样可以使老顾客更加信赖企业，有利于树立企业的良好形象。

第四，企业职工的情感如何？一方面，一件产品的淘汰可能会引起亲手创造此产品的老职工的依依不舍之情，有时甚至会使他们感到十分悲伤；另一方面，产品的淘汰、生产的停止还可能涉及企业职工的去留问题。对此，企业必须认真对待，妥善处理。

# 任务四 新产品策略

## 一、新产品基本概念认知

### （一）新产品的概念

从市场营销的角度来看，所谓“新”是相对的，新的发明创造固然是新产品，而对市场上现有的产品有所改进也是新产品。从企业的角度来说，可以这样定义新产品：凡是相对于老产品或原有产品，在结构、功能、性能、材质、技术基础或原理、生产制造工艺等方面有显著或重大的改进，并由某个或某群营销者首次在市场上进行营销的产品，都可以称为新产品。

### （二）新产品的分类

#### 1. 全新新产品

全新新产品同科学技术开发意义上的新产品概念完全一致，是指应用新原理、新结构、新技术和新材料制造的前所未有的产品。全新新产品常常标志着科技发展史上的新突破。例如，电话、飞机、电视机、计算机等，是19世纪60年代—20世纪60年代世界公认的最重要的新产品。这些新产品的诞生都源于某种科学技术的新创造和新发明。

#### 2. 换代新产品

换代新产品是指使用新材料、新技术，对产品的性能有重大突破性改进的新产品。例如，电子计算机问世以来，从最初的电子管发展到晶体管，又从晶体管发展到现在的大规模集成电路，目前更是已开始研制具有人工智能的新产品。

#### 3. 改进新产品

改进新产品是指在产品的材料、结构、性能、造型、花色、品种等方面做出改进的新产品。改进新产品一般对产品的基本功能并无本质上的改进，例如手表从圆形到方形，又发展到各种艺术造型，都属于这种改进新产品。

#### 4. 仿制新产品

仿制新产品是指企业仿制市场上已有的新产品，并在仿制过程中可能有局部的改进和创新，但基本原理和结构仍是仿制的。例如，数字化彩色电视机在国外较早就已上市，目前我国不少企业也开始生产此类仿制新产品。仿制新产品的开发有积极意义，它不仅能在一定程度上满足消费者尚未满足的消费需求，也有利于企业技术水平的提高。

### （三）新产品的开发方式

#### 1. 独立开发式

独立开发式是指由本企业独立进行新产品开发的全部工作。这种方式一般适用于技术力量雄厚的大型企业，同时，一些中小企业也可以用这种方式开发不太复杂的产品。

#### 2. 科技协作式

科技协作式是指由企业、科研机构或高等院校相互协作进行新产品的开发。这种方式应用十分广泛，不仅被绝大多数中小企业所采用，许多大企业也很重视这种方式。由于许多新产品的开发工作涉及广泛的学科领域，需要各种加工、检测和实验设备，因此只有通过相互协作、取长补短，才能发挥群体优势。

#### 3. 技术引进式

技术引进式是指通过引进国外技术、购买专利来开发新产品，这是使企业产品迅速赶上国际先进水平、进入国际市场的一种行之有效的方式。然而，引进技术必须事先充分掌握市场及科技情报，并进行可行性论证，以免造成不必要的损失。

### （四）新产品开发的原则

#### 1. 根据市场需要开发适销对路的产品

开发什么样的新产品，首先要考虑市场需要，不能盲目轻率地采取行动。为了开发出适销对路的产品，企业需要不断地派遣市场调查人员深入市场进行调查研究，充分了解市场需求及其变化趋势，开展系统的市场调查工作。

#### 2. 从企业实际出发确定开发方向

开发新产品既要考虑市场需求，也要从企业的实际出发，有些产品可能市场需求非常旺盛，但企业自身缺乏这方面的能力，就不能贸然行事。只有那些既符合市场需要，又符合企业自身能力的项目，才是新产品开发的方向。

**3．注意新产品开发的动向**

当前，新产品开发已朝着多功能、微型化、多样化、节能化及环保等方向发展，特别是科学技术迅速发展，新材料、新技术不断涌现，不断为新产品的开发开辟新的途径，这些都是企业应当密切关注的动向。

## 二、新产品开发程序及策略

### （一）构思

新产品的创意主要来源于对市场上尚未满足的需求的研究。具体而言，企业可通过以下渠道来获得产品的创意：顾客、科学家、竞争对手、中间商、企业的营销人员与管理人员、职工。能否搜集到丰富的新产品创意，关键在于企业是否具有鼓励人们提建议的办法，以及是否建立了一个系统的程序，使所提建议直接与产品开发部门沟通对接。

### （二）筛选

好的创意对于发展新产品十分重要，但有了创意并不一定能付诸实施，还要根据企业的目标和能力来进行选择。筛选的目的主要是剔除那些与企业目标或资源不协调的新产品创意。对创意的筛选一般分为两个阶段：第一阶段要求迅速、正确地判断新产品创意是否适合企业的发展规划、技术专长及财务能力，淘汰那些不合适的建议，这种判断一般应由专家或经理负责；第二阶段是对剩余创意进行认真的评价和筛选，通常采用专家评定法进行筛选。

### （三）产品概念

产品概念是指企业从消费者角度对新产品构思的具体、形象的描述，但它并不是可以直接用于生产的具体设计方案。

一个构思可以转化成多个产品概念，企业要尽可能把各种产品概念的设计方案列出来，然后对产品概念进行定位，以确定最终的产品发展方向。例如，某企业要生产一种满足消费者需要的化妆品，这是一种产品构思。根据产品的销售对象、产品的核心内容（益处）及产品的使用时间等可进一步发展成好几种产品概念，如针对不同年龄段、在不同时间使用的化妆品。

产品概念形成后，还必须经过适当的途径，在消费者中进行测试，征求意见，使产品概念更趋完善。

### （四）市场营销策略的制定

一个构思可以转化成多个产品概念，企业要尽可能把各种产品概念的设计方案列出来，然后对产品概念进行定位，以便将它们引入市场。营销战略计划将在以后的各开发阶段得到进一步完善。

营销战略计划一般包括三方面的内容：一是计划产品的定位、销量、市场份额、目标市场的规模与结构、利润率；二是控制产品的价格，以及制定营销预算；三是进行长期销售量的利润预测，以及规划不同时间的营销组合策略。

### （五）商业分析

商业分析是指对新产品的开发效益进行分析，通过分析来确定新产品的开发价值。企业开发新产品归根结底是为了给企业带来好的经济效益，如果一种新产品的开发最终要亏本或无利可图，那就不值得去开发。企业在产品概念形成后，必须对新产品的投资效益和开发价值进行认真分析，分析的具体内容包括细分市场研究、市场潜力分析、销售预测、产品开发费用预算、价格水平和盈利估算等。

#### （六）新产品试制

新产品试制是把经过可行性分析的抽象产品，转化为具有实际使用价值的实体产品的过程，也是新产品开发过程的关键阶段。

产品试制阶段必须注意的问题是所生产出来的样品应当具有很强的普及意义，即它必须能在一切可能设想的环境条件下正常使用，而不是只能在良好的环境条件下使用；同时，它必须在正常的生产条件与成本水平（即批量生产的条件和水平）下生产。只有如此，新产品才有实际推广的价值。

#### （七）市场试销

市场试销又称市场检验，即把试制出来的新产品投放到经过挑选的有代表性的小型市场范围内进行销售试验，以检验顾客的反应。实践表明，有许多产品试制出来后仍然会遇到被淘汰的可能性。为了把这种可能性降到最低，避免批量生产后造成巨大损失，就必须对试制出来的新产品进行试销。

市场试销既可以是针对产品性能、质量的试销，也可以是针对产品价格、销售渠道及广告促销方式的试销。通过试销，一方面可以进一步改进新产品的品质，另一方面也可帮助企业制定出有效的营销组合方案。

由于试销要投入大量的资金，因此是否进行试销应根据试销费用的数额与不试销可能造成的损失额的比较来决定，只有当不试销可能造成的损失额大于试销费用的数额时，企业才值得去开展市场试销。

#### （八）正式进入市场（商业投产）

新产品试销成功后，就要批量生产，正式投放到市场上去销售。这一阶段意味着产品生命周期的开始。

华为系列
新产品上市

新产品批量上市并不意味着新产品就已经开发成功，因为此时正是新产品能否被市场真正接受的关键时刻。如果企业采取的策略不当，产品仍然有销售不出去的风险。因此，企业必须在批量上市的时间、地点、渠道、方式上正确决策，进行合理的营销组合。要对市场的环境条件进行认真分析，准确把握时机，精心设计方案，确保新产品顺利进入市场。

## 任务五　品牌策略与包装策略

### 一、品牌策略运用能力

#### （一）品牌的概念

美国市场营销协会对品牌的定义：品牌是一个名称、术语、符号或图案设计，或者是它们的不同组合，用以识别某个或某群消费者的产品或劳务，使之与竞争对手的产品和劳务相区别。它通常包括如下四个组成部分。

#### 1. 品牌名称

品牌名称是指品牌可以用语言称呼，即能发出声音的那一部分。一个好的名称能够极大地促成一个产品的成功，如“五粮液”“可口可乐”“海尔”“索尼”等。

#### 2. 品牌标志

品牌标志是指品牌中可以被认知，但不能用语言称呼的部分。品牌标志常常为某种符号、象征、图案或其他特殊的设计，如太阳神集团的由红太阳与三角形所组成的标志。

#### 3. 商标

商标是一个专门的法律术语，指的是品牌或品牌的一部分在政府有关部门依法注册登记后，获得专用权并受到法律保护的标志。经注册登记的商标有“R”标记，或“注册商标”的字样。登记注册之后，便取得了使用整个品牌或品牌中一部分的专用权，其他单位或个人要使用，则要征得商标权所有人的同意，否则就构成了侵权。所以，商标是一种法律名词。

#### 4. 厂牌

厂牌是我国的习惯用法，包括厂牌名称和厂牌标志。如“永久牌”自行车、“凤凰牌”自行车，既是厂牌标志，又是品牌的品质象征。

### （二）品牌的价值

品牌价值是企业提供给客户的、符合客户实际需要的具体的产品或服务价值，是品牌名称之所以成为客户评价产品的一种有效代理物的先决条件。

品牌价值的高低取决于消费者对品牌的忠诚度、品牌知名度、品牌所代表的质量、品牌辐射力的强弱和其他资产价值（如专利、商标和商业渠道）。可见，价值很高的品牌是一项极为可观的资产。

### （三）品牌的作用

#### 1. 识别产品

品牌代表着产品的质量与特色，消费者可以根据品牌，方便地认出所需要的产品。同时，品牌还可以使消费者明确哪个厂家应该对产品负责，便于监督产品质量，保护消费者自身的利益。

#### 2. 保证质量

企业设计品牌、创立品牌、培养品牌的目的是希望此品牌能变为名牌，于是在产品质量上下功夫，在售后服务上做努力。同时，品牌代表企业形象，企业从长远发展的角度必须从产品质量上下功夫，特别是知名品牌，它不仅代表了一类产品的质量档次，更代表了企业的信誉。消费者之所以要购买某个品牌的产品，往往是因为这种产品有着较高的质量和良好的服务。

#### 3. 有利于促销，树立企业形象

品牌是产品的代表，它为广告宣传提供了明确具体的对象，是塑造产品形象、提高产品知名度的基础。良好的品牌更有利于广告宣传和商品销售。通过反复地向顾客强调品牌，容易让消费者对企业产品产生深刻的识别，同时增强了消费者的品牌意识，使消费者在购买过程中能够迅速辨别出偏爱的品牌，从而达到促进销售的目的。

#### 4. 维护权益

企业产品的品牌一经注册，就取得商标的专用权，从而可以防止其他企业的侵权行为。

一旦发现假冒品牌或产品，则可依法追究索赔，保护企业的利益。消费者也可以利用产品的品牌来保护自己的权益，一旦发生质量问题，消费者就有据可查，通过品牌来追查有关厂家或经营者的责任。

【营销案例】

五粮液：坚守、传承、创新，焕发中国品牌新时代风采

### （四）品牌设计

#### 1. 品牌设计原则

（1）容易识别，便于记忆。品牌的重要作用是有助于消费者识别商品，要使人们见到后能留下深刻的印象，起到广告宣传的作用。因此，品牌设计既要简洁明了、通俗易懂，又要新颖别致，能传递给消费者明确的信息，以利于消费者准确理解。

（2）表达产品特色与效益。品牌设计不是凭空创造的，既要与产品实体相结合，又能反映产品的基本用途和给消费者带来的效益。好的品牌设计应能充分显示企业或产品的特色，使消费者一接触到产品的品牌，便能知道这是一种什么样的商品。

（3）品牌设计要构思新颖、特色鲜明。只有在构思上勇于创新，才能够推出美观大方、风格独特的品牌设计，给予消费者美的享受。一个构思独特、造型新颖的品牌又往往能够启发消费者的联想，引起消费者的兴趣，从而激发消费者的购买欲望。

（4）适合国际市场文化。随着国际经济交往的增多，企业产品营销的范围不断拓展，品牌的设计要求需符合不同的民族文化。不同的国家、民族，其文化的差异、宗教信仰的差异构成了生活方式、消费方式和习惯的差异。例如，日本人视荷花为不洁之物，英国人忌用核桃作商标，而意大利人则把菊花视为商标禁忌。

（5）品牌设计必须符合国家有关法律法规的要求。法律条文规定，品牌设计不得使用下列文字、图形：与中华人民共和国的国家名称、国旗、国徽、军旗、勋章相同或者近似的；与外国的国家名称、国旗、国徽、军旗相同或者近似的；与政府间国际组织的旗帜、徽记、名称相同或者近似的；与“红新月”“红十字”的标志、名称相同或近似的；本商品的通用名称和图形；直接表示商品的质量、主要原料、功能、用途、质量、数量及其他特点的；带有民族歧视性的；夸大宣传并带有欺骗性的；有害于社会主义道德风尚或者有其他不良影响的。

#### 2. 品牌命名策略

（1）以商品的主要效用命名。这种方法就是用产品功效为品牌命名，其特点是直接反映商品的主要性能和用途，突出商品的本质特征，使消费者能够望文生义，一目了然地迅速了解商品的功效，加快对商品的认知过程。如“飘柔”洗发水，以产品致力于让使用者拥有飘逸柔顺的秀发而命名。

（2）以数字命名。这种方法是指用数字来为品牌命名，借用人们对数字的联想效应，促进品牌的特色。如“555香烟”“505神功元气袋”，运用数字命名法，可以使消费者对品牌增强差异化识别效果。

(3) 以商品的外形命名。这种命名方法具有形象化的特点，能突出商品优美、新奇的造型，引起消费者的注意和兴趣，多用于食品、工艺类商品命名，例如“佛手酥”“糖耳朵”等。

(4) 以商品的制作工艺或制造过程命名。这也是一种经常被采用的命名方法，多用于具有独特制作工艺或富有纪念意义的研制过程的商品。例如：“二锅头”酒在制作过程中需经过两次换水蒸酒，且只取第二锅酒液的中段，酒质纯正、醇厚。

(5) 以人名命名。这是以发明者、制造者或历史人物等的名字来给商品命名的办法。这种方法借助名称使特定的人与特定的商品联系起来，使商品在消费者心目中留下深刻的印象，例如“中山装”“东坡肘子”“赖汤圆”“国氏全营养素”等。

(6) 以地名命名。这种方法将企业产品品牌与地名联系起来，使消费者从对地域的信任，进而产生对产品的信任。如“宁夏红”的酒，就是以宁夏特产枸杞为原料酿制的滋补酒，其品牌就是以突出产地来证实这种酒的正宗。

(7) 以外来词命名。这种方法多用于进口商品的命名上，既可以克服某些外语翻译上的困难，又能够满足消费者求新、求奇、求异的心理需求。在以外来词命名时，无论直译还是意译，都要注意使译音既朗朗上口，又寓意良好。如 Coca - Cola 被译成可口可乐，既谐音，又使人产生一种愉悦舒畅的感受，从而迅速得到中国消费者的认同。

(8) 以美好形象替代原有名称的命名方法。这在中药的命名中极为常见。中药常以一些动物、植物为原料，而原来的名称会令病人产生畏惧心理。为避免产生不良的心理作用，中医常以另外的名称来代替原有名称。

(9) 以色彩命名。这种方法多用于食品类。例如“黑五类”，原指黑芝麻、黑豆等五种原料。其中“黑”字突出表现原料的颜色，强调黑色制品对人体的营养功效。

(10) 以动物命名。这种方法借助动物名称与特定的商品联系起来，使商品在消费者心目中留下深刻的印象，如“白猫”洗洁精、“七匹狼”男装。

(11) 以植物命名。方法同 (10)，如“牡丹”香烟、“莲花”味精、“竹叶青”酒、“田七”牙膏。

(12) 以夸张命名。其特点是直接反映商品的主要性能和用途，突出商品的本质特征，如“永固”锁、“永久”自行车、“巨无霸”汉堡包。

(13) 自创命名。有些品牌名是词典里没有的，它是经过创造后为品牌量身定做的新词。这些新词一方面具备独特性，使品牌易于识别，也比较容易注册；另一方面也具备较强的转换性，可以包容更多的产品种类。自创命名体现了品牌命名的发展方向，是今后最常用的品牌命名方式。

### （五）品牌策略

#### 1. 品牌化战略

企业为其产品规定品牌名称、品牌标志，并向政府有关主管部门注册登记的一切业务活动，称为品牌化战略。

品牌化战略虽然可以起到积极的作用，但是，由于品牌的使用，特别是名牌的创立，需要花费不少费用，有些企业出于产品自身的特征和降低成本的考虑，选择不使用品牌。这主要是节约品牌包装等费用，使产品以较低价格出售。价格低使产品更具有竞争力，成本低则确保企业获得一定程度的利润。

### 2. 品牌所有权策略

生产企业如果决定给一个产品加上品牌，通常会面临三种品牌所有权选择：一是生产商自己的品牌；二是销售商的品牌；三是租用第三者的品牌。

一般，生产商都会确立并使用自己的品牌，有的品牌会被培育成名牌。但是近些年来，国外一些大型的零售商和批发商也在致力于开发他们自己的品牌。这主要是因为这些销售商希望借此取得在产品销售上的自主权，摆脱生产商的控制，压缩进货成本，自主定价，以获取较高的利润。另外，也有一些生产商利用现有著名品牌对消费者的吸引力，采取租用著名品牌的形式来销售自己的产品，特别是在企业推广新产品或打入新市场时，这种策略更具成效。

### 3. 品牌统分策略

（1）统一品牌策略。

统一品牌策略是指企业对其全部产品使用同一个品牌。采用这种策略，便于全部产品使用共同的销售渠道来推销，有利于降低新产品的推广成本，也有利于消费者接受新产品。但统一品牌策略具有一定的风险性，如果其中某一种产品营销失败，可能会影响整个企业的声誉，波及其他产品的营销。

因此，采用这种策略应注意以下几点：这种品牌在市场上已有较好的声誉；各种产品应具有相同的质量水平；产品属于同一细分市场，否则会造成企业信誉的损害和品牌的错位。

（2）个别品牌策略。

个别品牌策略是指对各种产品分别采用不同的品牌。如果企业的产品类型较多，产品线之间的关联程度较小，企业生产的产品有较大差别，可采用此策略。

这种策略的优点是可以分散经营风险，避免因某种产品失败而对企业整体带来影响；同时，也有利于消费者从品牌上判明产品的档次和价格差异，方便购买。

这种策略的缺点是使企业增加品牌设计和品牌销售方面的投入，因此营销费用很高。只有当产品的单位价值比较高时，才值得企业采用这种策略。

（3）统一品牌和个别品牌相结合。

这种策略是指企业在各种产品的商标名称之前冠以企业名称。这种策略既可以减少或免除对每个产品促销的费用，又可以有效防止因某个品牌出现问题而对其他产品项目产生连带影响。因此，利用企业已有的声誉来对产品进行促销，是一种有效的营销策略。如通用汽车公司生产的各种小轿车，在每个品牌前都加上企业的名称，以表明是通用汽车公司的产品。

（4）品牌延伸策略。

品牌延伸策略是指企业利用已成功品牌的声誉来推出改良产品或新产品。那些著名的品牌可以使新产品更容易被识别，得到消费者的认可，而企业则可以节省有关的新产品促销费用。如金利来从领带开始，然后扩展到衬衣、皮具等领域。但这种策略也有一定的风险，容易因新产品的失败而损害原有品牌在消费者心目中的形象。

（5）多品牌策略。

该策略是指企业决定对同一类产品使用两个或两个以上的品牌名称。

这是由美国宝洁公司首创的策略，它可以给企业带来几方面的利益：一是可以抢占更多的货架，扩大产品的销售，增加零售商对产品的依赖性；二是能占领更多的细分市场，为提高总销售量创造条件。如与宝洁公司合资的广州宝洁公司就是运用这种策略的典型，它拥有海飞丝、飘柔、潘婷等多个品牌。此外，多品牌策略还可以加强企业内部的竞争机制，提高经济效益。

该策略存在的风险：使用的品牌量过多，导致每种产品的市场份额很小，使企业资源分散，不能集中到少数几个获利水平较高的品牌。

**4. 品牌更新策略**

有人认为，商品的牌子越老越好，并由此误认为品牌也是越老越好。实际上，企业培育一个品牌，特别是著名品牌，需要花费不少费用。因此，一个品牌一旦确定，不宜轻易更改。但有时，企业不得不对其品牌进行修改，导致这种情况的原因：原品牌出现了问题，信誉受损；原品牌市场地位遇到更强有力的竞争，市场占有率下降；消费者的品牌偏好转移，原品牌陈旧过时，与产品的新特性或市场变化不相符合。

例如，联想集团的联想计算机以前的品牌是“Legend”，后来更新为品牌“Lenovo”。

**【营销案例】**

美汁源 20 周年品牌 VI 更新！新设计，新美好！

## 二、包装策略运用能力

### （一）包装的概念

包装是指为产品设计和生产某种容器或覆盖物，这种容器或覆盖物就是包装。包装一般分为三个层次。

第一，内包装。内包装又称初始包装，是产品的直接容器。内包装的特点是比较简单，许多情况下是产品使用价值的组成部分，在产品的整个消费过程阶段都需要使用，如牙膏的软管、啤酒的瓶子、化妆品所使用的小瓶等。没有这类包装，产品就无法使用或消费。

第二，中层包装。中层包装又称次包装，它有两个方面的作用：一是保护内包装，使之在营销过程中不会被损坏；二是美化产品外观，便于品牌化。因为许多产品的标识物，不能直接安放在产品实体上，只能印刷在包装物上。

第三，运输包装。运输包装又称外包装，是产品在运输、储存、交易中所需要的包装。其作用是便于搬运、储存和辨认产品。

### （二）包装的作用

**1. 保护产品**

这是包装的最初功能，它可以保证产品在生产过程结束后，转移到消费者手中，直至被消费掉以前，使用价值不受影响，产品实体不被损坏、散失和变质。

### 2. 方便使用

适当的包装便于使用和指导消费，例如，铁制的饼干筒，可防止产品受潮和污染，有利于延长饼干的食用期；将药品按服用剂量包装，便于顾客准确服用。

### 3. 美化产品，促进销售

设计和制作精美的包装，可以使产品具有令人赏心悦目的外观，比不加包装的产品可更令消费者喜爱或激起消费者的购买欲望。在商品陈列中，包装是货架上的广告，是“沉默的推销员”，包装材料的色彩和包装图案，具有介绍商品的广告作用。

### 4. 增加产品的价值

这不仅表现在好的包装能有效地保护或延长产品的生命，从而提高产品的价值，也表现在能用更高的价格销售产品；而且，好的包装能激发消费者更为强烈的购买欲望，使之愿意支付较高的价格购买。我国是瓷器的发明国，“瓷都景德镇”产品的质量本是毋庸置疑的。但是原来在向欧美市场出口时，由于包装低劣，只能在地摊上低价销售，被称为“一流产品、二流包装、三流价格”。

## （三）包装的策略

### 1. 类似包装策略

类似包装又称系列包装或统一包装，是指一个企业将其所生产的各种不同产品，在包装外形上采用相同的图案、近似的色彩或其他共同的特征，使顾客容易识别是同一家企业的产品。类似包装有利于节约包装设计成本，在新产品上市时，能借助企业的信誉消除消费者对新产品的不信任感，增加企业的声誉。类似包装适宜品质接近的产品，如果产品质量差异过大，就会对优质产品带来不利影响。

### 2. 组合包装策略

组合包装是指企业将几种有关联的产品组合在一起，置于同一个包装容器内。例如，把盆、碗、杯、碟、勺等餐具组合在一起，放在一个包装物内出售。组合包装的优点是有利于新产品和其他产品放在一起销售，使消费者在不知不觉中接受新观念、新设想，逐渐习惯使用新产品，便于消费者购买和使用。

### 3. 等级包装策略

等级包装是指企业把产品按价值、质量的不同分成若干等级，优质高档的产品采用优等包装，一般产品采用普通包装。等级包装使包装的价值和质量相称，表里一致，方便购买力不同的消费者按需选购。

### 4. 再使用包装策略

再使用包装又称双重用途包装，即原包装的商品用完后，空的包装容器可另作他用。这种做法虽增加了成本，提高了售价，但顾客感到值得。例如杯状的玻璃容器，可以用作酒杯、茶杯等。再使用包装的优点：使消费者产生好感，产生购买兴趣；在容器上印制商标，发挥广告作用，引起重复购买。但要防止成本过高，增加消费者负担。

### 5. 附赠品包装策略

附赠品包装即在包装容器内附上赠品，以引起消费者的兴趣。例如，在儿童市场上，玩具、糖果等商品附赠连环画、认字图；化妆品包装中附有赠券，积满若干后可得不同的赠品。现在，更多的商品包装内常附有奖券，中奖后可得不同的奖品。

### 6. 更新包装策略

更新包装即商品包装的改进。正如商品本身的改进对销售有重大影响一样，包装的改进也有利于促进销售。当企业的某种产品在同类产品中内在质量相似却打不开销路时，就应该注意改进包装；当一种产品的包装已采用较长时间时，也应该考虑推出新包装。采用这种策略的前提是商品的内在质量达到使用要求。如果不具备这个条件，商品的内在质量不好，那么即使在包装上做了显著改进也无助于销售的扩大。

## 【营销案例】

德芙巧克力的包装分析

## 【同步习题】

### 1. 单项选择题

(1) 产品组合的宽度是指产品组合中所拥有（　　）的数目。

A. 产品项目　　B. 产品线　　C. 产品种类　　D. 产品品牌

(2) 产品组合的长度是指（　　）的总数。

A. 产品项目　　B. 产品品种　　C. 产品规格　　D. 产品品牌

(3) 产品组合的（　　）是指一个产品线中所含产品项目的多少。

A. 宽度　　B. 长度　　C. 关联度　　D. 深度

(4) 产品生命周期由（　　）的生命周期决定。

A. 企业与市场　　B. 需求与技术　　C. 质量与价格　　D. 促销与服务

(5) 导入期选择快速撇脂策略是针对目标顾客的（　　）。

A. 求名心理　　B. 求实心理　　C. 求新心理　　D. 求美心理

(6) 成长期营销人员的促销策略主要目标是在消费者心目中建立（　　）争取新的顾客。

A. 产品外观　　B. 产品质量　　C. 产品信誉　　D. 品牌偏好

(7) 大多数企业开发新产品是改进现有产品而非创造（　　）。

A. 换代产品　　B. 全新产品　　C. 仿制产品　　D. 最新产品

(8) 新产品开发的产品构思阶段，营销部门的主要责任是（　　）、激励及完善新产品构思。

A. 收集　　B. 调查　　C. 寻找　　D. 评价

(9) 处于市场不景气或原料、能源供应紧张时期，（　　）产品线反而能使总利润上升。

A. 增加　　B. 扩充　　C. 延伸　　D. 缩减

(10) 期望产品，是指购买者在购买产品时，期望得到与（　　）密切相关的一整套属性和条件。

A. 服务　　B. 质量　　C. 产品　　D. 用途

### 2. 简答题

(1) 产品组合策略主要有哪几种？

(2) 简述成熟期的市场特点及营销策略。

(3) 什么是新产品？分析新产品开发的意义和方式。

## 【实践训练】

### 1. 实训目的

通过此次实践训练，学生应提高对产品策略重要性的认识；学会划分产品所处的生命周期阶段，并了解各阶段应该使用何种策略；增强产品品牌意识；对新产品开发中应注意的问题有初步的了解。

### 2. 实训内容

熟悉产品整体概念、产品生命周期、产品组合、新产品开发、品牌策略与包装策略的原理与应用。由小组组织市场调研，针对样本产品的整体概念、生命周期等方面收集市场信息，确定所研究产品的整体概念和生命周期阶段。根据研究结果，针对该产品的竞争和营销现状提出改进方案。

### 3. 实训步骤

以实地调查为主，并结合在图书馆和互联网上查找到的资料，集体讨论、分析，最终以报告形式呈现结果。

（1）某产品的产品整体概念可以怎样表达。

（2）该产品处于生命周期的什么阶段。

（3）该产品有何进一步开发的机会。

（4）该产品的品牌能否延伸、包装能否进一步调整。

### 4. 实训评价表

实训完成后，对实训效果进行评分，并记录在评价表中。

评价表

| 评价项目 | 分值 | 得分 |
| --- | --- | --- |
| 1. 实训计划设计合理，准备工作充分，对实训过程进行详细的记录 | 10 | |
| 2. 理论知识扎实，按照规定的实训步骤完成实训项目，逻辑清晰 | 20 | |
| 3. 组员之间能够进行有效的沟通，整个过程组织合理，语言表达准确无误，条理清晰 | 20 | |
| 4. 积极参与小组讨论，能提出建设性意见或建议 | 20 | |
| 5. 对待任务认真，严格按照计划开展实训项目，态度良好 | 20 | |
| 6. 不迟到、不早退，听从指导教师安排，不私自中途离开实训场地 | 10 | |
| 总分 | 100 | |

### 5. 注意事项

（1）实训前需明确具体的目标，如提升产品市场渗透率、增加品牌认知度、优化产品组合等，这些目标应具体、可量化，以便后续评估和调整。

（2）深入了解目标市场的需求和消费者行为，包括市场趋势、消费者偏好、竞争对手状况等，有助于更准确地制定产品策略。

# 项目八

# 制定价格决策

## 【项目导读】

通过本项目的学习，了解市场营销价格的制约因素，掌握企业定价的程序步骤和主要方法。同时，通过产品创新和品牌建设来提供独特的价值，减少价格战对企业的负面影响。

在未来的价格战中，企业需要综合考虑成本控制、产品差异化、客户忠诚度和多元化策略等因素，以确保在激烈的市场竞争中立于不败之地。同时，未来的市场竞争可能更多地转向价值战，企业需要通过提升整体价值来赢得消费者和市场。

## 【学习目标】

- 知识目标

(1) 了解市场营销价格的制约因素。

(2) 掌握企业定价的程序步骤。

(3) 掌握企业定价的主要方法。

- 能力目标

(1) 培养掌握并熟练运用企业定价方法的能力。

(2) 培养企业面对市场价格变动时的基本营销分析和策划的能力。

- 素质目标

(1) 培养营销人员具备应对市场定价的基本素质。

(2) 引导学生正确面对营销工作，培养学生的良好品质。

## 【学习指南】

### 1. 知识结构图

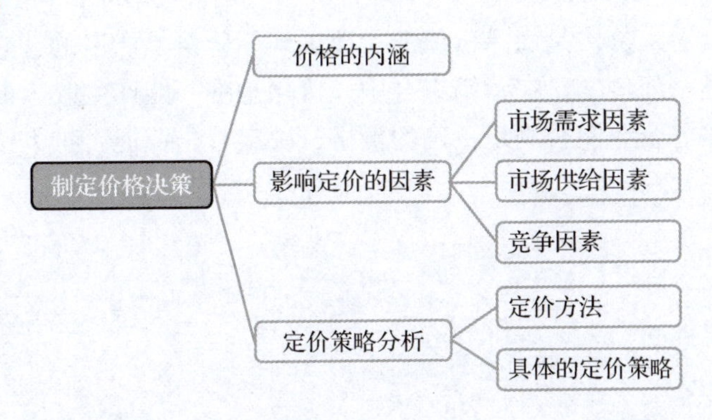

**2. 重难点内容**

（1）重点：影响定价的市场需求因素、市场供给因素、竞争因素等；成本导向定价法、需求导向定价法、竞争导向定价法等多种定价方法。

（2）难点：折扣定价策略、新产品定价策略、地区定价策略、心理定价策略、差别定价策略等多种定价策略。

**【问题导入】**

在面临预算3 000～4 000元的冰箱购买选择时，消费者总是期望能买到质量好且耐用的产品。在众多品牌中，美菱BCD－415WPU9CY、海尔BCD－535WGHSSEDS9和容声BCD－452WD12FP这几款品牌和型号的冰箱性价比都很高。此时，该如何考虑呢？

**【案例导入】**

### 元气森林的“外星人WAVE”风味水饮料

2024年，元气森林宣布新推出了一款“外星人WAVE”风味水饮料。据了解，该产品是一种含有电解质的风味水饮料，具有淡淡的柠檬口感。同时，在价格上这款产品600 mL规格定价仅为3元左右，这个价位无疑让人眼前一亮。相较于品牌内其他5～6元的主流产品，以及市面上同样主打“补水”的电解质水饮料和椰子水，“外星人WAVE”的价格更具亲和力。主打“性价比”的它，满足了下沉市场消费者对电解质水饮料的需求，成为其最佳平替。

除了上线的新产品，元气森林的“老产品”价格也在进一步下探。此前，元气森林乳茶系列的终端零售价在10元左右，但在2023年，元气森林对乳茶系列在包装、口味、价格上都进行了调整，新产品定价降至6元左右，并且仅用3个月时间，就实现了破亿业绩。同时，元气森林冰茶系列900 mL规格的产品定价仅为5元，与康师傅冰红茶1 L装零售价格保持一致。

（资料来源：澎湃网，2024－05－16）

**【知识准备】**

## 任务一　价格的内涵

从经济学的角度看，价格是商品价值的货币表现。价格是严肃的，它与实现企业利润密切相关，因而定价是一门科学。在营销组合中，价格是唯一能产生收入的因素，而其他的营销因素均表现为成本。企业能否制定正确的价格，决定着企业能否扩大销售、增加利润和提高市场占有率。

# 任务二　影响定价的因素

影响定价的因素有市场需求因素、市场供给因素和竞争因素。

## 一、市场需求因素

影响定价的市场需求因素主要与目标市场的性质以及消费者对价格变化的预期反应有关。主要有三类因素：人口统计因素、心理因素和价格弹性因素。

### （一）人口统计因素

在企业最初选择目标市场时，通常要考虑一些人口统计因素，对定价决策至关重要的人口统计因素包括以下几种。

（1）潜在购买者的数量、年龄、受教育程度和性别。

（2）潜在购买者的生活居住地点。

（3）潜在购买者的地位（企业采购者或最终消费者）。

（4）潜在购买者的预期消费速度。

（5）潜在购买者的经济能力（购买力）。

这些因素有助于企业评估市场潜力，对于估计各种价位下的预期销售量很有用处。

### （二）心理因素

与定价有关的心理因素主要涉及消费者对各种价格或价格变化的感觉和反应。

（1）感知价值。消费者对产品或服务的感知价值会影响他们对价格的接受程度。如果消费者认为产品或服务的价值高于价格，他们更愿意接受较高的价格。因此，企业可以通过提升产品或服务的感知价值来支持较高的定价策略。

（2）参考价格。消费者通常会将当前价格与过去购买相同或类似产品时所支付的价格进行比较。如果当前价格低于参考价格，消费者可能会感到获得了优惠，更愿意购买。

（3）心理定价。心理定价是指通过调整价格来影响消费者对产品或服务的感知。例如，将价格设定为99.99元而不是100元，可以给人一种更低廉的感觉。心理定价策略可以激发消费者的购买欲望，并提升销售额。

（4）品牌形象。品牌形象对于消费者对产品或服务的认可和信任程度有重要影响。如果品牌具有高端、高质量的形象，消费者可能更愿意接受较高的价格。

（5）心理预期。消费者对产品或服务的期望也会影响他们对价格的接受程度。如果消费者期望产品或服务能够满足他们的需求并提供额外价值，他们可能更愿意接受较高的价格。

综上所述，心理因素在定价中起着重要作用。企业需要了解消费者的心理需求和心理预期，并通过合适的定价策略来满足这些需求，从而提升销售额和市场份额。

### （三）价格弹性因素

价格弹性是指商品或服务的需求对价格变化的敏感程度。它衡量了消费者对价格变化的反应程度，即当商品或服务的价格上涨或下降时，消费者购买数量的变化幅度。

价格弹性可以分为以下几种类型。

（1）完全弹性（完全敏感）：当价格发生微小变动时，需求量会发生无限大的变化。这种情况下，消费者对价格非常敏感，他们会完全改变购买行为。完全弹性通常在市场上有很多替代品时出现。

（2）弹性（敏感）：当价格发生变动时，需求量会有较大幅度的变化。这种情况下，消费者对价格较为敏感，他们可能会减少购买数量或寻找替代品。

（3）半弹性（部分敏感）：当价格发生变动时，需求量会有一定程度的变化。这种情况下，消费者对价格有一定程度的敏感性，但不会完全改变购买行为。

（4）不弹性（不敏感）：当价格发生变动时，需求量几乎不会发生明显的变化。这种情况下，消费者对价格不太敏感，他们可能会继续购买相同数量的商品或服务。

价格弹性的计算公式：价格弹性＝需求量变化的百分数/价格变化的百分数。根据计算结果，可以确定商品或服务的价格弹性类型，从而帮助企业制定合适的定价策略。

## 二、市场供给因素

影响定价的市场供给因素主要与定价目标、成本费用和产品性质三个因素有关。

### （一）定价目标

从市场营销学的角度看，价格随着市场供求、竞争情况的变化而变化。所谓定价目标是指企业通过制定特定水平的价格，凭借价格产生的效用达到预期目的。

定价目标包括以下几种类型。

（1）以获取当前最高利润为定价目标。这一目标的侧重点是短期内获得最大利润和投资回报率。其前提：①企业的生产技术和产品质量在市场上居领先地位；②同行业中竞争对手的力量较弱；③商品供不应求。

（2）以提高市场占有率为定价目标。这一目标的着眼点是追求长期利润，取得控制市场的地位。市场占有率是指企业产品销售量在同类产品市场销售总量中所占的比重，是企业经营状况和产品竞争力状况的综合反映，关系到企业的兴衰。

（3）以应对或防止竞争为定价目标。这一目标的着眼点是定价时必须广泛收集资料，分析竞争对手的定价策略及竞争对手的可能反应，将本企业的产品质量、规格、价格等与竞争者相比较，最后制定出有利于应付或防止竞争的价格。

（4）以维持企业生存为定价目标。这一目标的着眼点是企业大都制定低价和大幅折扣，只要价格能收回变动成本和一些固定成本，就可维持营业。

（5）以维持高品质产品形象为定价目标。这一目标的着眼点是企业必须制定高价，一方面使顾客产生优质产品的印象，另一方面收回优质产品生产和研发的高额费用。名牌商品多采用这种定价目标。

### （二）成本费用

（1）固定成本费用：在既定生产经营规模范围内，不随产品种类及数量的变化而变化的成本费用，包括照明空调费用、产品设计费用、市场调研费用、管理人员工资等各项支出。

（2）变动成本费用：随产品种类及数量的变化而相应变动的成本费用，包括原材料费用、运输费用、储存费用、生产工人工资及部分市场营销费用。

（3）总成本费用：全部固定与变动成本费用之和。定价时要使总成本费用得到补偿，就需要价格不能低于平均成本费用。

（4）平均成本费用：单位产品的平均成本费用。价格不能低于平均成本费用，这仅是获利的前提条件。平均成本费用的计算公式：平均成本费用=总成本费用/总产量。

### （三）产品性质

很多产品特征都可以影响定价，产品特征与定价之间存在密切的关系。以下是一些常见的产品特征对定价的影响。

（1）品质和性能。产品的品质和性能是影响定价的重要因素之一。高品质和卓越性能的产品通常可以支持较高的价格，因为消费者愿意为更好的体验和性能支付额外费用。相反，低品质或基本功能的产品可能会以较低价格销售。

（2）创新性。创新性是指产品在技术、设计或功能方面具有新颖和独特之处。创新产品通常可以支持较高的价格，因为它们满足了消费者对新鲜感和独特体验的需求。

（3）独特性。如果产品具有独特性、与众不同或难以替代，企业可以通过设置较高的价格来反映其独特价值。消费者可能愿意为这种独特性支付更高的价格。

（4）品牌知名度。品牌知名度对于消费者对产品或服务的认可和信任程度有重要影响。知名品牌通常可以支持较高的价格。

（5）附加服务或价值。如果产品提供额外的服务、保修、技术支持或其他附加价值，企业可以通过设置较高的价格来反映这些附加服务或价值。

## 三、竞争因素

企业在设定或改变价格时，必须考虑竞争对手以及竞争对手如何对产品价格做出反应。必须考虑下列问题。

（1）竞争对手的数量。

（2）竞争对手的规模。

（3）竞争对手的地点。

（4）竞争对手进入该行业的条件。

（5）竞争对手纵向整合的程度。

（6）竞争对手所销售的产品数量。

（7）竞争对手的成本构成。

**【营销案例】**

瑞幸9.9元活动再缩水，应理性看待咖啡行业价格战

# 任务三 定价策略分析

## 一、定价方法

### （一）成本导向定价法

成本导向定价法是以产品成本为定价基本依据，体现卖方意图的定价策略。在以成本为中心的定价方法中，企业主要考虑产品的成本因素，而不考虑或很少考虑市场需求和竞争等方面的因素。其特点是简便、易用。

成本导向定价法主要包括以下几种。

#### 1. 成本加成定价法

采用这种方法，就是计算产品的所有变动费用，合理分摊相应的固定费用，再加上一定的预期利润。这种定价方法由两个要素决定：一是成本，是指包括固定成本和变动成本的总成本；二是加成，即利润，利润率是利润相对于成本的成效，如10%为一成，100%为十成。计算公式如下：

$$价格=总成本+预期利润$$

$$总成本=固定成本+变动成本$$

$$预期利润=总成本\times利润率$$

$$单位产品价格=\frac{总成本+预期利润}{件数}$$

例如，生产某一产品时成本费用如下：

| | |
|---|---|
| 固定成本 | 20 000 元 |
| 变动成本（销售量8 000件×2元/件） | 16 000 元 |
| 总成本 | 36 000 元 |
| 利润率为20%时的利润 | 7 200 元 |
| 总成本加利润 | 43 200 元 |

$$单位产品价格=\frac{43\ 200}{8\ 000}=5.4(元)$$

这种方法的优点是计算简便。

这种方法的缺点有以下两方面。

（1）很少考虑商品的需求变化情况，缺乏灵活性。

（2）真实性有限，因为在许多情况下难以将总成本精确地分摊到各种产品上。

西方国家的零售业大都采用成本加成定价法，对各种商品加上预先规定的不同幅度的加成。比如，百货商店一般对烟类加成20%，照相机加成28%，书籍加成34%，衣物加成41%，珠宝饰品加成46%，女帽类加成50%等。

#### 2. 变动成本定价法

变动成本定价法又称边际贡献定价法。它只计算变动成本，暂不计算固定成本，而以预期的边际贡献适当补偿固定成本并获得利润。如果边际贡献小于固定成本，企业将出现亏损。但在某些特殊的市场情况下，即使企业停产、减产，仍得如数支出固定成本，倒不如维

持生产，只要产品销售价格大于单位变动成本，就有边际贡献。若边际贡献超过固定成本，企业还能取得盈利。计算公式为

$$价格=变动成本+边际贡献$$

例如：生产某产品固定成本为20 000元，单位变动成本为1.2元，预计销售量为20 000件。根据市场条件，企业只能把产品售价定为2元/件。那么，在这一价格水平下，企业是亏损还是盈利？

$$边际贡献=销售收入-变动成本$$

$$企业销售收入=2\times20\ 000=40\ 000(元)$$

$$变动成本=1.2\times20\ 000=24\ 000(元)$$

$$边际贡献=40\ 000-24\ 000=16\ 000(元)$$

### 3. 收支平衡定价法

这种方法是指利用收支平衡点来确定价格水平，即销售量在某一数量时，价格需要制定多高，才不至于使企业发生亏损；反过来说，已知价格在某一水平时，该种产品应销售多少件，才能保本。计算公式为

$$单位产品售价=\frac{总成本}{销售量}$$

$$收支平衡销售量=\frac{固定成本}{单位产品售价-单位变动成本}$$

例如：某产品固定成本为100 000元，单位产品的变动成本为10元/件。若销售量为2 500件时，价格最低定为多少，企业才不会亏损？又若售价为30元/件时，销售量应达到多少，企业才不会亏损？

$$单位产品售价=\frac{100\ 000+10\times2\ 500}{2\ 500}=50(元)$$

因此，若企业销售量为2 500件时，价格最低定为50元/件，企业才不会亏损。

当价格定为30元/件时，销售量为

$$销售量=\frac{100\ 000}{30-10}=5\ 000(件)$$

因此，企业在30元/件的价格水平下，销售量必须达到5 000件，企业才不会亏损。

## （二）需求导向定价法

需求导向定价法是一种以市场需求强度及消费者感受为主要依据的定价方法。

### 1. 认知价值定价法

认识价值定价法是企业根据购买者对产品的认知价值来制定价格的一种方法。

认知价值定价法的关键是企业对消费者的认知价值有正确的估计。如果估计过高，则产品定价太高，市场不能接受；如果估计太低，产品定价就低，企业无利可图。消费者的认知价值可以是消费者自发形成的，也可以是通过外因作用而形成的。企业要使某项投资获得预期利润，必须有一个预期价格和预期销售量。若消费者的认知价值和实际需求量低于预期价格和预期销售量，企业就不能获得预期盈利。因此，企业可通过营销组合中的非价格因素，如在提高质量、完善性能、增加服务、广告宣传等方面给这个产品树立一个形象，使消费者愿意接受的价格水平及认知与企业的意图相一致。

### 2. 理解价值定价法

理解价值定价法是根据消费者理解的某种商品的价值，也就是根据买主的价值观念，而不是卖方的成本来定价的方法。企业运用营销组合，特别是其中的非价格因素来影响消费者，使他们对商品形成一种价值观念，然后，企业根据这种价值观念制定价格。简单地说，就是根据消费者为获得某种商品愿意支付多少来确定价格，即根据市场调研资料，先确定一个能销售该商品总量的零售价，再据此推算批发价和出厂价。由于这种方法是先确定零售价，再推算出批发价和出厂价，因此，这种方法常常又称反向定价法。

### 3. 区分需求定价法

区分需求定价法是指同一产品，对于不同需求的顾客，采用不同的价格。也就是说，价格差异并非取决于成本的多少，而是取决于顾客需求的差别、时间差别等。一般是以该产品的历史价格为基础，根据市场需求的变化情况，在一定的幅度内变动价格，以致同一商品可以按两种或两种以上价格出售。

（1）对不同的消费群体，可以规定不同的价格。可以根据不同消费者群的购买能力、购买目的，制定不同的价格。例如，火车站对学生制定特别优惠价；有的公园和旅游景点对国内游客和国际游客收取不同的价格费用。

（2）对式样不同的同种商品，可以规定不同的价格。质量和规格相同的同种商品虽然成本不同，但是企业定价时，并不根据成本不同按比例定价，而是按外观和式样不同来定价。花色陈旧的，定价较低；式样新颖的，定价就高。

（3）对不同的销售地区，可以规定不同的价格。剧院、运动会等的票价因座位不同，其价格也不同。

（4）对不同的季节、时间，可以规定不同的价格。

### （三）竞争导向定价法

企业在制定价格时，主要以竞争对手的价格为基础，与竞争者价格保持一定的比例。这类定价法主要有以下两种形式。

### 1. 随行就市定价法

随行就市定价法是企业把自己产品的价格保持在同行业平均价格水平上的定价方法，实际上，就是按竞争者现行或类似价来定价。这种定价方法使企业容易与同行业和平相处，避免激烈竞争。

在竞争激烈的同一产品市场中，随行就市可以减少风险。假如一个企业定价高，就会失去顾客，因为别的企业不一定会跟着提价；如果企业定价低，别的企业可能跟着降价，需求和利润仍不会增加。所以，随行就市就成了最为稳妥的一种定价方法。

### 2. 招标投标定价法

招标投标定价法又称密封递价法。这种定价方法主要适用于建筑施工、工程设计、设备制造、政府采购等需要投标以取得承包合同的项目。

## 二、具体的定价策略

在市场环境复杂多变、市场竞争日益激烈的条件下，要使企业收到良好效果，必须灵活运用定价策略。策略与方法配合使用，将有益于实现既定的定价目标。具体的定价策略包括以下几种。

### （一）折扣定价策略

折扣定价策略是企业为了鼓励顾客及早付清货款、大量购买、淡季购买而酌情降低基本价格的策略。折扣定价策略有以下几种形式。

#### 1. 现金折扣

现金折扣是指企业对那些按约定日期付款或提前付款的顾客给予一定的折扣，特别是针对迅速付款的购买者。

#### 2. 数量折扣

数量折扣是指根据购买数量的多少分别给予大小不同的折扣，以鼓励大量购买。数量折扣分为非累计数量折扣和累计数量折扣。例如，报纸给当地零售商提供优惠：凡一年内在该报刊登整版广告 10 次者，有 10% 减价优惠，超过 20 次为 15%，超过 30 次为 20%。

#### 3. 季节折扣

季节折扣是指对在销售淡季购买产品的客户提供的价格优惠，以促使销售商在一年四季保持稳定的生产。例如，旅行社和航空公司在旅游淡季通常都给顾客一定的折扣优待，目的是使自己的设备能够充分利用，提高经济效益。

#### 4. 功能折扣

功能折扣又称贸易折扣或商业折扣，是制造商给某些批发商和零售商的一种额外折扣，促使他们执行某种市场营销功能，如销售、储存记账等。制造商常常根据各类中间商在市场营销中的功能的不同，给予大小不同的折扣。

#### 5. 以旧换新折扣

以旧换新折扣是指企业收进顾客同类商品的旧货，在新货价格上给予折扣。

### （二）新产品定价策略

#### 1. 撇脂定价

撇脂定价是指在产品生命周期的最初阶段，把产品的价格定得很高以获取最大利润。

#### 2. 渗透定价

渗透定价是指企业把其创新产品的价格定得较低，以吸引大量顾客，提高市场占有率。渗透定价较撇脂定价更具竞争性，能有效地排斥竞争者的加入，从而使企业的产品长期占领市场。

#### 3. 满意定价

满意定价是介于撇脂定价和泽透定价之间的一种定价策略，它所制定的价格既可以使企业获得相当的利润，又使顾客感到合理。总之，就是企业满意，顾客也满意。有些企业在竞争中处于优势地位，有条件采用撇脂定价以获得尽可能大的利润，但为了使各方面都满意，从长远利益考虑，还是采用了满意定价策略，制定出一个使双方均可接受的合理的价格。

### （三）地区定价策略

地区定价策略又称地理定价策略，企业定价中一个不能忽视的重要因素是运输费用，而如何考虑运输费用，就是地区定价要解决的问题。

#### 1. 统一交货定价（邮资定价）

统一交货定价是指企业对于卖给不同地区顾客的产品均按照出厂价加平均运费定价，实行不同地区统一定价。由于与邮政服务类似，所以又称邮资定价。其优点：①适用于运费低廉，特别是运输费用占变动成本比例小的商品，如电子元件等；②能够吸引远方购买者，扩大销售范围；③定价比较容易；④能够保持不同地区统一定价。

#### 2. 分区定价

分区定价是指销售商将市场划分为若干价格区，以每一个区域与销售商距离的远近分别制定不同的地区价格，而在各区域内则实行统一定价。这种方法与邮政包裹、长途电话收费相似。其优点是定价简便，大体合理。

#### 3. 基点定价

基点定价是指以基点所在地而不是以工厂所在地决定价格，提高了工厂附近顾客的总价格，降低了离工厂较远顾客的总价格。如果所有销售商都采用同一城市作为基点，那么所有顾客的价格就是平等的，这有利于消除价格竞争。在现实生活中，许多企业为了提高企业竞争力，会选择许多基点，并按距离顾客最近的基点计算运费。这种方法的使用须具备以下条件：①产品笨重，运费占成本比例很高；②市场范围大，购买者分布广；③产品需求弹性小。

其优点是有利于商品扩展到远方市场，增加竞争力；缺点是对邻近地区购买者相对不利。

### （四）心理定价策略

心理定价策略主要是零售商针对顾客的消费心理采用的定价策略。常用的策略有以下几种。

#### 1. 声望定价

声望定价是指针对消费者“价高质必优”的心理，对在消费者心目中享有声望、具有信誉的产品制定较高的价格。对于一些有名望、名气大或名牌产品，企业在出售时，价格可以比一般商品稍高些，这就是声望定价。这类商品为了提高其形象，往往采用整数定价。

#### 2. 招徕定价

招徕定价是一种基于低价格吸引消费者并建立市场份额的定价策略。招徕定价通常适用于市场竞争激烈、价格敏感或企业希望快速扩大市场份额的情况。通过招徕定价，企业可以吸引那些追求实惠和折扣的消费者，并在竞争激烈的市场中获得竞争优势。

北京地铁有家每日商场，每逢节假日都会举办“一元拍卖活动”，所有拍卖商品均以一元起价，每次报价增加五元，直至最后成交。这种由每日商场举办的拍卖活动，由于基价定得过低，最后的成交价就比市场价低得多，因此会给人们一种“卖得越多，赔得越多”的感觉。实际上，该商场用的是招徕定价策略。它以低廉的拍卖品活跃商场气氛，增大客流量，从而带动了整个商场的销售额上升。这里需要说明的是，应用此策略所选择的降价商品，必须是顾客都需要，而且市价为人们所熟悉的才行。

#### 3. 尾数定价

尾数定价是指保留价格尾数，采用零头标价，给人以便宜感和信赖感，往往会带来大量需求。

例如，一些商品定价是998元而不是1 000元，使人感觉价格保留在较低档次，并感觉标价精确而且便宜。这是根据消费者的购买心理制定的策略，当价格处于整数分界线上时，商家宁可定在分界线以下，给人一种“大为便宜”的感觉。但有时却定在分界线上，如一些商品定价为1 000元而不是998元，就使价格上升到较高一级档次，借以满足消费者追求高消费的心理。此外，在有的时候，价格尾数定为六或八，合乎风俗习惯的要求，也可促进购买。

心理学家的研究表明，价格尾数的微小差别，能够明显影响消费者的购买行为。一般认为，五元以下的商品，末位数为 9 最受欢迎；五元以上、百元以下的商品，末位数为 95 效果最佳；百元以上的商品，末位数为 98、99 最为畅销。尾数定价法会给消费者一种商品价格是经过精心计算的、是最低价格的心理感觉；有时也可以给消费者一种像是原价打了折扣、商品便宜的感觉；同时，顾客在等待找零钱的时候，也可能会发现并选购其他商品。

#### 4. 习惯定价

市场上许多产品，由于销售已久，形成一种习惯价格或便利价格，消费者习惯于按此价格购买。对此类产品，任何生产者想要进入市场，必须依照习惯价格定价，这就是习惯定价法。采用习惯定价法时，即使生产成本降低，也不能轻易减价，减价易引起消费者对品质的怀疑；若成本增加也不能轻易涨价，只能靠薄利多销弥补损失。

### (五) 差别定价策略

为了使企业产品的价格适应各类市场的特殊性，企业常采用差别定价策略。差别定价是指企业按照两种或两种以上不反映成本费用比例差异的价格销售某种产品或服务。差别定价有以下几种形式。

#### 1. 顾客差别定价

顾客差别定价是指企业按照不同的价格把同一种产品卖给不同的顾客。

因职业、年龄、阶层等原因，顾客有不同的需求，企业定价时采用相应优惠或相应提高价格的策略。

#### 2. 产品形式差别定价

产品形式差别定价是指产品款式不同或型号不同则有不同的价格，且不同款式产品的售价之差与其成本之差并不成比例。例如，某企业生产两种电熨斗，一种比另一种仅多一个显示热度的小红灯，尽管两者成本的差额不到一元钱，但价格差异却达到五元钱。

在日常生活中，有的主产品必须与附属产品配合使用，比如照相机（主产品）和胶卷(附属产品)。照相机和胶卷配套使用才能发挥作用，满足人们照相留念的需求，它们就是连带品。因而在定价上，不能把主附产品分离考虑，而应组合考虑。通常，主附产品定价策略是将附属产品的价格定得很低，利用主产品的高额加成或大量消费来增加利润。在服务行业中，这种策略称为两部分定价，即将服务分成固定费用和可变的使用费用。其定价策略是使固定费用低到足以吸引人使用其服务，从可变的使用费用中获取利润。如游乐园通常收取较低的入场费，期望通过场内的各种可选消费获利。

某服装店对某型号女装制定了 260 元、340 元、410 元三种价格，在消费者心目中形成了低、中、高三个档次。人们在购买时，就会根据自己的消费水平选择不同档次的服装。如果一味地定成一个价格，效果就不好了。一般情况下，如果相邻两种型号的商品价格相差大，买主多半会买便宜的；如果价格相差较小，买主倾向于买贵的。

#### 3. 地点差别定价

地点差别定价是指同一种商品在不同地理位置的市场上定价有差异，即使所提供的每个地点的成本是相同的。例如，飞机前舱票价高而后舱票价低；影剧院按不同的座位收取不同的座位价格。

#### 4. 销售时间差别定价

销售时间差别定价是指对于不同季节、不同时期甚至不同终点的产品或服务分别制定不同的价格。如长途电话、电报白天用户多所以定价高，晚上用户少所以定价低。

日本东京银座美佳西服店为了销售商品，采用了一种折扣销售方法，颇获成功。具体方法如下。先发公告介绍某商品品质性能等一般情况，再宣布打折扣的销售天数及具体日期，最后说明打折方法：第一天打九折，第二天打八折，第三、第四天打七折，第五、第六天打六折，依次类推，直到第十五、第十六天打一折。这个销售方法的实践结果显示，第一、第二天顾客不多，来者多半是来探听虚实和看热闹的；第三、第四天人渐渐多起来；第五、第六天打六折时，顾客像洪水般地涌向柜台争购。以后连日爆满，没到一折售货日期，商品早已售罄。这是一则成功的折扣定价策略，妙在准确地抓住顾客购买心理，有效地运用折扣售货方法。人们当然希望买质量好又便宜的商品，最好能买到二折、一折价格出售的商品，但是有谁能保证想买时还有货呢？于是出现了头几天顾客犹豫，中间几天抢购，最后几天买不到者惋惜的情景。

海南航空公司服务营销策略，应该从哪几个方面提高？

#### 5. 用途差别定价

根据顾客购买产品或劳务的用途不同，给予不同定价，以鼓励某一方面需求的增长。如我国对工业用电和民用电、工业用水和民用水都定了不同的价格。

### 【同步习题】

#### 1. 单项选择题

（1）在商业企业中，很多商品的定价都保留了零头，这种心理定价策略称为（　　）。

A. 尾数定价　　B. 招徕定价　　C. 声望定价　　D. 习惯定价

（2）为鼓励顾客购买更多物品，企业给那些大量购买产品的顾客的一种减价称为（　　）。

A. 功能折扣　　B. 数量折扣　　C. 季节折扣　　D. 现金折扣

（3）企业利用消费者因仰慕名牌商品或名店声望所产生的某种心埋，对质量不易鉴别的商品的定价最适宜用（　　）法。

A. 尾数定价　　B. 招徕定价　　C. 声望定价　　D. 反向定价

（4）非整数定价一般适用于以下哪类产品？（　　）

A. 价值较高　　B. 高档　　C. 价值较低　　D. 奢侈

（5）（　　）策略利用消费者求廉求实的心理，以低价迅速打开产品销路，夺取较大的市场份额，从而在消费者心目中树立起价廉物美、经济实惠的形象，以赢得消费者的信赖。

A. 撇脂定价　　B. 渗透定价　　C. 满意定价

#### 2. 多项选择题

（1）在折扣与让价策略中，常见的是（　　）。

A. 交易折扣　　B. 季节折扣　　C. 数量折扣　　D. 现金折扣

（2）在投标过程中，投标商对其价格的确定主要是依据（　　）制定的。

A. 对竞争者的报价估计　　B. 企业自身的成本费用

C. 市场需求　　D. 边际成本

（3）新产品定价策略有（　　）。

A. 撇脂定价　　B. 渗透定价　　C. 满意定价　　D. 现金折扣

### 3. 简答题

（1）影响定价的因素有哪些？

（2）心理定价策略有哪些？

## 【实践训练】

### 1. 实训目的

（1）通过本次实训，学员能够掌握企业定价的核心要义，提高面对市场价格变动时的基本营销分析和策划的能力。

（2）在未来的工作中，学员可以运用所学知识，为企业制定有效的产品定价方案，提高企业的市场竞争力和市场份额。

### 2. 实训内容

设定自己是某产品的市场营销经理，针对你所经营的产品，从价格、功效、配置、品牌、售后等方面进行分析，制定定价方案。

### 3. 实训步骤

以实地调查为主，并结合在图书馆和互联网上查找到的资料，集体讨论、分析，最终以报告形式呈现结果。

（1）描述产品特征。

（2）描述定价方法。

（3）主要的客户是谁？他们的心理期望是什么？

（4）他们买多少产品，按数量和金额分别描述。

### 4. 实训评价表

实训完成后，对实训效果进行评分，并记录在评价表中。

评价表

| 评价项目 | 分值 | 得分 |
| --- | --- | --- |
| 1. 实训计划设计合理，准备工作充分，对实训过程进行详细的记录 | 10 | |
| 2. 理论知识扎实，按照规定的实训步骤完成实训项目，逻辑清晰 | 20 | |
| 3. 组员之间能够进行有效的沟通，整个过程组织合理，语言表达准确无误，条理清晰 | 20 | |
| 4. 积极参与小组讨论，能提出建设性意见或建议 | 20 | |
| 5. 对待任务认真，严格按照计划开展实训项目，态度良好 | 20 | |
| 6. 不迟到、不早退，听从指导教师安排，不私自中途离开实训场地 | 10 | |
| 总分 | 100 | |

### 5. 注意事项

（1）建立有效的沟通机制，确保团队成员之间能够及时分享信息、讨论问题和协调行动。

（2）对可能遇到的风险进行评估和预测，并制定应对措施，以便在风险发生时能够迅速应对、减少损失。

（3）需要综合考虑企业成本控制、产品差异化、客户忠诚度和多元化策略等因素，以确保在激烈的市场竞争中立于不败之地。

## 项目九

# 建立渠道决策

### 【项目导读】

本项目旨在引导学生全面深入地了解营销渠道的概念、构成及设计。首先，通过营销渠道的概念、功能、类型与构成，帮助学生理解营销渠道，构建渠道基础知识的框架。随后，项目将进一步深入解析营销渠道设计的影响因素、评价指标、设计程序以及管理能力，使学生充分认识营销渠道的构建及管理。随着科技与市场环境的变化，营销渠道发生了组织形态、功能结构、渠道关系、营销模式的创新，呈现出扁平化、伙伴型关系、区域市场细分化的趋势，本项目将重点培养学生的渠道创新意识。

### 【学习目标】

- 知识目标

(1) 了解营销渠道的概念和功能。

(2) 掌握营销渠道的类型。

(3) 了解营销渠道选择的影响因素。

(4) 掌握营销渠道的管理和组织能力。

- 能力目标

(1) 掌握营销渠道的构成。

(2) 学会设计和建立营销渠道。

(3) 具备营销渠道的管理和控制能力，以及与中间商的沟通能力。

- 素质目标

(1) 培养营销渠道的创新观念。

(2) 引导学生在未来复杂多变的市场环境中，能够保持乐观、积极的职业素养。

## 【学习指南】

### 1. 知识结构图

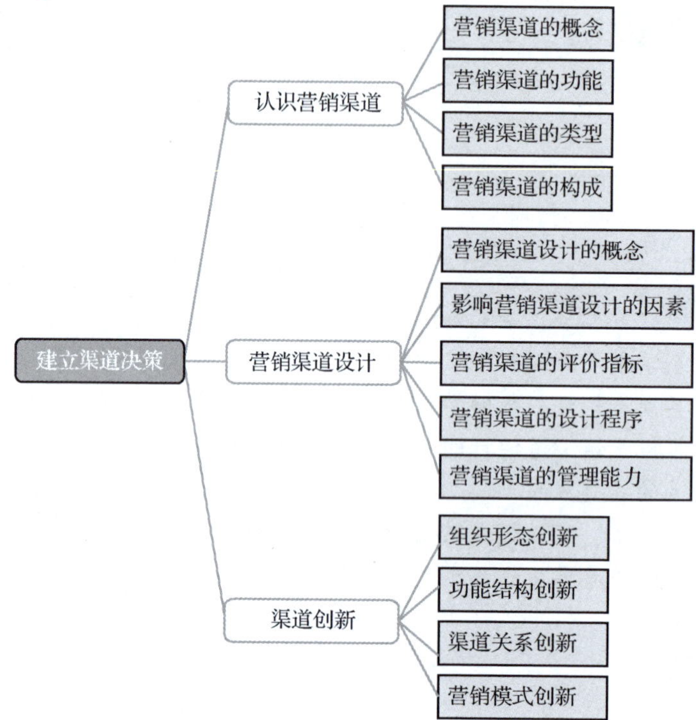


### 2. 重难点内容

（1）重点：理解营销渠道的类型、构成及营销渠道的设计。

（2）难点：能够结合营销渠道设计的影响因素进行营销渠道设计，并从渠道成员选择、渠道成员激励、渠道成员评估、渠道调整方面进行营销渠道管理。

## 【问题导入】

营销渠道对于产品信息能否准确及时地扩散到目标市场，以及产品是否能够适时地传递给顾客，具有重要的影响。谁能为顾客提供更多的价值，谁就能获得竞争优势。

（1）如何进行产品渠道方案设计？

（2）如何选择与评估企业渠道成员？

## 【案例导入】

### 京东的物流渠道

京东作为中国电商行业的领军者，其物流渠道策略堪称行业典范。京东的物流体系不仅实现了商品的快速、准确配送，更通过技术创新和模式创新，大幅提升了物流效率，降低了运营成本，为消费者提供了优质的购物体验。京东物流工厂如图9－1所示。

（1）自营物流体系：京东建立了一套完整的自营物流体系，通过在全国范围内建设大型仓库和配送中心，实现了商品的快速存储和分发。这种自营模式确保了京东对物流过程的全面掌控，从而保证了物流服务的稳定性和可靠性。

图 9－1　京东物流工厂

(2) 先进的物流技术：京东在物流技术方面持续投入，引入了大量先进的自动化设备和技术，如无人仓库、无人配送车、智能分拣系统等。这些技术的应用不仅提高了物流效率，还降低了人力成本，使京东在竞争激烈的市场中保持领先地位。

(3) 智能预测与补货：京东运用大数据和人工智能技术，对销售数据进行深度挖掘和分析，实现对未来销售趋势的精准预测。基于这些预测数据，京东能够提前进行库存调整和补货，确保商品始终保持充足的库存，满足消费者的需求。

(4) 灵活的配送模式：京东根据商品属性和消费者需求，提供了多种灵活的配送模式，如“211 限时达”“次日达”“夜间配”等。这些配送模式不仅满足了消费者的不同需求，还提高了物流的灵活性和适应性。

(5) 绿色物流：京东在物流过程中注重环保和节能，积极推广绿色包装和绿色运输。通过采用环保材料、优化运输路线、提高车辆装载率等措施，京东有效降低了物流过程中的能耗和排放，为可持续发展做出了贡献。

京东的物流渠道策略不仅为消费者提供了高效、便捷的物流服务，还通过技术创新和模式创新，推动了整个物流行业的进步和发展。这种策略不仅有助于京东保持竞争优势，也为其他电商企业提供了宝贵的经验和启示。

(资料来源：新浪财经，2024－12－14)

【知识准备】

# 任务一　认识营销渠道

## 一、营销渠道的概念

从流通的角度出发，营销渠道被定义为产品从生产者那里转移到消费者手里所经过的通道。营销渠道的起点是生产者，终点是消费者或用户。在一般情况下，产品的转移需要中间环节的帮助，这个中间环节包括各种批发商、零售商以及商业中介机构。因此，营销渠道又可理解为产品由生产领域经由中间环节或机构转移到消费领域的消费活动。从参与者的角度出发，营销渠道又可被定义为相互配合的、使产品和服务被使用或消费的一系列独立组织的集合。这就是说，营销渠道包括产、供、销整个过程中所涉及的所有企业和个人，不但包括生产者和最终消费者，还包括资源供应商和市场营销中介机构。

## 二、营销渠道的功能

### （一）信息（Information）功能

收集和传播营销环境中有关潜在和现行的顾客、竞争对手和其他参与者的营销信息。

### （二）促销（Promotion）功能

企业向消费者传播富有说服力的产品信息，以达到吸引消费者的目的。

### （三）洽谈（Negotiation）功能

尽力达成有关产品价格和其他条件的最终协议，以实现所有权或者占有权的转移。

### （四）订货（Ordering）功能

营销渠道成员向制造商（供应商）进行有购买意图的沟通行为。

### （五）融资（Financing）功能

获得和分配资金以负担渠道各个层次存货所需的费用。

### （六）承担风险（Risk Taking）功能

在执行渠道任务过程中承担有关风险（如库存风险、呆账风险等）。

### （七）物流（Physical Possession）功能

产品实体从原料到最终顾客的连续的储运工作。

### （八）付款（Payment）功能

买方通过银行和其他金融机构向生产者支付账款。

### （九）所有权转移（Title Transfer）功能

所有权从一个组织或个人向其他组织或个人的实际转移。

### （十）服务（Service）功能

服务支持是渠道提供的附加服务（如信用、交货、安装、修理等）。

## 三、营销渠道的类型

### （一）直接渠道与间接渠道

根据有无中间商参与交换活动，可以将营销渠道划分为两种最基本的类型：直接渠道和间接渠道。

#### 1. 直接渠道

直接渠道是指生产者将产品不通过任何中间商直接供应给消费者或用户的渠道模式。因为渠道环节中没有中间商的介入，所以直接渠道又称零级渠道。采用直接渠道有利于企业直接把握市场供需状况及市场发展变化趋势，及时调节生产，更好地满足目标顾客的需要；也有利于降低企业产品在流通过程中的损耗，减少销售损失；而且企业还可以通过销售过程，在市场上进行直接的促销活动。

然而，这种类型有一定的条件限制，适应范围有限。生产者直接销售商品，会耗费一定的人力、物力和财力，对集中精力进行生产活动不利。此外，生产者在承担了流通职能的同时，也承担了商品销售的风险。

**2. 间接渠道**

间接渠道是指产品从生产者向消费者或用户转移的过程中，要经过一个或一个以上的中间商的渠道模式。承担流通职能的中间商主要有零售商、批发商和代理商。

### （二）长渠道与短渠道

营销渠道的类型还可根据生产企业的产品在从生产向消费转移过程中所经过的渠道环节或层次的多少，将营销渠道划分为长渠道和短渠道。

一般来说，产品从生产者向消费者或用户转移的过程中不通过或只通过一个中间环节的渠道称为短渠道，而通过一个以上中间环节的渠道则称为长渠道。营销渠道的长短可以按级数来划分。

（1）零级渠道（MC）：直接渠道，是指产品由生产者直接到达消费者。

（2）一级渠道（MRC）：产品由生产者通过零售商、批发商或代理商到达消费者。

（3）二级渠道（MWRC）：产品由生产者到达消费者手中，要经过两个中介机构，要么是批发商与零售商，要么是代理商与零售商。

（4）三级渠道（MAWRC）：产品从生产者最终到达消费者手中要经过三个中介机构，即代理商、批发商和零售商。

### （三）宽渠道与窄渠道

按照生产企业在营销渠道的每个层次中选用同种类型的中间商的多少，营销渠道可以分为宽渠道和窄渠道。

企业使用两个或两个以上的同类中间商销售自己的产品，产品在市场上的分销面广，称为宽渠道。一般的日用消费品（如毛巾、牙刷、开水瓶等），由多家批发商经销，又转卖给更多的零售商，能大量接触消费者，提高产品销售量。

比亚迪的营销渠道类型

企业在某一地区或某一产品门类中只选择一个中间商为自己销售产品，实行独家分销，称为窄渠道。它一般适用于专业性强的产品或贵重耐用的消费品，由一家中间商独家负责销售。

## 四、营销渠道的构成

营销渠道是实现商品销售的重要因素。营销渠道作为一种通道，可使商品实体和所有权从生产领域转移到消费领域；同时，也可作为信息传递的途径，对企业收集市场情报、商品销售信息和顾客反馈信息起到重要作用。此外，商品交换账款的支付也是在渠道中完成的。营销渠道由五个流程构成：实体流、所有权流、付款流、信息流和促销流。

### （一）实体流

实体流又称物流，是指实体产品或劳务从制造商转移到消费者和用户的过程（见图9-2）。

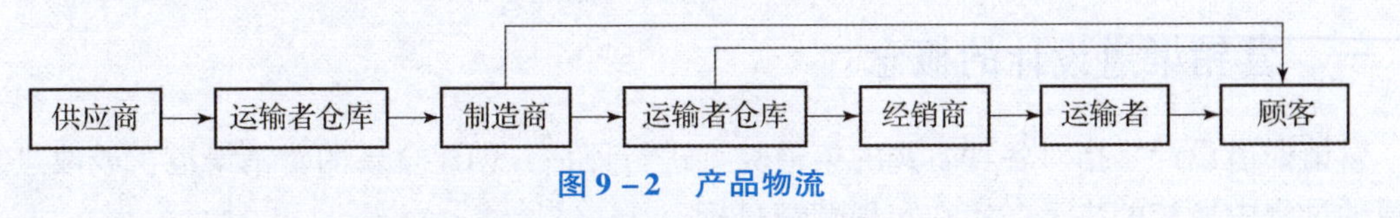


图9-2 产品物流

### （二）所有权流

所有权流又称商流，是指货物所有权从一个分销成员手中转移到另一个分销成员手中的过程（见图9-3）。

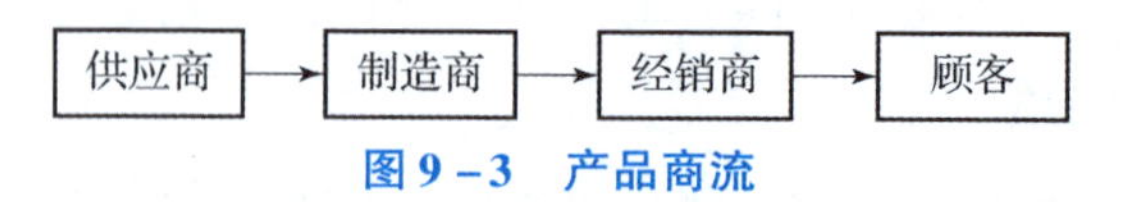


图9-3 产品商流

### （三）付款流

付款流又称货币流，是指货款在各分销成员之间的流动过程（见图9-4）。例如，顾客通过银行或其他金融机构向代理商支付账单，代理商扣除佣金后再支付给制造商。此外，代理商还需支付给运输企业及仓库。

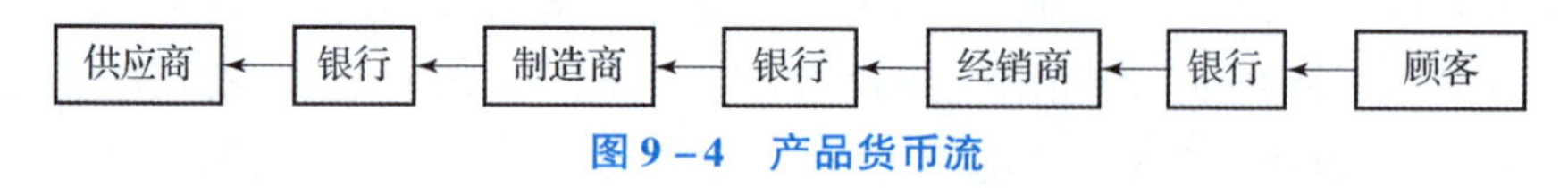


图9-4 产品货币流

### （四）信息流

信息流又称信流，是指在营销渠道中，各营销中间机构相互传递信息的过程（见图9-5）。通常渠道中每一相邻的机构间会进行双向的信息交流，而互不相邻的机构间也会有各自的信息流程。

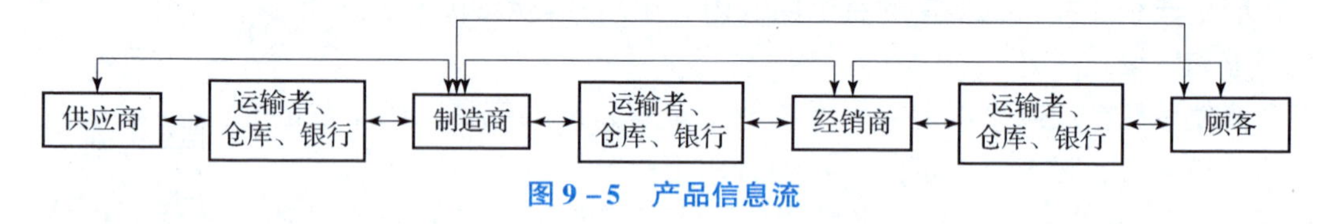


图9-5 产品信息流

### （五）促销流

促销流是指广告、人员推销、宣传报道、公关等活动由一个渠道成员对另一个渠道成员施加影响的过程（见图9-6）。所有的渠道成员都有对顾客促销的职责，既可以采用广告、公共关系和营业推广等针对大量人群的促销方法，也可以采用人员推销这种针对个人的促销方法。

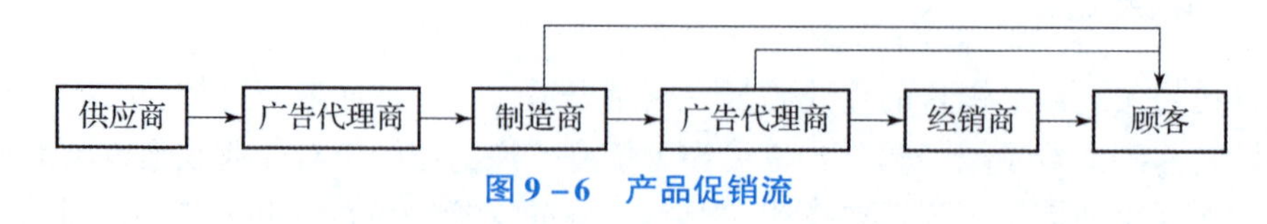


图9-6 产品促销流

# 任务二 营销渠道设计

## 一、营销渠道设计的概念

营销渠道设计是指对各种备选的渠道类型进行评估，创建全新的营销渠道，或改进现有渠道的过程中所作的决策，旨在实现营销目标。

## 二、影响营销渠道设计的因素

### （一）内部因素

影响企业营销的内部因素主要表现在企业的财务及融资能力、规模与声誉、管理能力以及公司对控制渠道的愿望。

### （二）外部因素

（1）从微观层面看，包括产品因素、中间商因素、消费者因素、竞争者因素等。

（2）从宏观层面看，主要指企业外部各种环境的变化，包括政策法规、经济因素、技术水平、地理环境、交通运输条件、民族习惯等。

## 三、营销渠道的评价指标

### （一）经济性标准

每一种渠道方案都将产生不同水平的销售和成本。建立有效的营销渠道，企业必须解决好两个问题：一个是在成本不变的情况下，采用哪种营销渠道会使销售额最高；另一个是在同一销售量的范围内，采用哪种营销渠道成本最低，是直销还是代销，一般来说，企业在刚刚进入一个市场初期，选择代理商会更好一些，可以降低成本，迅速打开市场。但是打开市场达到一定点之后，自销或寻找多家代理商是更好的选择。

### （二）控制性标准

自销通常比利用销售代理商更有利。产品的流通过程是企业营销过程的延续，从生产企业出发建立的营销渠道，如果生产企业不能对其运行有一定的主导性和控制性，那么营销渠道中的物流、商流、货币流、信息流、促销流就不能顺畅有效地进行。

### （三）适应性标准

与销售代理商签订长期合约时需谨慎行事，因为在签订期内不能根据需要随时调整渠道，将会使渠道失去灵活性和适应性。所以，涉及长期承诺的渠道方案，只有在经济效益和控制力方面都十分优越的条件下，才可以考虑。

## 四、营销渠道的设计程序

营销渠道的设计一般可分为以下几个步骤。

（1）从思想上确定渠道设计的必要性。

（2）确立营销目标。

（3）设计各类可行的渠道结构。

（4）评估影响渠道结构的因素。

（5）选择“最佳”渠道结构。

（6）选择渠道中的成员。

华为手机的营销渠道设计

## 五、营销渠道的管理能力

### （一）营销渠道成员的选择

企业对中间商一定要有具体条件的规定。一般来说，企业都要考虑中间商以下方面：实力、信誉及企业发展潜力。

实力：包括中间商的历史长短、业务人员的素质、协作精神、收现能力及获利能力。

信誉：包括历史的长短，以及合作伙伴、顾客、同行对它的评价。

发展潜力：包括经营范围、开设地点、顾客类型、购买力大小和需求特点。

【营销案例】

**小米手机的营销渠道成员选择**

小米手机，作为中国智能手机市场的知名品牌，其独特的营销策略和渠道布局一直是业界关注的焦点。在营销渠道成员的选择上，小米手机通过精准的市场定位和策略制定，成功选择了一系列高效的渠道合作伙伴，为其产品的快速推广和市场份额的扩大奠定了坚实基础。

电信运营商合作：小米手机与各大电信运营商建立了紧密的合作关系。通过与电信运营商的合作，小米手机能够借助其广泛的用户基础和渠道优势，快速覆盖目标消费群体。此外，电信运营商的定制机型和优惠套餐也为小米手机带来了更多的销售机会。

电商平台合作：小米手机积极与电商平台合作，如天猫、京东等。通过电商平台，小米手机能够触达更多的线上消费者，实现线上线下的全渠道营销。同时，电商平台的大数据分析能力也帮助小米手机更精准地了解消费者需求，优化产品策略。

线下专卖店和体验店设立：小米手机在全国范围内设立了众多线下专卖店和体验店。这些门店不仅为消费者提供了产品体验的机会，还通过举办各种促销活动和会员服务，增强了消费者与品牌的联系和忠诚度。

社交媒体合作：小米手机与众多社交媒体达人、意见领袖和网红建立了合作关系。这些合作伙伴通过发布产品评测、分享使用心得等方式，帮助小米手机扩大品牌影响力，吸引更多潜在消费者。小米微博矩阵布局如图9－7所示。

图9－7　小米微博矩阵布局

（资料来源：鸟哥笔记网，2023－06－07）

### （二）营销渠道成员的激励

制造商不但要选择合适的中间商，同时还要不断地激励中间商，充分调动他们的积极性。企业不但要保证自己的利润，同时还要兼顾中间商的利益，从而达到“双赢”。制造商处理与中间商的关系时一般会采取三种方式：合作、合伙和分销规划。

合作是运用最广的一种方式。它是双方在互相满意对方的前提下，达成一种合作关系，签订合同。制造商采取正面和反面两种激励措施。正面激励措施，如较高的毛利、特殊优惠、定额奖励、销售竞赛、广告补助等；反面激励措施，如降低毛利、放慢交货等。

合伙就是与分销商建立长久稳定的合伙关系，双方联合，共同出资，建立公司，并在协议上注明双方的责任和义务。例如在市场占有率、库存情况、市场开发及信息等方面请求分销商的配合，及时反馈信息。制造商根据具体的情况给予报酬。

分销规划最先进的形式，就是统一垂直营销系统。这要求制造商必须真正了解分销商的需要、存在的问题、实力和弱点，从而制定推销方案，帮助每个分销商的经营尽可能达到最佳。麦克康门将它定义为建立一个有计划的、专业管理的纵向营销体系，把制造商和分销商双方的需要结合起来。

### （三）营销渠道成员的评估

生产商必须定期按一定标准衡量中间商的销售业绩，每隔一段时间，制造商就必须考察和评估中间商的配额完成情况、平均库存水平、装运时间、对受损货物的处理、促销方面的合作以及为顾客提供服务的情况。对表现好的予以奖励，对表现不好的予以批评，必要时可更换渠道成员，以保证营销活动顺利而有效地进行。

### （四）营销渠道的调整

营销渠道设立之后，不能任其自由发展，企业要根据外界环境的变化适时做出调整，以确保营销渠道更加健康地运转。营销渠道的调整可以从三个层次考虑：从经营的具体层次看，可能涉及增减某些渠道成员；从特定市场规划的层次看，可能涉及增减某些特定营销渠道；在企业系统计划阶段，可能涉及建立全新的营销渠道。

海尔的渠道成员评估与调整

# 任务三　渠道创新

## 一、组织形态创新

传统营销渠道的形态：生产企业—总经销商—二三级经销商—终端零售网点—最终消费者。这种金字塔形的渠道模式有着强大的市场辐射力，可以帮企业赢得更多市场份额。但传统渠道层级较多，导致生产企业与最终消费者之间的距离较大，不利于生产企业快速准确地获取用户的反馈信息；而且，多层级金字塔结构也让渠道管理的复杂程度和运营成本大大增加。在电子商务日益发达的今天，信息传递效率较弱、反应速度偏慢的传统渠道越来越不能适应市场需求。

未来渠道的组织形态将趋于扁平化，渠道长度大大缩短，结构变得短而宽，中间商环节减少，整个渠道将以消费者导向为原则进行布局。这种新型渠道的最大优点是压缩了中间环节的运营成本，形成了传统渠道望尘莫及的价格优势；而且，生产企业与最终消费者之间几乎直接对接，市场反应速度将得到质的飞跃。扁平化渠道无疑非常适合移动互联网时代的用户消费习惯，但这种新型渠道也并非没有弊端。由于渠道合作伙伴数量大大减少，对企业的市场覆盖能力提出了更高的要求。

从目前来看，渠道组织形态创新有以下几个基本方向。

（1）生产企业直接给终端零售网点供货，省略中间的经销商。

（2）生产企业直接下沉到渠道终端市场，渗透到经销商忽略的空白市场中。

（3）总经销商扩大直销比例，减少二三级经销商环节。

（4）生产企业融入大型连锁企业的商业生态圈，企业负责生产，由大型连锁企业的渠道直供终端零售网点。

（5）生产企业组建物流公司，直接向最终消费者提供物流配送服务。

## 二、功能结构创新

传统渠道的市场调研、库存、物流配送、销售等功能往往由独立的渠道成员执行，彼此间联系松散、各自为政。尽管各个渠道环节均能为营销服务，也能保持整个渠道的正常运营，但渠道资源整合程度较低，管理比较分散，对运营效率难免有所限制。

所以，未来的渠道需要在功能结构上进行创新，实现整个营销过程的系统集成管理。主要思路是通过信息化管理打破各个环节相对独立的格局，把所有渠道流程联系成一个高度灵活的系统。在这个系统中，每个环节通过共享信息数据来实现最佳协作，为精细化管理打下技术基础。如此，新型渠道就能降低渠道运营过程中的无谓消耗，实现渠道资源的最优化配置。

**【营销案例】**

瑞幸咖啡通过全渠道模式切入市场，以数字化平台为核心，迅速吸引了大量用户。其利用微信小程序、APP 等线上平台，提供便捷的点餐、支付和取餐服务；同时结合线下门店，为用户提供高品质的咖啡体验。此外，瑞幸咖啡还通过与各大品牌进行跨界合作，推出联名产品，增强品牌曝光度和用户黏性。

（资料来源：中国青年网，2024－05－17）

## 三、渠道关系创新

渠道成员之间的合作关系也是渠道创新的一个重要方向。传统的渠道管理侧重交易管理，而未来的渠道管理侧重关系管理。换言之，传统的渠道关系是一种纯粹的交易关系，各渠道成员只重视短期利益得失，而不会考虑打造百年品牌之类的长远目标。这种渠道关系很容易导致渠道成员各自为政的格局，从而引发各种渠道冲突，破坏渠道的正常秩序。

未来的渠道采取关系型管理方式，比起短期的销售利润，更重视渠道成员之间的战略合作伙伴关系。无论是渠道设计还是渠道维护，都围绕着巩固渠道战略伙伴联盟关系来展开。企商双方高度一体化，全方位协同作战，共担风险，这样才能实现企商各方以及营销渠道总体利益的最大化。从交易型关系到伙伴型关系，渠道创新还有很长的路要走。

## 四、营销模式创新

传统渠道的营销多以大中型城市为开发重心，各个大型知名企业都建立起了严密的销售渠道体系。这些优良市场如今已经趋于饱和，渠道竞争异常激烈。随着我国城市化建设的不断发展，市场重心将从一线或二线市场下沉到三线或四线市场，这本质上是一个区域市场细分化的过程。生产企业在巩固现有市场的同时，也要看准机会把营销重心下移到这些待开发的市场。

此外，企业除了革新自建渠道的营销模式外，还可以尝试与公共型营销渠道对接。公共型营销渠道是指京东、阿里巴巴、苏宁电器、家乐福超市等为多个行业的企业提供渠道服务的商业零售终端。这种渠道的最大优点就是直接连通最终消费者，同时整合了多个行业的渠道资源。企业自建渠道的市场覆盖范围通常比较有限，终端零售网点远不如公共型营销渠道。所以，企业可以将自建营销渠道纳入公共型营销渠道体系之中，借助这种庞大的营销渠道来提升自己的销售能力。

通过这四个方面的创新，企业营销渠道将彻底改变传统运营方式，这也对渠道管理提出了更多、更高的要求。

总之，渠道创新没有绝对正确的模式，唯一的根本原则就是因时制宜、因地制宜。只要符合生产企业与各级经销商、零售商的共同利益，能更好地满足最终消费者的市场需求，就是成功的创新。

【营销案例】

### 格力电器渠道关系创新

随着市场竞争的加剧和消费者需求的多样化，家电企业面临着越来越大的挑战。格力电器作为国内家电行业的领军企业，一直致力于通过渠道关系创新来提升市场竞争力。格力营销渠道关系如图 9－8 所示。

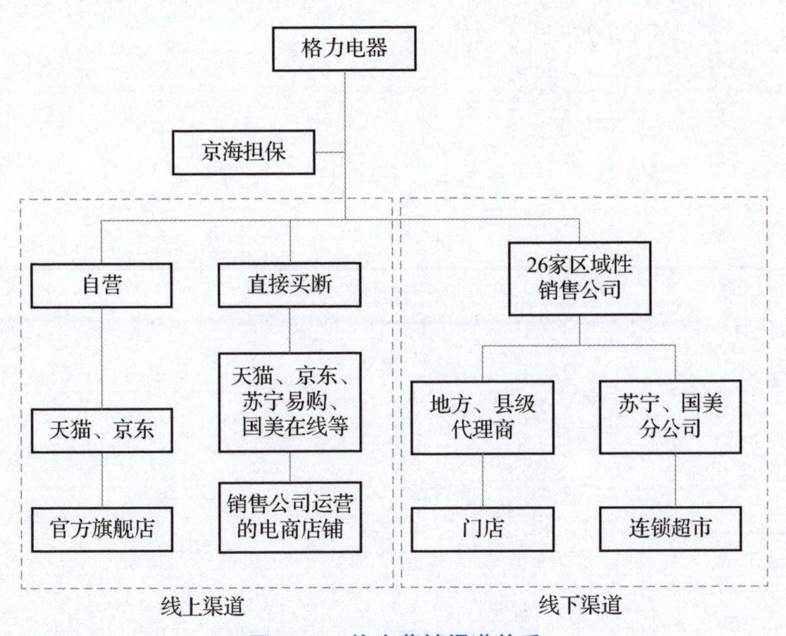


图 9－8　格力营销渠道关系

格力电器通过加强与经销商的战略合作，建立长期稳定的合作关系。提供全方位的支持，包括市场策略、产品培训、售后服务等，帮助经销商提升销售能力和服务水平。

格力电器积极打造线上线下融合的销售模式，实现线上线下的无缝对接。通过电商平台提供丰富的产品信息和便捷的购物体验，同时利用线下门店提供实物体验和售后服务。

格力电器通过与其他行业的合作伙伴共同打造“格力+”生态圈，实现资源共享和互利共赢。通过生态圈的建设，拓展销售渠道，提升品牌影响力。格力电器运用大数据和人工智能技术，对销售数据、消费者行为等进行深入分析，并根据分析结果，优化库存管理、物流配送等渠道运营环节，从而优化渠道管理，提高渠道运营效率。

案例启示：格力电器的渠道关系创新策略为家电企业提供了有益的启示。在当前市场竞争日益激烈的环境下，企业需要不断创新渠道关系策略，提升渠道运营效率和市场竞争力。同时，企业还需要加强与经销商的合作关系，实现共赢发展。此外，利用大数据和人工智能等先进技术优化渠道管理也是提升渠道运营效率的重要途径。

（资料来源：前瞻网，2024－01－24）

## 【同步习题】

### 1. 单项选择题

（1）哪种渠道类型是指生产商直接将产品销售给消费者？（　　）

A. 直接渠道　　B. 间接渠道　　C. 宽渠道　　D. 窄渠道

（2）当一个公司在同一层次使用较多的中间商来分销其产品时，这种渠道策略称为（　　）。

A. 密集分销　　B. 独家分销　　C. 选择分销　　D. 直接分销

### 2. 简答题

（1）什么是营销渠道？

（2）列举几种常见的营销渠道类型。

（3）简述选择营销渠道时需要考虑的因素。

## 【实践训练】

### 1. 实训目的

通过对一个企业的访问，了解渠道有关理论是如何在该企业产品销售中应用的。

### 2. 实训内容

以某一企业为背景，通过调查，分析其采取的营销渠道方案及进行渠道管理的方式。

### 3. 实训步骤

（1）通过对一个企业的走访，了解该企业所应用的渠道模式，以及该模式中生产企业和最终消费者的沟通方式。

（2）访问中间商，考察其渠道模式的实际运作效果，并了解中间商对企业所采取渠道管理方式的态度。

### 4. 实训评价表

（1）写出访问报告或小结，并与其他同学进行交流。

（2）撰写实践报告，内容包括实践项目、实践目的、实践内容、本人实际完成情况、实践小结等。

（3）对实训效果进行评分，并记录在评价表中。

评价表

| 评价指标 | 评分标准 | 分值 | 得分 |
| --- | --- | --- | --- |
| 前期准备 | 目标明确，资料充分，计划详细 | 10 | |
| 企业访问 | 深度广度兼备，沟通效果佳 | 20 | |
| 中间商访问 | 有效访问，深入了解 | 20 | |
| 报告撰写 | 结构清晰，内容翔实，分析深入，表达准确 | 40 | |
| 交流表现 | 报告分享清晰，互动积极 | 10 | |
| 总分 | | 100 | |

### 5. 注意事项

（1）建立有效的沟通机制，确保团队成员之间能够及时分享信息、讨论问题和协调行动。

（2）需要注意与不同层级渠道中间商的访谈侧重点，并制定相应的话术规则，以便快速应对。

（3）关注企业所属不同阶段与不同行业在设计渠道时的异同，明确渠道模式。

## 项目十

# 制定整合促销策略

## 【项目导读】

随着市场经济的快速发展，能够满足消费者同一需求的产品越来越多，产品同质化现象日益严重。那么，怎么才能让消费者从众多的同质化产品中一下子就选中本企业的产品呢？此时，就需要“整合促销策略”发挥作用。本项目将以如何制定促销策略为主线，围绕不同类型的促销方式及策略制定步骤来展开学习，既有知识的学习，也有案例的启发，更有任务的训练。

## 【学习目标】

- 知识目标

（1）理解促销的实质，掌握促销组合的构成，了解促销组合的影响因素。

（2）理解人员推销的含义，了解人员推销的基本形式，掌握人员推销策略的制定步骤；理解广告的含义，了解广告的类型，掌握广告策略的制定步骤；理解营业推广的含义，了解营业推广的类型，掌握营业推广策略的制定步骤；理解公共关系的含义，了解公共关系的类型，掌握公共关系策略的制定步骤。

- 能力目标

（1）在实际经营中能够综合运用各种促销方式来提升营销效果。

（2）能够根据营销需求制定恰当的人员推销策略、广告促销策略、营业推广策略及公共关系策略。

- 素质目标

（1）引导学生科学地使用整合促销策略，培养学生良好的职业素养。

（2）使学生在制定整合促销策略时，能够增强道德意识，争做营销道德的守卫者。

## 【学习指南】

### 1. 知识结构图

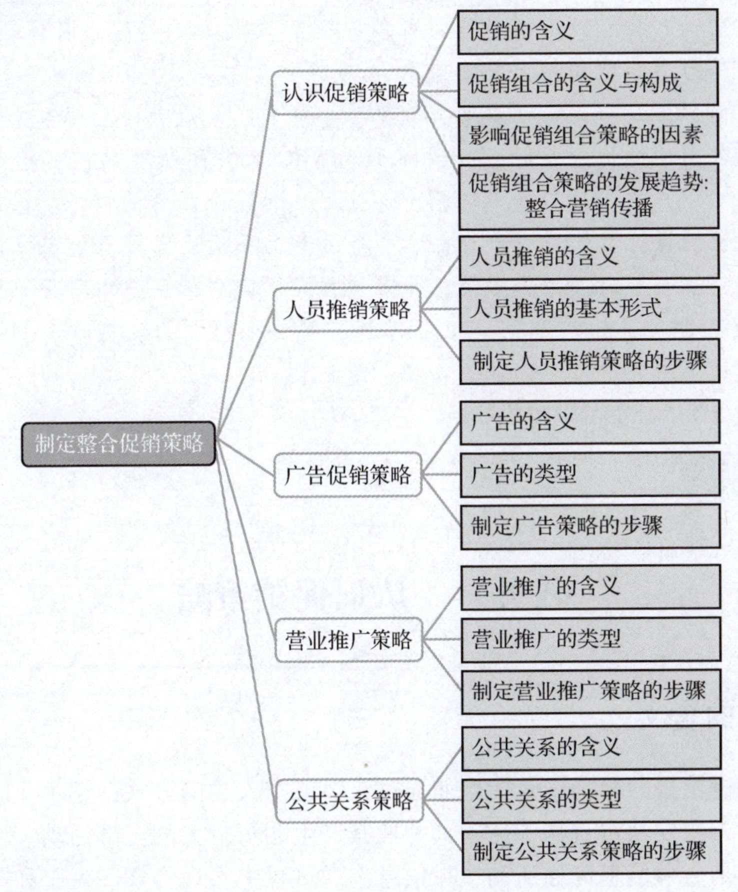


### 2. 重难点内容

（1）重点：促销组合的构成；影响促销组合的因素；人员推销、广告、营业推广、公共关系策略的制定步骤。

（2）难点：整合促销策略的发展。

## 【问题导入】

在真实的企业营销中，整合促销往往是市场营销团队花费精力最多、耗费营销预算最大的一部分，也是最容易被误解的一部分。过去百年间，信息传播技术与工具的不断创新，也催生着整合促销方式的不断创新。但万变不离其宗，只有看清整合促销的本质，才能在企业营销中更有效地运用好这一策略。那整合促销策略究竟该怎么理解呢？请带着这个疑问，开始项目十的学习。

## 【案例导入】

### TutorABC 是如何让用户一步步笃定地下单并付款的？

TutorABC 是在线英语行业的领先品牌，无论是品牌认知度还是销售体量，都非常高。TutorABC 通过大量户外大牌广告、地铁广告、电梯广告和公交车身广告，让用户认识到“在家也可以学英语”的理念，并且相信只有找欧美系的外教才能达到更高的教学品质。

当一些用户被广告激发起兴趣后，他们会上百度搜索 TutorABC 品牌名称或“在家学英语”这样的关键词，这时如果点击了 TutorABC 在百度上的链接就会被引导至 TutorABC 官网或着陆页。在页面输入自己的电话号码即可预约一节试听课。随后，课程顾问会在 30 分钟内通过电话或微信与用户联系沟通并安排试听。

在试听课之前，用户一定会在百度、知乎、小红书或大众点评上搜索关于这家公司的新闻和大家对这家公司的评价。此时，会搜到 TutorABC 公关团队在之前就已经发布的公司新闻稿件，还有真实用户发布的口碑与体验，会让用户对这个品牌的信任度再加分。

当用户进入试听课，真实感受到产品和服务的高品质后，可能已经基本做了决定，或还有一点点犹豫，需要一些时间考虑一下。此时课程顾问会告诉用户本月下单会赠送一个新款的苹果 iPad 用于上课，且如果 24 小时内下单还会有一个特别的优惠。这个临门一脚的优惠让用户更加笃定地下单并付款了。

（资料来源：《极简市场营销》，2021－03）

【知识准备】

# 任务一　认识促销策略

## 一、促销的含义

促销，是促进销售的简称，是指企业通过人员或非人员的方式，把企业的产品或服务信息传递给消费者，激发消费者购买欲望，并使其产生购买行为的全部活动。

促销的实质是一种信息沟通活动，在信息沟通过程中实现告知、说服和影响功能。

（1）告知功能：让消费者了解企业销售的产品或服务。

（2）说服功能：劝说或提醒消费者购买企业的产品或服务。

（3）影响功能：影响或改变企业在消费者心目中的形象。

## 二、促销组合的含义与构成

促销组合，是指企业根据促销的需要，将人员推销、广告、营业推广和公共关系等多种促销方式进行有机配合和综合运用。促销组合运用的好坏，关系到企业的产品或服务能否顺利地流转到消费者手中，也关系到企业经营活动的成败，这就需要对促销组合进行科学的决策。

促销组合的构成要素通常包含四种方式：人员推销、广告、营业推广和公共关系。随着媒体环境及营销技术的发展，逐渐演变出了自媒体营销、社群营销等新方式。本项目中，主要学习常规的四种促销方式。

### （一）人员推销

人员推销大体有三种基本方式：一是派出推销人员深入到客户或消费者中间，面对面地沟通信息，直接洽谈交易；二是企业设立销售门市部，由营业员向购买者沟通信息，推销产品；三是会议推销。人员推销方式具有直接、准确和双向沟通的优点。

### （二）广告

广告是指通过报纸、杂志、广播、电视等大众媒体，以及交通工具、空中气球、路牌、包装物等传统媒体，向目标顾客传递信息，使广大消费者和客户认识企业的产品、商标、服务及构想，并产生好感。广告的特点是传播面广、信息量大，可以在推销人员到达前或到达不了的地方，进行企业和商品宣传。

### （三）营业推广

营业推广是指企业为了从正面刺激消费者的需求而采取的各种促销措施，如有奖销售、直接邮寄、赠送或试用样品、减价折扣销售等。其特点是可以有效地吸引顾客，刺激顾客的购买欲望，能在短期内收到显著的促销效果。

### （四）公共关系

公共关系是指企业为了使公众理解企业的经营方针和策略，有计划地加强与公众的联系，与公众建立和谐的关系，树立企业信誉而开展的记者招待会、周年纪念会、研讨会、表演会、赞助、捐赠等信息沟通活动。其特点是不以直接的短期促销效果为目标，而是通过宣传报道等形式，使潜在购买者对企业及其产品产生好感，并在社会上树立良好的企业形象。公共关系与广告的传播媒体有些相似，但它是以客观报道形式出现的，因而能取得广告所不可取代的效果。

各种促销方式的优缺点比较见表 10－1。

表 10－1 各种促销方式的优缺点比较

| 促销方式 | 优点 | 缺点 |
| --- | --- | --- |
| 人员推销 | 推销方式灵活、针对性强，可当面成交 | 占用人数多，费用大，接触面窄 |
| 广告 | 传播面广、形象生动、节省人力 | 说服力较小，不能促成及时交易 |
| 营业推广 | 吸引力大、效果明显，可促成及时交易 | 若使用不当，会引起顾客怀疑和反感 |
| 公共关系 | 影响面广、效果持久，可提高企业的知名度和美誉度 | 需花费较大精力和财力，效果难以控制 |

## 三、影响促销组合策略的因素

### （一）促销目标

促销目标是影响促销组合决策的首要因素。每一种促销方式都有其独特的优势，其成本要求也各不相同。不同的营销目标决定了不同的促销组合。例如，当主要营销目标是提高知名度时，通常以广告为主；当主要营销目标是塑造企业良好形象时，通常选择公共关系。在实际经营中，企业营销人员需要根据具体的促销目标选择合适的促销组合。

### （二）市场特点

市场特点对促销组合决策的影响主要表现在四个方面：市场规模大小与集中程度、购买者类型、消费者行为特征、竞争对手的促销攻势等。

（1）市场规模大小与集中程度。一般来说，规模较小且相对集中的市场，以人员推销为主；规模大、范围广且分散的市场，多采用广告和公共关系。

（2）购买者类型。个人消费者和组织消费者在购买动机、决策机制等方面存在着很大的差异。对个人或家庭的普通消费者来说，应以广告和公共关系为主；而对中间商等组织消费者来说，则以人员推销配合营业推广为主。

（3）消费者行为特征。消费者处于购买决策链路的不同阶段，对促销方式的感知也会有差异。在消费者的认知阶段，广告、公共关系会比营业推广和人员推销的作用大得多，应当作为促销组合重点选择；而在消费者的成交阶段，应重点使用人员推销和营业推广的方式。

（4）竞争对手的促销攻势。对企业自身与竞争对手的实力进行分析和比较，如果整体实力强于竞争对手，可以考虑针锋相对的促销组合，反之就要避其锋芒。

### （三）产品性质

由于产品性质的差异，消费者会产生不同的购买行为和购买习惯，因而企业所采取的促销组合也会有所差异。例如，购买车房等需要多方比较、深度决策的耐用型消费品时，人员推销的作用会更大；而购买零食、糖果、饮料等冲动型快速消费品时，营业推广和广告的效果会更显著。

### （四）产品生命周期

产品生命周期不同，促销组合也不相同。在导入期，顾客对产品还不了解，投入较大的资金用于广告和公共关系，能产生较高的知名度；在成长期，顾客对产品已经熟悉，大量新顾客开始购买，广告和公共关系可以继续加强，促销活动可以适当减少；在成熟期，市场需求趋于饱和，销售增长缓慢，相对广告而言，营业推广逐渐起重要作用，广告只需起到提醒即可；在衰退期，新产品或替代品出现，公共关系的作用基本已经消退，对产品给予最低限度的关注即可，但销售促进仍需继续加强。

### （五）策略原则

促销组合很大程度上受企业选择推式策略或拉式策略的影响。推式策略是指由渠道商或中间商来向最终顾客推广产品，如图 10－1 所示；拉式策略则是指通过广告、公关关系把最终顾客吸引到产品上，通过顾客向零售商要求购买产品来拉动整个渠道系统分销产品，如图 10－2 所示。

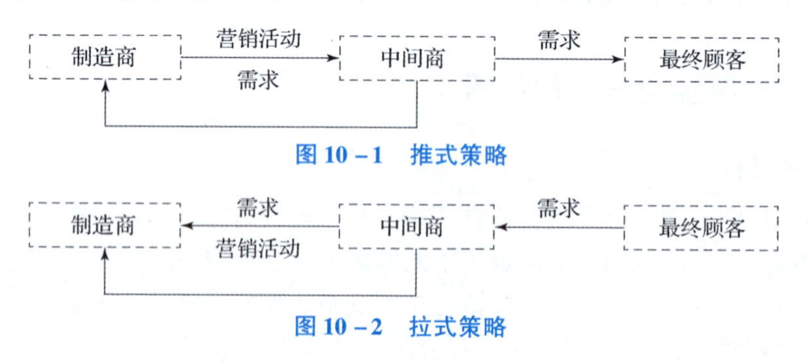


图 10－1 推式策略



图 10－2 拉式策略

### （六）促销预算

促销预算的多少会直接影响促销组合的选择与运用。当促销预算较低时，则运用不充分；当促销预算较高时，则运用充分。

影响促销组合的因素是复杂多样的，除上述因素外，企业的经营发展战略、销售团队素质等因素也会不同程度地影响促销组合的决策。营销人员在进行促销组合决策时需要审时度势，综合考量。

## 四、促销组合策略的发展趋势：整合营销传播

20世纪90年代，市场营销理论界兴起了整合营销传播的概念，这一概念最早是由唐·舒尔茨教授等在1991年提出的。但是数年来，对整合营销传播概念的理解还是有很多不同的看法。在经济全球化和“互联网+”的背景下，整合营销传播概念在中国得到了广泛传播，并一度出现“整合营销热”。

美国广告公司协会对整合营销传播的定义：这是一个营销传播计划概念，它要求充分认识用来制订计划时所使用的各种传播手段，如广告、营业推广、公共关系等，并将之结合，提供清晰、连贯的信息，使传播影响力最大化。这个定义的关键是致力于各种促销方式的综合运用，以达到传播影响力的最大化。

2013年，唐·舒尔茨教授对整合营销传播的定义进行了进一步的发展和完善：整合营销传播是一个战略性的业务流程，企业利用这一流程，在一定时间内对消费者、已有客户、潜在客户以及其他有针对性的内外相关受众来规划、发展、执行和评估品牌的传播活动，使之协调一致、可以衡量，并具有说服力。这个定义明确地提升了营销传播的角色和地位，使整合营销传播从营销战术上升为经营战略；拓展了营销传播的范围，整合营销传播覆盖了公司与各利益相关群体之间的关系；强调了整合营销对品牌传播与塑造的作用，即通过各种手段的整合达到最好地在消费者心中树立品牌形象的目的。

整合营销传播是营销传播自然演进的结果，是在从使用大众市场广告到使用目标受众更加明确的信息传播策略过程中自然产生的。它着重于将企业所拥有的全部资源进行整合利用，一方面把广告、公关、直销、企业识别系统、包装等相关营销传播活动都涵盖于营销活动的范围之内，另一方面使企业能够将统一的、一致的、连续的营销信息传达给顾客，从而实现企业的高度一体化营销。

整合营销传播的核心思想是以通过企业与顾客的沟通来满足顾客需要的价值为取向，确定企业统一的营销传播策略，协调使用各种不同的传播手段，发挥不同传播工具的优势，从而使企业的营销传播影响力最大化。整合营销传播有以下基本要点。

（1）消费者的心理和认知是整合营销传播的核心。因此，必须对消费者的动机、认知、记忆、联想和态度有更充分的认识，并确保沟通活动的针对性和一致性。

（2）整合营销传播强调真正意义上的整合，即战略和战术的整合、沟通要素的整合、媒体的整合、企业及相关利益者的整合等。

（3）整合营销传播的目的不是一次性交易，而是希望与消费者维系长期关系，实现关系营销。这就要求企业在沟通中，有计划地与消费者进行适时适地的双向交流沟通，同时要建立全面的顾客数据库，实现数据库营销。

【营销案例】

爱玛：翻阅中国　探秘极境

# 任务二　人员推销策略

## 一、人员推销的含义

美国市场营销协会对人员推销的定义：企业通过派出销售人员与可能成为购买者的人交谈，以做口头陈述或书面介绍的方式推销产品，从而促进和扩大产品销售。推销是销售人员说服购买者购买企业商品或服务的过程。

推销人员通过销售向市场提供商品。他们通过宣传展示商品来引起顾客的兴趣，激发顾客的需求，通过销售商品及提供信息服务、技术服务来满足顾客的需求。从这一过程可以看出，人员推销活动是一个商品转移的过程，也是一个信息沟通的过程，还是一个技术服务的过程。

推销人员的组织形式有两大类：一是企业建立自己的推销队伍，将其成员称为推销员、销售代表、业务经理或销售部经理，他们各自又可分为内部销售人员和外勤推销人员两种；二是企业使用合同销售人员，如制造商的代理商、销售代理商、经纪人等，按照其代销额的大小付给佣金。

## 二、人员推销的基本形式

人员推销的活动形式主要包括上门推销、柜台推销和会议推销三种。

### （一）上门推销

由推销员携带样品、说明书和订货单等，上门走访顾客，推销商品，这是被企业和公众广泛认可和接受的一种推销形式。

### （二）柜台推销

企业开设固定营业场所（如门店或柜台），由营业人员接待进入商店的顾客，并销售商品。例如批发商和零售商的营业员，以及服务型企业的服务员，他们在与顾客当面接触和交谈中介绍商品、回答问题，并洽谈成交，这是柜台推销的一种主要形式。

### （三）会议推销

企业利用各种形式的会议介绍和宣传商品，开展推销活动。例如洽谈会、订货会、展销会、物资交流会等都属于会议推销的形式。这种推销形式具有群体性、接触面广、推销集中、成交额大的特点。在推销会上，往往是许多企业同时参加推销活动，各自都有明确的目标，只要商品对路，价格合理，就很容易达成大批量的交易。

## 三、制定人员推销策略的步骤

### （一）做好推销前的准备

推销人员如果想成功地推销产品，在推销前应该做充分的准备，这是推销工作的第一步。首先，要对自己的产品有深入的了解，这样才能在向顾客介绍产品时说明产品的特性与优点；其次，要熟悉本行业内竞争者的情况；再次，掌握目标顾客具备的情况，如潜在购买者的收入水平、年龄段等；最后，拟订好访问计划，包括访问目的、对象、时间和地点，并做好被拒绝的心理准备。推销人员准备得越充分，交易成功的可能性就越大。

### （二）寻找顾客

推销人员在做好充分准备后，就要开始寻找可能成为真正顾客的潜在顾客。只有有了特定的对象，推销工作才能真正开始。寻找新顾客的方法很多，通常可以利用市场调查、查阅现有的信息资料、广告宣传等手段进行。另外，推销人员还可以请现有顾客推荐、介绍潜在顾客。值得注意的是，寻找到潜在顾客后，不可盲目访问，要先对他们进行排查，确认值得开发后再访问，以免资源浪费。

### （三）接近顾客

通过对潜在顾客的排查，推销人员应把精力放在那些最有潜力的顾客身上，想方设法接近他们。只有接近准顾客，推销才有成功的可能。通常采取的方法有介绍接近、赠送样品接近、攀关系接近、以调查的方式接近或者通过锲而不舍的“软磨”接近等。

### （四）激发顾客的兴趣

接近顾客后，首先要取得顾客的信任，从感情上与之拉近距离。然后通过交谈时对顾客的观察，把握住顾客的心理，投其所好，针对顾客的需求加以适当的引导，激发其对本企业产品的兴趣。

### （五）推销洽谈

这是推销过程中重要的一步，洽谈的成败决定着此次人员推销的成败。在此阶段，推销人员要向顾客生动地描述相关产品的特征和优点，并且能够提供具有说服力的证据，证明产品的确能更好地满足消费者的需要。推销人员在推销洽谈过程中一定要努力营造融洽的气氛。

【营销案例】

推销人员的语言艺术

### （六）异议处理

推销人员要随时准备解决顾客的一切问题。例如，顾客可能在与推销员洽谈的过程中对产品的质量、作用、价值等提出意见。作为推销员此时要有耐心，不要争辩，在给予顾客充分尊重的同时，有针对性地解释或说明，以消除顾客疑虑，坚定其购买信心。

### （七）推销成交

推销人员的最终目的就是产品或服务的成交。接近与成交是推销过程中最困难的两个步骤。在与顾客洽谈的过程中，一旦发现顾客流露出要购买的意思时，要善于把握成交的机会，尽快促成交易，结束销售访问。

### （八）建立联系

一个好的推销员会把一笔生意的结束，看作是另一笔生意的开始。这就意味着推销人员要与顾客建立长期的联系，对每个顾客做好售后服务工作，了解他们的满意度，倾听他们的意见，并及时解决他们的不满。良好的售后服务一方面有利于忠诚顾客的形成，另一方面有利于传播企业及产品的好名声，树立企业形象。

#### （九）推销服务

推销服务是现代市场竞争的重要手段之一，应贯穿于推销的全过程。随着市场竞争的加剧，服务的方式和内容也不断创新。重视服务创新，对扩大企业和产品的影响力、增强竞争能力、扩展市场规模，都具有十分重要的意义。

在实际工作中，以上九个环节并不是截然分开的，而是相互渗透、交叉应用的。

【营销案例】

推销人员的八大通病

## 任务三　广告促销策略

### 一、广告的含义

美国市场营销协会对广告的定义：由明确的发起者，以公开支付费用的方法，采用非人员传播的任何形式，对产品、服务或某项行动的意见和想法等的介绍。一个完整的广告，由广告主、广告信息、广告媒体、广告费用及广告对象五个方面的内容组成。

### 二、广告的类型

（1）按广告的目的划分，可分为报道式广告、说服式广告、提醒式广告、形象广告。

①报道式广告（通知性广告或介绍性广告）：主要是向消费者介绍有关产品的信息，如产品的性质、用途、价格等，使消费者对产品产生初步的需求。这种广告主要是通过客观的报道引起消费者对某种产品的注意，使其产生消费需求与购买欲望，它并不进行直接的购买劝导。

②说服式广告（激励性广告）：以说服为目标，在宣传中突出本企业产品的特点，强调本产品在同类产品中所具有的优势，同时强调产品能给消费者带来的特殊利益，使消费者对某种品牌的印象加深，激励消费者采取购买行动，对市场的消费起到了品牌导向的作用。

③提醒式广告（提示性广告）：企业为了提醒消费者不要忘记他们已经使用习惯的产品而采取的一种广告方式，目的在于刺激消费者对本企业产品的重复购买，强化习惯性消费，增强消费者的忠诚度。一般用于那些消费者已经有购买欲望或使用习惯的日常生活用品。

④形象广告：一般是为企业的长期销售目标而制作的。它不直接介绍产品，而是通过广告向消费者宣传企业的理念与成就，介绍企业发展史，或以企业名义进行公益宣传，目的是

提高企业的声誉，在消费者心目中树立良好的企业形象。

（2）按广告覆盖范围划分，可分为国际性广告、全国性广告、地区性广告、区域性广告、针对某一具体单位甚至个人的广告。

不同范围的广告需要使用不同的媒体。例如，国际性广告一般需要利用覆盖世界范围的宣传媒介，像互联网；地区性广告只需通过传播范围较窄的地方广播媒介进行宣传，如地方性报纸或者路牌广告。企业适合做哪种范围的广告，应根据自己的宣传对象决定，以免资源浪费或覆盖面不够而达不到预期目标。

（3）按照广告使用的媒体分类，可分为视听广告、印刷广告、户外广告、销售现场广告、纪念品广告及小工艺品制作广告。

①视听广告：借助于电波这种物理现象传播广告内容的广告，包括广播广告、电视广告等。这种广告具有形象、生动、突出的优点，但是信息消逝快，不易保存，费用昂贵。

②印刷广告：以印刷的方式表现广告内容的广告，包括报纸广告、杂志广告、包装广告、邮寄广告等。这种广告具有信息发布快、保持时间长的优势，但是实效性较差，不易引起人们的注意。

③户外广告：如路牌、招贴、海报、气球等。这种广告具有制作简单、成本低、较持久性的优势，但它的宣传范围较小。

④销售现场广告：包括企业在销售现场设置的橱窗广告、招牌广告、墙面广告、柜台广告、货架广告等。这类广告形象、直观、突出、见效快，适用于零售企业。

⑤纪念品广告：在具有一定保留价值或赏玩价值的物品上进行广告，如在年历上的广告等。

⑥小工艺品制作广告：传播性慢，不易引起人们的注意，但小礼物能增进企业和消费者之间的感情，有利于消费者忠诚度的形成。

## 三、制定广告策略的步骤

广告的策划不是无序或盲目的，而是有计划、分阶段进行的。

### （一）分析环境，明确要求

开展广告促销，首先要进行广告机会分析，明确针对哪些消费者做广告，以及在什么样的时机做广告等问题。因此，广告主必须搜集并分析相关方面的情况，如消费者情况、竞争者情况、市场需求发展趋势、环境发展动态等，然后根据企业的营销目标和产品特点，找出广告的最佳切入时机，做好广告的目标群体定位，为开展有效的广告促销活动奠定基础。

### （二）确定广告的目标和任务

确定广告目标，就是根据促销的总体目的，依据现实需要，明确广告宣传要解决的具体问题，以指导广告促销活动的实施。广告促销的具体目标，规定了广告应取得的效果，从而也决定了为什么做广告和怎样做的问题。广告目标和任务的确定必须符合营销目标的要求。因此，在制定广告目标之前，必须认真研究企业的营销目标。

### （三）确定广告主题和创意

广告主题就是广告的中心思想，广告创意则是将主题形象化、艺术化和具体化的表现。

广告主题和创意应根据广告目标、媒体的信息承载能力来加以确定。一般来说应包括以下三个方面。

（1）产品信息，包括产品名称、技术指标、销售地点、销售价格、销售方式以及国家规定必须说明的情况等。

（2）企业信息，包括企业名称、发展历史、企业声誉、生产经营能力以及联系方式等。

（3）服务信息，包括产品保证、技术咨询、结款方式、零配件供应、保修网点分布以及其他服务信息。

广告主通过对各种信息的通盘考虑，通过一定的方法，适应广告对象的要求，提炼广告主题，构思出广告创意。

【素养阅读】

**广告领域相关的国家法律法规**

1.《中华人民共和国广告法》

2.《广告管理条例》

3.《互联网广告管理办法》

4. 更多法规请查阅中国广告协会官网(https://www.china-caa.org)

### （四）广告媒体的选择

广告媒体种类繁多，各有优缺点，企业欲达到良好的广告效果，必须根据本企业营销目标与营销环境，慎重而恰当地选择广告媒体。企业在合理选择广告媒体时，应综合考虑如下因素。

（1）企业对信息传播的要求。例如，对信息传播覆盖率、接触率、重复率、最低时间限度，以及信息的可信度与产生的效应等方面的要求。企业应从中选择出最主要的目标，并据以确定适当的媒体。

（2）产品本身的性能与特征。产品的自然属性和产销特点不同，其使用方法、消费对象、销售方式和销售时间等也千差万别。对于需要形象逼真地介绍商品功能、特点、外观等的家具或时装等商品，选择电视媒体做广告，效果较好；对于技术性强、需详细介绍的商品，选择报纸和杂志做广告，效果较好。

（3）广告媒体本身的影响。广告媒体本身的影响包括两个方面：一是广告媒体传播的数量和质量，传播数量主要是指广告传播到视听者的数目，传播质量则主要是指广告媒体已有的声誉影响及其表现方面的特长；二是媒体费用，不同的广告媒体，其费用各不相同，企业应在广告费用预算的范围内选择广告媒体。

（4）消费者对媒体的习惯。企业应将广告刊登在目标顾客喜欢接触的媒体上，以提高视听率。

（5）竞争对手的广告策略。竞争对手的广告策略，往往具有很强的针对性或对抗性。因此，企业在选择媒体时，必须充分了解竞争对手的广告策略，充分发挥自己的优势，以达到克敌制胜的竞争目的。

### （五）制定广告预算

广告主必须事先进行合理的广告预算。这里介绍常用的三种方法。

（1）销售百分比法：企业按照销售额（一定时期的销售实绩或预计销售额）或单位产品售价的一定百分比来计算和决定广告开支。采用这种方法一般要考虑两个方面的内容，一是销售额的高低，二是广告预算总额占销售额比例的大小。这种方法简单可靠，很多企业乐于采用此方法，但它最大的缺点就是过于死板。

（2）目标达成法：根据广告目标来确定广告开支。目标达成法的应用程序：明确广告目标；确定为达到广告目标而必须执行的工作任务；估算执行各项工作任务所需的各种费用；汇总各项工作经费，做出广告预算。

（3）竞争对比法：企业比照竞争者的广告开支来决定自己的广告预算。整个行业广告费用数额与某企业的广告费用数额成正比。竞争对比广告预算有两种计算方式。

①市场占有率对比法，计算公式为

$$\text{广告预算}=\frac{\text{竞争者广告费}}{(\text{竞争者市场占有率}\times\text{本企业预期市场占有率})}$$

②增减百分比法，计算公式为

$$\text{广告预算}=\text{竞争者上年度广告费}\times(1+\text{竞争者广告费增长率})$$

### （六）广告实施

在各个环节分析确定后，选择最优的组合方案，编写广告计划书，然后按阶段实施广告活动的各个环节。

### （七）广告效果的测定

作为企业，不惜重金不可能仅仅是为了一幅精美的广告画面，而是注重投入能带来多大的收益。大卫·奥格威说过：“我们做广告的目的就是销售，否则就不是做广告。”因此，测定广告效果已成为广告活动的重要组成部分。另外，它也是增强广告主信心的必不可少的保证。对广告效果的测定包括广告促销效果和广告传播效果的测定。

#### 1. 广告传播效果的测定

广告传播效果的测定，主要是测定消费者对广告信息的注意、兴趣、记忆等心理反应，以及对社会文化、教育等的影响程度。通常采用事后测定的方法。

（1）认知测定法：在广告传播后，借助有关指标了解视听者的认知程度，测定其注意力。可用的指标：粗知百分比，即记得视听过此广告的视听者百分比；熟知百分比，即声称记得该广告一半以上内容的视听者百分比；联想百分比，即能准确地辨认该产品及其广告主的视听者百分比。

（2）回忆测试法：让一部分消费者回忆广告的商品、品牌和企业，以判断其了解情况，从而判断广告的吸引程度和效果。

**2. 广告促销效果的测定**

以广告传播后商品销售量的增减作为衡量广告促销效果的标准。由于商品销售量的变动受很多因素的影响，因此很难确定广告引起销量增减的确切份额。理解这一点，有助于企业客观地评价广告促销的效果。常用的测定方法有以下几种。

（1）弹性系数测定法：根据商品销量变化率与广告费用变化率之比（即弹性系数大小）来测定广告效果。公式为

$$\text{广告弹性系数}=\frac{\text{商品销量变化率}}{\text{广告费用变化率}}$$

如果弹性系数大于1，说明广告效果优；反之，弹性系数小于1，则说明广告效果差。

（2）广告前后商品销售比率法：根据广告后商品销售的增量与广告费用之比，测定单位广告费效果的大小。公式为

$$\text{单位广告费增销量}=\frac{\text{广告后平均销售量}-\text{广告前平均销售量}}{\text{广告费用}}$$

（3）销售额增量与广告费增量比率法：根据广告后取得的销售额增量与广告费增量进行对比来测定广告效果。公式为

$$\text{广告费增量比率}=\frac{\text{销售额增量}}{\text{广告费增量}}\times 100\%$$

（4）广告促销效果的综合评价。影响商品销售的因素很多，不可能单凭一个指标的测定结果说明问题。所以必须从不同角度考察，然后对各主要因素的满意值和不满意值分别打分，最后加权平均，予以综合评价。

# 任务四　营业推广策略

## 一、营业推广的含义

营业推广又称销售促进，是指企业在短期内为了从正面刺激消费者的需求而采取的各种促销措施，比如有奖销售、直接邮寄、赠送或试用样品、减价折扣销售等。通过这些活动，企业可以有效地吸引顾客，刺激顾客的购买欲望，并且能在短期内收到显著的促销效果。

营业推广具有以下几个特点。

**1. 刺激性**

营业推广是直接面向顾客开展的短期特殊促销措施，容易使顾客有一种意外惊喜的感觉，从而在顾客心理上产生较强的诱惑力。例如推行优惠价销售，可以使一部分原来不准备购买的顾客成为购买者，原来准备少买者变成多买者，这就是受优惠价和其他优惠条件刺激

的结果。

**2. 娱乐性**

有些营业推广活动不仅展示产品，还渲染某种气氛，引起人们的乐趣，使受益者很快变为义务宣传员。例如，某快餐馆最新试制出一道美味菜肴，在众多顾客就席期间，由餐馆老板向顾客介绍这道美味菜肴的配料和特点，希望大家品食后多提意见。紧接着服务员就将这种菜肴分送到每张席桌上，供大家无偿品尝。其间，整个餐厅趣味横生，赞不绝口。后来，这道菜肴成了许多顾客争相抢点的菜肴。

**3. 灵活性**

人员推销和广告都是比较经常化、规范化的促销方式，而营业推广则有各种各样的方式，营销者往往会根据市场情况的变化，灵活采用适当的方式进行促销。

## 二、营业推广的类型

市场特征不同，营业推广的方式也多种多样，大致可分为三类：第一类是针对消费者的营业推广，第二类是针对中间商的营业推广，第三类是针对推销人员的营业推广。

### （一）针对消费者的营业推广

对消费者进行营业推广的目的，主要是鼓励消费者多买商品，吸引新的消费者试用商品，以及争夺其他品牌的消费者等。常用的营业推广形式主要有以下几种。

（1）赠送销售：在顾客购买之前，免费赠送一部分样品，样品可以在商店附近分发，也可以挨家挨户送上门，还可以邮寄发送，目的在于宣传新产品，刺激顾客购买。如果是为了鼓励消费者经常来购买和多购买，馈赠的物品可以是一些能够向消费者传递企业有关信息的精美小物件，如随货赠送的小礼品、批量购买时的赠品或随货中的奖品等。

（2）赠送优惠券：当消费者购买商品达到一定金额时，赠送一定面值的优惠券，顾客可凭券在商店内免费选取相应价位的商品，或以优惠券换取特设赠品。

（3）价格折扣：向消费者寄送或广告散发折价的购货券，持券在规定时间内购买，可享受部分价格优惠。

（4）有奖销售：随销售商品发放奖券，当奖券累积到一定数量时宣布开奖，中奖者可获得奖品和奖金。

（5）交易印花：当顾客购买某一商品时，企业会给予一定张数的印花，凑足若干张或达到一定金额后，顾客可以兑换某些商品。

（6）消费信贷：通过赊销或分期付款等方式推销某些商品。

（7）展销：通过展销会的形式使消费者了解商品，增加销售的机会，如为适应消费者季节性购买特点而举办的季节性商品展销、以名优产品为龙头的名优产品展销，以及为新产品打开销路的新产品展销等。

（8）产品演示：针对消费者对产品的功能、使用方法、使用效果等可能产生的疑问而开展的陈列、展示、演示活动。此形式一般适用于技术复杂、效果直观性强的产品和刚刚上市的新产品。

【素养阅读】

**2024年“双十一”，哪有“最低价”？**

### （二）针对中间商的营业推广

对中间商进行营业推广的目的，是吸引经销商经营新的产品项目，争取他们对企业的支持和长期合作，以抵消竞争者的各种促销影响。常用的营业推广方式主要有以下几种。

（1）批量折扣。当中间商购货达到一定数量时，企业按照购货批量给予一定的优惠折扣。基本形式有两种。

①明码标价：按照购货批量分段标明折扣价格或折扣率，购买批量越大，折扣率越大。

②灵活掌握：只标明与零售价格相比，批量购买可以优惠，但具体折扣率和折扣量，在交易时灵活掌握。

（2）现金折扣。在商业信用和消费信贷广泛应用的条件下，企业为鼓励中间商尽快偿还货款，对现金购货的中间商给予一定的优惠折扣，其折扣率通常参照银行贷款利率来确定。

（3）经销津贴。企业为促进中间商增购本企业产品，并鼓励其对本企业产品开展促销活动而给予中间商一定的津贴，如购买新产品津贴、广告津贴、降价津贴、咨询津贴、清货津贴等。所有这些津贴对中间商来说，有的可转为广告费用和零售降价等方面的补贴，有的则可作为直接利润。

（4）折让。企业提供折让，是对零售商以某种方式突出宣传本企业产品的报偿。例如，广告折让，用以补偿为本企业产品做广告的零售商；陈列折让，则用以补偿对本企业产品进行特别陈列的零售商。

（5）免费赠品。企业对购买本企业某种质量特色的产品，或购买产品达到一定数量的中间商，额外赠送若干数量的产品或现金。有些企业还免费赠送附有企业名字的特别广告赠品，如钢笔、挂历、备忘录、度量器具等。

（6）订货会和交易会。企业主办订货会、交易会，通过展览陈列和示范表演等形式，借以沟通购销双方信息，吸引中间商经销本企业的产品。

（7）贸易协助。企业对中间商加以业务指导，提供产品知识讲座、培训销售人员、举办营销研讨会等服务，以提高中间商的营销效果。

（8）经销竞赛。企业对所有经销本企业产品的中间商开展销售竞赛，并视其经销业绩，对优秀者制定相应的奖励措施。

### （三）针对推销人员的营业推广

（1）利润提成。利润提成主要有两种做法：一种是推销人员的固定工资不变，但会在一定时期（通常是季末或年终）从企业的销售利润中提取一定比例的金额，作为奖励发给推销人员；另一种是推销人员的工资不固定，而是每达成一笔交易，推销人员按销售利润的多少提取一定比例的金额作为报酬。

（2）推销奖励。在一定时期内，企业按推销人员的工作绩效，给予一定的奖金、礼品或本企业的产品。

（3）推销竞赛。推销竞赛的内容包括推销数额、推销费用、市场扩展、推销服务、走访顾客次数等。同时，规定奖励的级别、比例、奖金（或奖品）的数额等，对于贡献突出者，给予现金、旅游、休假、提级晋升等奖励。

## 三、制定营业推广策略的步骤

### （一）确立营业推广目标

企业市场营销的总目标在一定程度上决定着营业推广的总目标。一般来说，不论针对哪种目标市场，营业推广的确立都要考虑两方面的内容：一是营业推广的目标必须与企业总体的营销目标相匹配；二是每一次营业推广都应达到一定时间段内的营销目标和任务。

### （二）选择营业推广方式

不同的营业推广方式可以用来实现不同的目标，与此同时，新的营业推广方式也在不断被开发出来。选择何种营业推广方式，需要充分考虑市场类型、营业推广目标、竞争情况，以及每一种营业推广工具的成本效益等各种因素。

### （三）制定营业推广方案

#### 1. 刺激程度

刺激程度是指消费者对营业推广刺激反应的强烈程度。一般来说，刺激程度小时，销售反应也小；只有当达到一定规模的刺激程度时，才足以引起消费者的注意。然而，当刺激程度超过一定点时，虽然促销活动可能会立竿见影，使销售量快速增长，但由于成本过高，利润反而会随着销量的增长而降低；更糟糕的是，过度的刺激可能不但不会引起注意，反而会引起目标消费者的逆反心理，使他们认为产品有问题。

#### 2. 刺激的对象范围

企业需要对刺激的对象进行明确的规定，也就是说，哪些消费者可以参加营业推广的活动。例如，皇室麦片曾经采取集够两个标识可兑换一支笔的活动。

#### 3. 营业推广的途径

营销部门决定如何将营业推广的信息传达给消费者，因为不同途径的费用不同、效果不同，企业应根据自身的财力情况采取合适的途径组合。将营业推广信息（如奖券）向目标市场贯彻，通常有四种途径可选择：包装分送、商店分发、邮寄、附在广告媒体上。

#### 4. 持续的时间

营业推广是一个短期促销行为，所以这个时间要恰当地控制。如果促销时间太短，一些顾客可能还未来得及重购或由于太忙而无法利用促销机会，进而降低了企业应得的好处，影响促销效果；如果促销时间太长，可能导致顾客认为这是长期降价，甚至使顾客对产品质量产生怀疑，从而使促销优惠失去吸引力。

#### 5. 促销时机的选择

并非任何时候都适合采用营业推广，如果时机选择不当，就不会产生好的效果。因此，企业应综合考虑产品的生命周期、顾客收入状况及购买心理、市场竞争状况等多方面因素，使营业推广的时机和日程安排与生产、分销、促销的时机与日程协调一致。

**6. 营业推广的预算**

推广费用一般包括管理费用（如印刷费、邮费、宣传费用等）和刺激费用（如赠奖费用、折扣费用等）。推广费用预算的目的是比较推广的成本与效益，从中寻找到最理想的推广效益。企业在制定营业推广预算时，要注意避免如下失误：缺乏对成本效益的考虑；使用过分简化的决策规划，简单沿用上年度营业推广费用开支的数字，或简单地按预期销售的百分比计算；广告预算和营业推广预算分开制定等。

#### （四）预试方案

营业推广方案确定以后，为了保险起见，在条件允许的情况下进行测试，以验证所制定的方案是否可行，能否达到预期效果。

#### （五）实施方案

对每项营业推广方案，在正式实施之前，都应该制订实施与控制计划，包括准备时间和推广延续时间。准备时间包括最初的计划工作、设计工作、材料的邮寄和分送，以及与之配合的广告工作、现场的陈列、推销人员的推销、个别分销商地区配额的分配、购买和印刷特别赠品或包装材料、预期存货的生产、配送及向零售商的分销工作安排等。

#### （六）评价营业推广的效果

企业在每次营业推广结束后，都应对推广的效果进行检查评价。评价的程序和方法随着市场类型的不同而有所差异。常用的方法有两种：一种是阶段比较法，即在假定其他因素不变的情况下，对推广前、推广期间、推广后的销售状况进行比较，从中分析推广活动的效果和得失；另一种是跟踪调查法，即通过对消费者、中间商和推销人员的深入调查，根据营业推广对象的反馈，做出准确的判断，为以后的营业推广提供参考。

## 任务五　公共关系策略

### 一、公共关系的含义

公共关系，是一个组织运用各种传播手段，在组织与社会之间建立相互了解和依赖关系的策略。它通过双向的信息交流，在社会公众中树立良好的形象和声誉，以取得理解、支持和合作，从而有利于促进组织本身目标的实现。与营业推广相比，公共关系注重的是长期效果，属于间接促销手段。

公共关系的主体可以是组织，也可以是个人。当前公共关系发展的一个显著特点就是企业组织、非营利组织和政府已构成了当代公共关系的三大主体。公共关系客体（公众）也很广泛，既包括组织内部公众，如股东、员工等，也包括外部公众，如消费者或顾客、新闻媒体、金融机构、政府、业务伙伴、竞争者等。对于一个企业而言，企业的公共关系形象包括产品形象、服务形象、员工素质形象、环境保护形象和社会成员形象等。良好的公共关系形象无疑是企业的无形资产，可有效促进企业与顾客及合作伙伴的沟通，增强企业产品的市场吸引力。

## 二、公共关系的类型

### （一）建设型公共关系

建设型公共关系是在社会组织初创时期或新产品、新服务首次推出时期，为开创新局面进行的公共关系活动模式。其目的在于提高美誉度、形成良好的第一印象，或使社会公众对组织及产品有一种新的兴趣，形成一种新的感觉，直接推动组织事业的发展。

建设型公共关系采用的方法一般包括开业广告、开业庆典、新产品试销、新服务介绍、新产品发布会、免费试用、免费品尝、免费招待参观、开业折价酬宾、赠送宣传品、主动参加社区活动等。

### （二）维系型公共关系

维系型公共关系是社会组织在稳定发展期间，用来巩固良好形象的公共关系活动模式。其目的是通过不间断的、持续的公关活动，巩固、维持与公众的良好关系和组织形象，使组织的良好印象始终保留在公众的记忆中。其做法是通过各种渠道和采用各种方式持续不断地向社会公众传递组织的各种信息，使公众在不知不觉中成为组织的顺意公众。

### （三）防御型公共关系

防御型公共关系是社会组织为防止自身的公共关系失调而采取的一种公共关系活动模式。其目的是在组织与公众之间出现摩擦苗头的时候，及时调整组织的政策和行为，铲除摩擦苗头，始终将与公众的关系控制在期望的轨道上。

### （四）矫正型公共关系

矫正型公共关系是社会组织在遇到问题与危机，导致公共关系严重失调、组织形象受到损害时，为了扭转公众对组织的不良印象或已经出现的不利局面而开展的公共关系活动模式。其目的是对严重受损的组织形象及时纠偏、矫正，挽回不良影响，转危为安，重新树立组织的良好形象。其特点是及时：及时发现问题，及时纠正问题，及时改善不良形象。通常的处理方法包括查明原因，澄清事实，知错就改，恢复信任，重塑形象。

### （五）进攻型公共关系

进攻型公共关系是社会组织采取主动出击的方式来树立和维护良好形象的公共关系活动模式。当组织需要拓展（一般在组织的成长期），或预定目标与所处环境发生冲突时，主动发起公关攻势，以攻为守，及时调整决策和行为，积极改善环境，以减少或消除冲突的因素，并保证预定目标的实现，从而树立和维护组织的良好形象。这种模式适用于组织与外部环境的矛盾冲突已成为现实，而实际条件有利于组织的时候。其特点是抓住一切有利时机，利用一切可利用的条件、手段，以主动进行的姿态来开展公共关系活动。

### （六）宣传型公共关系

宣传型公共关系是运用大众传播媒介和内部沟通方法开展宣传工作，树立良好组织形象的公共关系活动模式。其目的是广泛发布和传播信息，让公众了解组织，以获得更多的支持。主要做法是利用各种传播媒介和交流方式，进行内外传播，让各类公众充分了解组织，支持组织，从而形成有利于组织发展的社会舆论，使组织获得更多的支持者和合作者，以达到促进组织发展的目的。其特点包括：主导性强，时效性强，传播面广，快速推广组织形象。

### （七）交际型公共关系

交际型公共关系是在人际交往中开展公共关系活动的一种模式。它以人际接触为手段，与公众进行协调沟通，为组织广结良缘。其目的是通过人与人的直接接触，进行感情上的联络，为组织广结良缘，建立广泛的社会关系网络，形成有利于组织发展的人际环境。

### （八）服务型公共关系

服务型公共关系是一种以提供优质服务为主要手段的公共关系活动模式。其目的是以实际行动来获取社会的了解和好评，建立自己良好的形象。对于一个企业或者社会组织来说，要想获得良好的社会形象，宣传固然重要，但更重要的还在于自己的工作，在于自己为公众服务的程度和水平。所谓“公共关系就是百分之九十要靠自己做好”，其含义即在于此。组织应依靠向公众提供实在、优惠、优质的服务来开展公共关系，获得公众的美誉度；若离开了优良的服务，再好的宣传也必将是徒劳的。

### （九）社会型公共关系

社会型公共关系是组织通过举办各种社会性、公益性、赞助性的活动，来塑造良好组织形象的公共关系活动模式。它实施的重点是突出活动的公益性特点，为组织塑造一种关心社会、关爱他人的良好形象。其目的是通过积极的社会活动，扩大组织的社会影响，提高其社会声誉，赢得公众的支持。社会型公共关系的特征包括公益性、文化性、社会性、宣传性。实践证明，经过精心策划的社会型公共关系活动，往往可以在较长的时间内发挥作用，潜移默化地加深公众对组织的美好印象，取得比单纯商业广告好得多的效果。

【营销案例】

舒肤佳：健康传中国

### （十）征询型公共关系

征询型公共关系是以采集社会信息为主、掌握社会发展趋势的公共关系活动模式。其目的是通过信息采集、舆论调查、民意测验等工作，加强双向沟通，使组织了解社会舆论、民意民情、消费趋势，为组织的经营管理决策提供背景信息服务，使组织行为更好地与国家的总体利益、市场发展趋势以及民情民意一致；同时，也向公众传播或暗示组织意图，使公众印象更加深刻。征询型公共关系活动实施的重心在于操作上的科学性，以及实施过程中的精细和诚意。具体的实施过程如下：组织在完成一项工作后，应设法了解社会公众对这项工作的反映；通过征询，将了解到的公众意见进行分类整理，并加以分析研究；提出改进工作方案，直至满足公众的愿望为止。

### （十一）文化型公共关系

文化型公共关系是社会组织或受其委托的公共关系机构和部门，在公共关系活动中有意识地进行文化定位、展现文化主题、借助文化载体进行文化包装、提高文化品位的公共关系活动模式。

### （十二）网络型公共关系

网络型公共关系作为一种新型的公共关系活动模式，是指社会组织借助联机网络、计算机通信和数字交互式媒体，在网络环境下实现组织与内外公众双向信息沟通，以及与网上公众协调关系的实践活动。这种新型的公共关系由于其独特的价值效应，日益受到广泛重视，掌握这种公共关系的运作，对于希望在激烈的竞争中脱颖而出的社会组织来说具有十分重要的意义。

## 三、制定公共关系策略的步骤

公共关系活动必须遵循一定的程序，进行全面的规划和安排，有条不紊地进行，方能达到预期目的。公共关系的步骤一般包括调查研究、确定目标、实施计划、评价效果。

### （一）调查研究

这是进行公共关系工作的基础，是公关活动的起点。企业进行调查研究的目的在于了解社会公众意见，及时把握舆论导向，并将这些意见反映给领导层，使组织的决策科学化，更有利于准确地进行形象定位，塑造良好的企业形象。

### （二）确定目标

在调查分析的基础上，根据企业营销的总目标及公众对企业的了解和意见，来具体确定公共关系目标。不同阶段公共关系的目标不同，通常包括树立知晓度、增强可信度、激励销售队伍和经销商、降低促销成本等。

### （三）实施计划

公共关系活动能否获得预期的效果，不仅要看公共关系计划制订得是否可行，更重要的是要看计划实施的情况如何。对企业而言，开展公共关系活动存在着许多不确定的因素，所以在实施计划时，公共关系人员需要在完成既定目标的前提下，具有一定的灵活性。

### （四）评价效果

评价效果是公共关系活动的最后一个阶段。评价结果的目的在于为今后的公关工作提供资料和经验。由于公共关系活动的核心在于树立企业的形象，而且往往和其他促销工具一起使用，因此对公共关系活动的评价具有一定复杂性。比较常用的方法有以下几种。

（1）个人观察法。组织负责人现场参加活动，了解公关活动的进展情况，然后同目标对比，提出意见。这是最简单、最普遍的方法。

（2）比较调查法。在公关活动进行前后进行一次调查，对比公众态度、社会舆论导向有何区别，分析公共关系的活动。

（3）销售额观察法。在公共关系活动后一段时间内，观察实际的销售额与利润额的变化程度。

（4）统计问询数字法。公关广告刊登后，了解此次活动引起了多少人注意，以此来评价活动的效果。

【营销案例】

公关人员需要注意什么？

## 【同步习题】

### 1. 单项选择题

（1）以下哪项不是促销在信息沟通过程中实现的功能？（　　）

A. 告知功能　　B. 说服功能　　C. 影响功能　　D. 激励功能

（2）以下哪项是广告的特点？（　　）

A. 传播面广　　B. 双向沟通　　C. 客观报道　　D. 即时交易

（3）（　　）是影响促销组合决策的首要因素。

A. 市场特点　　B. 产品生命周期　　C. 促销目标　　D. 促销预算

（4）在消费者的成交阶段，应重点使用（　　）方式。

A. 人员推销和营业推广　　B. 广告和公共关系

C. 公共关系和人员推销　　D. 广告和营业推广

（5）按广告的目的划分，可分为报道式广告、（　　）、提醒式广告、形象广告。

A. 全国性广告　　B. 视听广告　　C. 销售现场广告　　D. 说服式广告

（6）与营业推广相比，公共关系注重的是长期效果，属于（　　）促销手段。

A. 直接　　B. 常规　　C. 间接　　D. 快速

### 2. 简答题

（1）促销的本质是什么？

（2）影响促销组合策略的因素有哪些？

（3）简述制定人员推销策略的步骤。

（4）确定广告预算的方法有哪些？

（5）营业推广的主要类型有哪些？

（6）如何评价公共关系的效果？

## 【实践训练】

### 训练任务——设计整合促销策略方案

**1. 实训目的**

掌握制定整合促销策略方案的步骤和方法。

**2. 实训内容**

班级内学生自由分组，组合成4~6人的市场营销团队。根据本项目所学习的知识，选择某一款当地市场在售的商品，并结合当地市场现状，为该产品设计一套整合促销策略方案。

**3. 实训步骤**

（1）实地走访市场，任意选择一款在售商品，通过网络等方式搜集资料，详细了解商品信息、品牌信息、企业信息等。

（2）在当地市场选择3~4款同类竞品，通过网络等方式搜集资料，详细了解竞品信息，对比分析所选商品与竞品的优势与不足、整合促销策略的差异等。

（3）设计关于消费者购买该类商品的调研问卷，随机访问若干消费者，并对调研问卷数据进行分析，同时结合网络调研资料，得出市场现状结论。

（4）根据市场分析，设计出具有针对性的整合促销策略方案。

**4. 实训评价表**

实训完成后，对实训效果进行评分，并记录在评价表中。

评价表

| 评价指标 | 评价标准 | 分值 | 评估成绩 | 所占比例 |
|---|---|---|---|---|
| 实训成果 | 1. 对市场现状分析清晰准确，有调研数据支撑 | 20 | | 70% |
| | 2. 运用人员推销策略 | 10 | | |
| | 3. 运用广告促销策略 | 10 | | |
| | 4. 运用营业推广策略 | 10 | | |
| | 5. 运用公共关系策略 | 10 | | |
| | 6. 不同促销组合之间构成逻辑严谨缜密的策略关系 | 20 | | |
| | 7. 策略方案具备可行性和实操性 | 20 | | |
| 学习过程 | 1. 按时出勤 | 40 | | 30% |
| | 2. 态度积极热情 | 60 | | |
| 小组综合得分 | | | | |

**5. 注意事项**

（1）在进行整合促销策略方案设计时，需要充分考虑消费者需求、竞品及企业自身的优劣势。

（2）建立有效的沟通机制，确保团队成员之间能够及时分享信息、讨论问题和协调行动。

（3）对可能遇到的风险进行评估和预测，并制定应对措施，以便在风险发生时能够迅速应对、减少损失。

# 项目十一
# 数字营销

## 【项目导读】

通过本项目的学习，掌握数字营销的概念，重点熟练掌握数字营销的类型及运营策略，深刻理解数字经济时代下数字营销的重要意义。数字营销利用数字化的手段，通过各种数字渠道与目标受众进行沟通，从而实现品牌营销和业务目标。

## 【学习目标】

- **知识目标**

(1) 了解数字营销的概念。

(2) 了解数字营销的类型及运营策略。

- **能力目标**

熟练掌握数字营销的类型及运营策略。

- **素质目标**

(1) 培养数字时代背景下营销人员的民族自豪感与自信心。

(2) 培养数字营销从业人员爱岗敬业、诚实守信的职业道德。

## 【学习指南】

### 1. 知识结构图

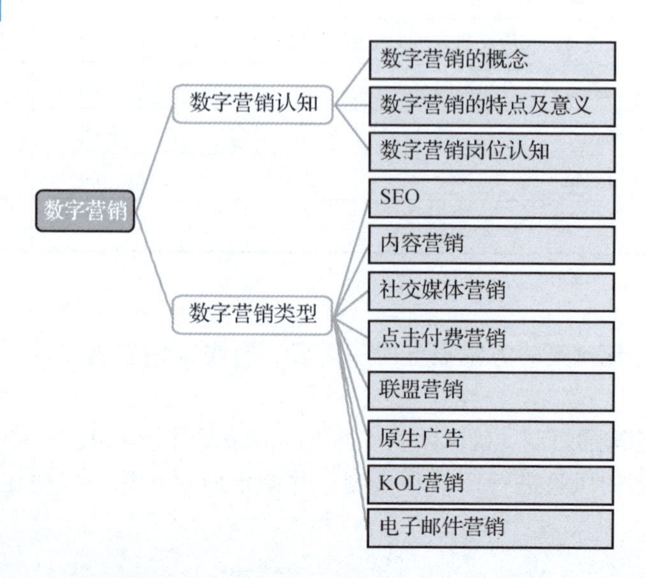

**2. 重难点内容**

（1）重点：熟练掌握数字营销的类型及运营策略。

（2）难点：掌握数字营销的类型及运营策略。

**【问题导入】**

（1）在日常生活中，有哪些场景或行为可以被视为数字营销的一部分？

（2）数字营销与传统营销相比，有哪些主要的传播渠道或平台？

**【案例导入】**

**2024 数字媒体营销趋势：广告主降本增效三大策略**

近日，央视市场研究（CTR）通过大数据分析、广告主定量调研、广告主探访、消费者定量调研，洞察数字媒体营销市场概况、广告主降本增效策略以及数字媒体领域的趋势，发布《2024 年数字媒体营销趋势研究报告》。

报告指出，尽管国内生产总值和居民消费能力有所提升，广告主对经济形势的信心相对稳定，但对公司经营情况的信心略有下降。在营销预算方面，广告主的开支相对谨慎，且普遍认同降本增效为营销关键词。其中，报告还提到广告主降本增效的三大策略为精准触达、深耕场景以及技术红利。

在精准触达策略中，广告主通过更聚焦的人群细分精准定位目标受众，以实现降本增效。更聚焦的人群细分能够帮助广告主更精准地投放广告，提高广告效果，降低广告成本，从而实现降本增效的目标。通过深入了解受众特征，广告主可以更好地满足市场需求，提高广告投资回报率。

与此同时，广告主深耕场景，当用户与场景紧密结合，不同场景对应的时间与注意力存在差别。

在技术红利方面，总体来说，广告主对 AI 生成内容（AIGC）的应用态度呈积极状态。其中，超过半成的广告主一旦发现了 AIGC 应用场景，就会积极尝试。近四成的广告主表示会等 AIGC 有了成熟工具或方法后再应用，或者等 AIGC 成为大多数人使用的行业惯例后再进行应用。

（资料来源：央视市场研究（CTR），2024-01）

**思考：**在新的数字经济时代，新趋势、新业态、新职业层出不穷，营销人员必须主动转型，数字营销正在成为“互联网+”变革的重要方向和企业竞争的热点。市场营销在数字经济时代下的职业前景和所需掌握技能有什么样的新变化？

**【知识准备】**

# 任务一　数字营销认知

伴随着全球经济一体化和计算机网络技术的迅速发展，以往的传统市场营销方法已难以满足大众的需求，数字化为营销行业带来了更多的生机与活力，也丰富了营销的方法和渠道。

## 一、数字营销的概念

数字营销（Digital Marketing），又称互联网营销或在线营销，是一种利用数字技术和互联网平台进行产品或服务推广的营销方式。涵盖了多种在线渠道和工具，以与潜在客户互动、建立品牌意识、促进销售为目标。数字营销的核心在于利用数字化的手段，通过各种数字渠道与目标受众进行沟通，从而实现品牌营销和业务目标。

数字营销包括但不限于以下关键元素。

搜索引擎优化（SEO）：通过优化网站结构和内容，使其在搜索引擎中获得更优的排名，提高网站在搜索结果中的可见性。

搜索引擎营销（SEM）：利用付费广告在搜索引擎中展示，以提高网站流量和曝光度，通常包括使用广告平台（如腾讯广告）。

社交媒体营销：利用社交媒体平台（如微信、微博、抖音等）发布内容、进行互动，树立品牌形象，吸引和留住受众。

电子邮件营销：通过电子邮件与潜在客户和现有客户进行沟通，发送定制的信息、促销活动和更新内容。

内容营销：通过创造有价值的内容，如博客文章、视频、社交媒体帖子等，吸引受众，建立品牌专业性和信任度。

移动营销：针对移动端用户，通过应用程序、短信营销等方式进行推广。

数据分析和监测：利用分析工具追踪营销活动的成效，收集数据以优化和调整策略。

## 二、数字营销的特点及意义

数字营销具有六大特征，深度驱动了新经济领域内生产与生活方式的转型，构成了“注意力经济”这一新兴经济形态的关键一环。通过运用先进的数智技术和多样化的数字平台渠道，数字营销助力企业精准捕捉、引导并管理目标消费群体，有效吸引用户“注意力”，进而激发购买意愿，促进交易达成。同时，它还能够增强客户忠诚度与市场美誉度，以成本效益更高的方式，即较低的交易成本与优化的投入产出比，达成既注重营销效果又强化品牌形象的双重目标，实现了品效合一的营销策略。

### 1. 数字营销具有用户服务的功能，助推了居民生活方式的变革

在移动互联网的浪潮下，视频、直播、兴趣导向的电商、社交互动以及新兴资讯平台等线上新生态蓬勃发展，促使居民以网民身份迅速融入并依赖于线上生活及其与线下无缝衔接的场景，共同催生了庞大的流量机遇。数字营销紧跟“消费者主权”时代的步伐，聚焦于“兴趣导向”“个性化需求”及“社交互动”等用户核心诉求，实现了从传统单向广告投放到深度互动式用户管理、内容创作、平台内运营及私域流量培育的全面转型。这一过程不仅将海量流量精准转化为高价值的“注意力”资产，还引领用户深入参与到消费、体验、社交、学习、业务拓展等多维度的数字化生活空间，有力推动并加速了居民生活方式的数字化转型与升级。

根据中国互联网络信息中心发布的第50次《中国互联网络发展状况统计报告》，截至2022年6月底，我国互联网用户数达到10.51亿，比10年前增长87.5%（见图11－1）；人均周上网时长达到29.5小时，比10年前增加9小时/周（见图11－2）。《即时零售开放平

台模式研究白皮书》指出，2016 年以来，O2O 整体市场规模快速扩容，2021 年已突破 3.3 万亿元。

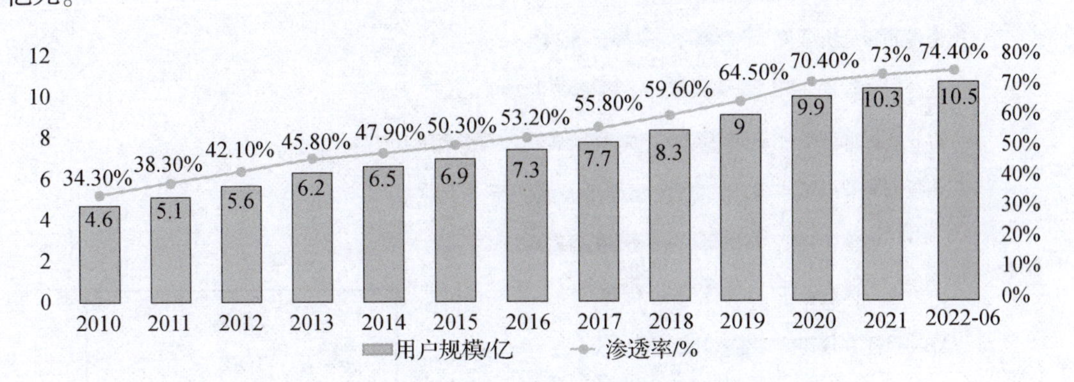


图 11－1　2010—2022 年中国互联网用户规模与渗透率

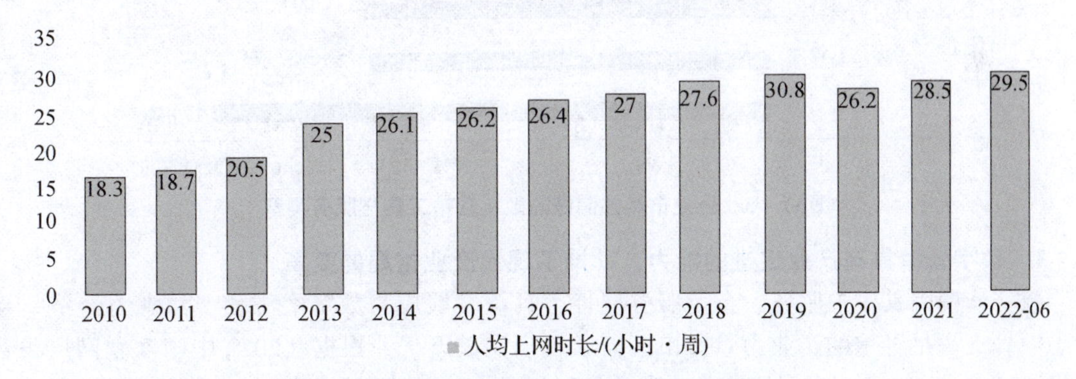


图 11－2　2010—2022 年中国网民人均周上网时长

### 2. 数字营销具有企业服务的属性，助推了企业商业模式的变革

营销与销售，对于所有企业而言，尤其是中小企业，构成了其生存与发展的核心命脉与爆发潜力。当下，线上线下融合加速，数字营销精准对接了“注意力经济”与企业“生存力”及“效益增长”的紧密联系，成为企业数字化转型中最受青睐且成效显著的领域。它不仅为中小企业在数字化转型的征途上开辟了高效路径，还激励了那些具备实力与远见的企业，以数字营销为引擎，优化资源配置，围绕增长、品牌塑造及人才发展，重塑以用户为核心、数据为驱动、价值创造为根本的商业哲学与战略蓝图。反之，若未能紧跟数字营销乃至整体商业战略变革的浪潮，企业在激烈的市场竞争中将面临显著的减速风险，无论是绝对速度还是相对位置，均可能遭受严重冲击。

根据《2022 中国企业数字化营销成熟度报告》，14.14% 的受访 CEO 将数字营销作为首要目标，34.34% 的 CEO 对数字营销与传统营销同等重视并加以落实，两者合计占比 48.48%。SEO/SEM、视频和直播类工具、客户关系管理是企业采购数字营销工具及服务的优先选择，广告投放中的线索获客、用户运营、内容营销成为营销数字化中应用程度最高的领域（见图 11－3）。

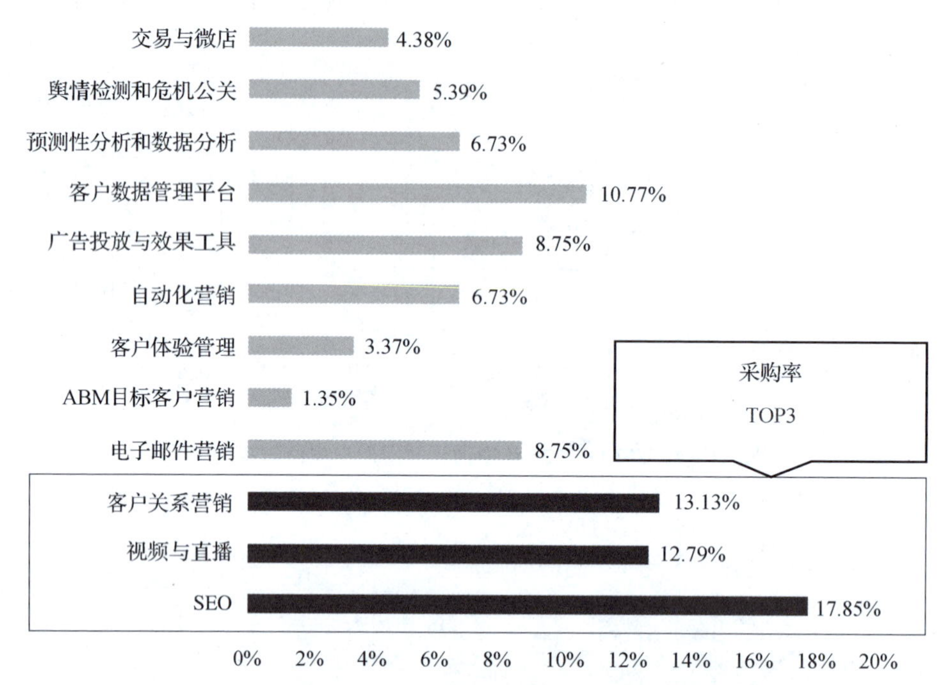


图 11－3　企业市场部偏好的数字营销工具与服务类型

### 3. 数字营销具有产业促进的能力，助推了现代产业格局的变革

数字营销因其用户服务、企业服务属性，日益发展成为数字经济和“注意力经济”新形态中一支举足轻重的产业力量，市场需求规模突破万亿。根据《2022 中国互联网广告数据报告》，2022 年我国互联网广告与营销市场规模合计已达到 11 238 亿元。数字营销凭借其海量、精准且跨越时空限制的“注意力”资源优势，从根本上重塑了产品与服务需求的规模与响应速度，颠覆了地域限制，使得偏远地区的优质产品能够高效触达主流消费群体，极大地加快了企业供需匹配的进程，实现了跨越式的成长，仅用短短 3～5 年的时间便能达成传统模式下需 10～20 年才能累积的成就。

### 4. 数字营销具有技术孵化的基因，助推了数智技术的变革

数字营销深植于技术创新的土壤，聚焦于用户深度剖析、营销策略的精准实施与成效的量化评估。它依托多维度、高精度、实时性强且高度关联的数据管理体系，确保了品牌与效果预算的全程可追踪、可评价、可预见、可考核及持续优化。在汇聚了海量流量资源的万亿级数字营销生态中，这里成了数智技术率先落地与成长的摇篮，促使营销领域成为数据应用最为成熟、人工智能技术及先进算法最为集中的前沿阵地。

### 5. 数字营销具有人才实训的作用，助推了技能人才体系的变革

数字营销不仅是实战的竞技场，更是孕育新职业人才的重要实训基地。在这个系统中，它率先培育并聚集了一大批新兴技能精英，同时极大地刺激了整个行业对人才需求的快速增长，自下而上地催生了众多新兴职业，进一步丰富了国家技能人才职业框架与标准体系。据《数字经济就业影响研究报告》及市场数据分析，2020 年我国数字化人才短缺接近 1 100 万之巨，其中数字营销领域的专业人才缺口就超过了 500 万。为应对新经济的需求，诸如电子商务师、互联网营销师、全媒体运营师等新兴职业已被正式纳入《中华人民共和国职业分类大典（2022 年版）》，标志着它们作为数字时代的重要职业类型，得到了国家职业技能标

准体系的认可。此外，随着《网络主播行为规范》等新规的出台，对涉及医疗、财经、法律、教育等专业领域的网络主播提出了更高的资质要求，强调必须持有相关执业证书方可从业，这进一步提高了数字营销行业的专业门槛与规范化水平。

数字营销在创造大量全职岗位的同时，也通过产业链的精细化分工，促进了灵活就业的兴起。个体化营销、原创视频制作、内容素材编辑、程序代码开发等任务被外包给更灵活的工作者，从而催生了关键意见领袖（Key Opinion Leader，KOL）、达人、主播、自媒体等新型就业群体，形成了包含全职、兼职及自由职业在内的多元化技能人才供给网络，为数字经济的繁荣发展注入了崭新的活力。

**6. 数字营销具有媒介宣传的内涵，助推了数字传媒体系的变革**

数字营销，根植于社交媒体与官方媒体的强大网络之中，其本质体现为一种高度集成的媒介策略与宣传推广实践。随着互联网用户管理与内容运营逐渐成为核心驱动力，这一本质特征不断得到强化与深化。数字营销能够敏锐捕捉并即时响应不同时代消费者的需求变化，鼓励他们分享个人体验、见解、经历与感悟，构建了一个充满活力的交互空间。在此过程中，数字营销不仅促进了短视频、社交互动、兴趣导向电商及即时资讯等内容密集型平台的迅猛发展，实现了新媒体领域的多元化繁荣，还推动了传统媒体的数字化转型，共同优化了整个数字传媒体系的架构与效能。同时，它在塑造公众舆论、强化社会责任感以及引导正确价值观方面，扮演着日益重要的正面角色，为社会的和谐健康发展贡献了积极力量。

**【营销案例】**

**杭州亚运会：数字化赋能下的全新营销纪元**

2023 年 9 月 23 日，第 19 届亚运会在杭州举办，本届亚运会是近年来亚洲规模最大、规格最高的综合性运动会，凭借前沿技术、多元内容、高标准、高话题度成为 2023 年最热门的营销场之一。本届亚运会集合体育亚运、城市亚运及品牌亚运三大导向，采用符合年轻人口味的创新方式，运用先进的数字技术，深入挖掘本地文化元素，汇聚了 176 家企业、涵盖 118 类赞助商、总赞助金额超 44 亿元。其中，支付宝亚运数字火炬手参与人数超过 1 400 万人，传播引爆力总值超过 7 500 万；伊利亚运定制纯牛奶的传播引爆力总值超过 1 500 万，传播引爆度达到 4.85%。

除了赞助品牌方外，杭州亚运会拍摄的《相约杭州》《亚运 Show 杭州》等主题宣传片也将亚运热度推向高潮。抖音报告显示，超过 383 万用户参与“杭州亚运会”主话题投稿，杭州亚运会赛场 BGM、最美杭州、亚运之城等话题视频播放量突破 503 亿，“全民亚运观赛团”话题下，抖音上的体育明星达人带网友近距离感受火热亚运赛场，视频累计播放量超 1.9 亿。根据总台的数据显示，总台电视端 + 新媒体的组合形成了强势覆盖规模，触达 10 亿多人群，境内累计触达人次达到 414.23 亿次。舆情方面，根据 CTR 媒介智讯舆情监测的数据显示，主流社媒平台，全网传播互动量及平台贡献达到 16.78 亿次。微博相关话题阅读量已超 10 亿，互动量近 100 万。

（资料来源：现代广告杂志社，2024-01-05）

## 三、数字营销岗位认知

中国商业联合会通过多家招聘网站数据分析，归纳总结出企业数字营销所需要的六大类岗位：APP运营类岗位、互动营销类岗位、品牌运营类岗位、广告推广类岗位、内容策划类岗位、营销策划类岗位，如表11－1所示。

**表11－1 数字营销所需要的六大类岗位及岗位职责**

| 岗位 | 工作领域 | 岗位职责 |
| --- | --- | --- |
| APP运营类岗位 | APP内容运营 | ①APP的专题栏目内容运营和专题策划；<br>②负责社交平台内容运营和管理，优化用户生成的内容（UGC），与用户互动，鼓励并引导用户创作内容；<br>③协调内外部资源，解决内容层面上的用户体验痛点；<br>④优化用户体验，参与规划社交社区板块和产品功能设计，分析和学习竞品运营策略 |
| | APP活动运营 | ①策划并推进各类APP线上活动、话题、专题等，以提升用户活跃度并拉动用户增长；<br>②根据各方资源制定富有创意、迎合热点及节日的活动或专题策划；<br>③负责推进营销活动，统筹协调活动资源，收集活动反馈并进行跟踪分析总结；对活动效果负责，完善活动方案 |
| | 小程序运营 | ①负责小程序的活动策划、产品运营、用户运营、数据分析；<br>②负责各场景、各品类差异化的梳理及沉淀，提升私域流量；<br>③负责小程序矩阵的推广运营及购买转化，制定符合小程序用户增长的活动运营策略，增加用户黏性，打造有活力的高质量用户群；<br>④制定分销机制，完善社群激励机制，挖掘核心粉丝并维护客户关系，提升核心用户的留存率和转化率；<br>⑤负责小程序销售数据、商品规划数据、店铺日常数据等的监管及分析 |
| 互动营销类岗位 | 社群营销 | ①锁定精准用户，通过微信、微博、论坛等工具带动社群扩展，有效实现用户拉新；<br>②组织策划社群主题活动，提升社群用户黏性及活跃度，搭建用户成长体系；<br>③负责用户信息管理，保证沟通及时有效，通过对用户需求和反馈的收集整理推动产品改进，不断提高用户的满意度；<br>④负责其他渠道新用户在社群内的分流与沉淀，提升社群客户黏性，定期形成社群运营分析报表 |
| | 用户运营 | ①负责KOL、核心用户和种子用户的运营，及时发现、挖掘、管理优质用户；<br>②设计运营活动方案，引入目标用户，提升用户活跃度，促进其购买产品；<br>③制定并实施清晰的用户互动策略，通过持续互动转化潜在用户，提升公司及产品口碑；<br>④负责收集用户的线上反馈意见，及时发现并处理问题；<br>⑤完成种子用户人群画像库的建立 |

续表

| 岗位 | 工作领域 | 岗位职责 |
| --- | --- | --- |
| 互动营销类岗位 | 客户关系管理 | ①建立并完善服务体系；对客户的触点页面和流程体验进行分析，结合客户洞察，定位挑战和机遇，提出优化和改进建议。<br>②负责开展客户体验调研，发现客户问题。<br>③负责参与客户体验管理指标体系搭建，监控客户体验指标变化，落实客户体验指标管理。<br>④参与客户关系管理体系的规划建设；参与建立、优化、整合客户关系的相关流程，在系统层面落地并执行推广。<br>⑤策划客户服务活动并负责方案的落地实施 |
| 品牌运营类岗位 | 品牌管理 | ①提供品牌整合营销及品牌建设战略规划，制定并实施阶段化品牌推广目标和方案；<br>②负责品牌与竞品的市场调研，把握行业及竞争对手的最新动态，制定应对策略；<br>③拓展和策划各个主流广告平台的市场品牌活动，包括但不限于搜索引擎、信息流投放、小程序广告等付费或免费合作渠道，制定投放或合作方案和计划；监控投放渠道的流量和转化数据并开展分析，根据数据表现调整和优化投放 |
| | 品牌传播 | ①协助制定传播方针和政策，为部门管理与开展工作提供数据支持，保证部门稳定、高效、专业化运行；<br>②负责新媒体资源整合优化，资源谈判及购买、媒体关系维护等工作，保证媒体资源满足策略计划，达到预期效果；<br>③组织实施媒体传播项目，协助沟通引入第三方监控资源，对媒体投放进行监控，保证投放的准确性并及时调整，确保年度媒体传播项目有序进行；<br>④在部门总预算的基础上，制定季度、月度媒体投放总结和预算调整计划；<br>⑤按照精准投放预算，协助完成精准投放计划 |
| | 品牌推广 | ①根据品牌定位，协助上级制定年度宣传推广方案；<br>②负责建立和维护品牌推广的主要合作资源，各种推广类内容的策划、设计、撰写及发布；<br>③调查及掌握品牌营销领域的最新动态，了解行业市场信息，能够根据线上线下市场活动进行分析，定期形成分析报告 |
| 广告推广类岗位 | SEO | ①负责公司网站 SEO；能够根据公司战略发展要求制定全面的搜索引擎优化策略，提升品牌词、核心词、长尾词的搜索引擎收录及自然排名；负责以搜索引擎优化为主的网络营销研究、分析与服务工作；<br>②负责网站的外部链接组织与软文宣传；<br>③负责研究竞争站点，深入挖掘用户搜索需求，改进 SEO 策略，提升业务关键词排名与整体搜索流量；<br>④负责站内优化，制定行业网站各频道的 SEO 标准及策略并形成相应要求的文档，监督网站编辑执行并进行实时监控 |
| | SEM | ①负责搜索引擎推广账户的日常优化及管理工作；<br>②运用搜索引擎排名机制提高网站流量；<br>③控制账户消费金额，通过合理运用账户资金实现广告预期效果；<br>④统计每日的消费、流量数据，根据数据报告制定关键词优化策略和投放策略；<br>⑤根据运营要求，灵活控制推广力度和资金投入，提高投资回报率 |

续表

| 岗位 | 工作领域 | 岗位职责 |
| --- | --- | --- |
| 广告推广类岗位 | 信息流推广 | ①负责广告投放策划和优化策略的定制及执行，对投放数据进行监控和分析，并优化投放效果；<br>②熟练操作信息流推广等推广后台；<br>③定期和搜索媒体沟通，了解产品变化并应用到推广方案中；<br>④定期提供数据分析报告并找出相应的改进方法，保证信息流广告正常有效地推送；<br>⑤监控和研究竞争对手及其他网站搜索营销策略，提前调整方案，不断优化账户，提高投资回报率（ROI） |
| | APP推广 | ①负责应用市场优化（ASO）；<br>②负责APP的渠道推广工作，以提升APP下载量和激活量；<br>③根据公司要求制订有效的APP渠道推广计划并实施；<br>④定期统计推广数据并进行有效分析，不断优化推广方案 |
| 内容策划类岗位 | 文案策划 | ①结合市场舆情和变动，主动挖掘客户公司产品的宣传卖点，策划合适的选题稿件；<br>②撰写日常宣传文案、推广文案、活动文案等营销文案；<br>③能结合市场变化、客户需求和行业发展趋势，及时提出具有实际执行意义的方案；<br>④配合市场部门的营销执行计划，完善文案创意，完成创意执行的具体工作；<br>⑤负责整体创意文案的撰写工作，包含社交媒体账号内容发布、活动主题与标语设计、论坛软文创作等 |
| | 视频内容策划 | ①根据视频平台的产品特性，进行视频内容创作与筛选，能够跟踪与分析相关数据，不断为平台视频内容提供符合渠道传播的创意；<br>②有敏锐的市场嗅觉，能够跟踪与分析目标用户和竞品的变化趋势，并能够挖掘产品的可切入点；<br>③研究视频热点话题和网络流行趋势，关注底层逻辑，深挖用户需求，拆解并提炼热门视频的亮点与框架；<br>④深挖产品卖点，定位目标用户，并洞察需求，创作以市场导向为核心的创意脚本；<br>⑤与视频团队协同完成视频制作，跟进后期发布与投放；<br>⑥跟进视频投放效果，分析数据，持续优化内容 |
| 营销策划类岗位 | 内容营销策划 | ①根据品牌调性和不同平台的运营策略，搭建社交媒体内容矩阵，规划发布内容；<br>②独立输出营销内容，如选题、策划、文案、视频脚本、公众号文章等；<br>③配合运营团队，根据平台运营活动节奏策划活动主题，跟进活动落地；<br>④深入洞察消费者，分析运营数据和用户数据，及时复盘调整，提升用户量、阅读量和互动量 |
| | 品牌营销策划 | ①根据品牌策略独立策划品牌活动，整合内部资源以确保活动顺利落地，把控时间节点。按时完成工作进度；<br>②结合品牌年度规划、实时热点和行业趋势，围绕品牌定位输出创意内容，形式包括但不限于文字、图片、视频等；<br>③进行跨品牌合作洽谈，制定符合品牌定位的可落地执行的合作方案；<br>④追踪媒体投放效果，进行传播效果分析 |

# 任务二　数字营销类型

在这个充满机遇与挑战的数字时代，掌握数字营销类型的知识与技能，对于任何希望在市场中脱颖而出、持续增长的企业而言，都是至关重要的。本任务将系统介绍主流及新兴的数字营销类型，分析其特点、优势、应用场景以及成功案例，帮助读者全面了解数字营销的生态体系与运作机制。

## 一、SEO

SEO 被定义为“使网页对搜索引擎具有吸引力的艺术和科学”，SEO 要求研究和权衡不同的促成因素，以便在搜索引擎结果页面（SERPs）上获得尽可能高的排名。在为搜索引擎优化网页时，需要考虑的最重要因素包括内容质量、用户参与度、移动友好性、入站链接的数量和质量。

除此以外，还需进行技术性 SEO 优化。提高技术性 SEO 可以帮助搜索引擎更好地浏览和抓取网站。这些因素的战略运用目标是在搜索引擎结果页的第一页上排名。这能确保那些搜索与品牌有关的特定查询的人可以很容易地找到企业的产品或服务。在搜索引擎优化中，获得高排名并没有可量化的标准或统一的规则，因此无法做出准确的预测，数字营销人员能做的是密切监测网页的表现，并相应地调整策略。

## 二、内容营销

内容营销，作为一种聚焦于向品牌的目标受众精准传递相关且高价值信息的战略，其终极目标在于吸引潜在线索，并最终促成客户转化。这一过程，区别于传统广告的直接推销，而是通过免费提供诸如博客、电子书、新闻简报、视频及音频访谈等形式的优质内容，以间接而深邃的方式触动消费者。

内容营销的重要性，通过一系列引人注目的统计数据得以彰显：84% 的消费者期待企业能提供既有趣又实用的内容体验；在大型企业中，超过 60% 的拥有 5 000 名及以上员工的机构坚持日常内容产出；更引人注目的是，92% 的营销专业人士将内容视为企业的宝贵资产，凸显了其在现代营销版图中的核心地位。然而，尽管内容营销展现出强大的效能，其实施过程却颇具挑战性。内容创作者不仅需要确保内容能在搜索引擎中脱颖而出，更要激发读者的阅读兴趣，促进内容的分享与品牌互动。当内容高度契合受众需求时，它便能在整个营销漏斗中构建起坚实的信任桥梁。

为打造既高度相关又引人入胜的内容，明确目标受众至关重要。品牌需清晰界定其希望通过内容营销触及的目标群体，进而精准定制内容类型。在内容形式上，创作者拥有广泛的创意空间，视频、博客、可下载工作表等多样化的载体均可成为传递价值的强大工具。

无论选择何种形式，遵循内容营销的最佳实践都是通往成功的关键。这意味着确保内容语法无误、表述清晰、易于理解，同时保持高度的相关性与趣味性。此外，内容设计应巧妙引导读者向营销漏斗的下一阶段迈进，无论是促成与销售代表的初步咨询，还是引导至产品注册页面，都需精心布局，以实现最终的转化目标。

## 三、社交媒体营销

社交媒体营销的核心在于利用在线对话的力量，驱动流量增长并提升品牌知名度。企业能够借此平台凸显其品牌特色、产品优势、服务价值及企业文化等多元面内容。鉴于全球数十亿用户活跃于各类社交媒体平台，深入探索并投资于社交媒体营销策略显得尤其重要且潜力巨大。当前，微博、微信、抖音、小红书等已成为最受欢迎的社交媒体平台，企业选择何种平台，需紧密围绕其营销目标及目标受众特性进行考量。

社交媒体营销的一大优势在于其内置的参与度分析工具，这些工具为企业提供了宝贵的洞察，帮助企业精准把握与受众的互动深度。企业可根据自身需求，设定关键互动指标，如分享次数、评论质量或官方网站访问量等，以评估营销效果。值得注意的是，并非所有社交媒体营销活动都直接追求即时销售转化，许多品牌更倾向于利用这一渠道与受众建立深度对话，特别是在面向成熟消费群体或推广非即时消费型产品/服务时，这种策略尤为有效。

制定有效的社交媒体营销策略，需紧密围绕企业的具体目标，并严格遵循一系列最佳实践。这包括但不限于：创作高质量、引人入胜的内容，以吸引并保持受众关注；以专业、积极的态度回应每一条评论与疑问，构建良好的品牌形象；制定并执行科学的社交媒体内容发布时间表，确保信息在最佳时段触达目标受众；考虑聘请专业的社交媒体经理，以专业水平支持营销策略的落地执行；同时，深入了解目标受众及其偏好的社交媒体平台，实现精准营销。

## 四、点击付费营销

每次点击付费（PPC）作为数字营销领域的一种策略，其核心在于企业仅需为实际发生的广告点击量付费，而非持续支付固定费用以维持广告在线上的曝光。这意味着企业的广告投放成本直接与其广告内容吸引用户点击的能力相关联，实现了更为精准的营销支出控制。

关于广告展示的逻辑，它涉及一系列复杂而精细的机制，尤其是当涉及搜索引擎广告这一最常见的 PPC 类型时。搜索引擎通过在其结果页面上的空位发起即时竞价，允许广告商参与竞争，以获得展示机会。这一过程背后，一套智能算法会根据多个关键维度对参与竞价的广告进行排序，包括但不限于广告的质量评分、关键词与搜索查询的匹配度、着陆页的用户体验质量以及广告主的出价金额。

一旦用户输入特定查询信息并触发搜索，根据算法综合评估后的 PPC 广告便有机会出现在搜索结果页的显眼位置，通常是顶部区域。这样的设计旨在确保用户能够快速接触到与其需求高度相关的广告信息。

每个 PPC 广告活动都设定了明确的行动目标，要求点击广告后的访问者完成特定的转化行为。这些转化可以是直接的交易行为，如购买商品或服务，也可以是非交易性的互动，如填写表单、下载资料或注册会员等。通过追踪和衡量这些转化行为，企业能够评估广告活动的效果，并据此优化未来的营销策略。

## 五、联盟营销

联盟营销，作为一种创新的数字营销手段，其核心在于通过促进他人业务增长来实现盈利。这一策略的主体角色灵活多变，既可以是积极推广的联盟成员，也可以是寻求合作的企业方，但无论扮演何种角色，其运作机制均保持一致——基于收入共享的合作模式。当联盟成员以会员身份参与时，他们通过分享特定商品或服务的链接，每当有顾客通过这些链接完成购买，便能获得相应的佣金作为回报。而对于商家而言，他们则通过联盟营销网络，向为其带来实际销售的联盟成员支付报酬，以此激励产生更多联盟成员进行合作与交易。

在联盟营销的实践中，有的营销人员选择专注于某一品牌或产品的深度推广，利用博客、第三方平台等渠道发表专业评论与推荐；而另一些营销人员则采取更广泛的合作策略，与多家商家建立联系，拓宽推广范围。无论是寻求成为联盟成员还是招募合作伙伴，首要步骤都是建立稳固的合作关系。这可以通过专门的数字平台实现，这些平台专为连接联盟成员与零售商而设计，或者通过直接参与或发起针对特定零售商的联盟项目来完成。对于零售商而言，若选择直接与联盟成员合作，则需精心打造具有吸引力的联盟项目，以吸引并留住优秀的推广者。这包括但不限于提供丰厚的业绩奖励、易于使用的营销工具包以及预先设计好的宣传素材，全方位支持联盟成员的成功推广，共同促进业务增长。

## 六、原生广告

原生广告是一种创新的数字营销策略，其核心理念在于与周围的内容环境和谐共生，实现无缝融入，从而降低其作为广告的显性特征。这种策略的诞生，正是为了应对现代消费者对传统广告日益增长的抵触与怀疑心理。当消费者意识到广告内容的背后存在金钱交易时，他们往往对于这些广告带有偏见，从而选择性地忽略它们。原生广告巧妙地规避了这一困境，通过首先提供有价值的信息或娱乐内容来吸引受众，而非直接进行产品推销，从而弱化了“广告”本身的色彩。然而，为了维护广告透明度和尊重消费者知情权，原生广告必须明确标注其性质，如使用“推广”“赞助”等字样进行清晰标识。若这些标识被刻意隐藏，可能导致读者在不知情的情况下长时间沉浸于广告内容中，最终发现真相时可能产生负面感受。当企业的消费者能够清晰、明确地识别出原生广告的本质时，他们往往会对企业所呈现的内容和品牌持更加积极和正面的态度。虽然原生广告在说服力上可能不及传统广告直接，但其核心目的并非欺骗，而是以一种更加自然、贴近受众需求的方式传递信息，促进品牌与消费者之间的良好沟通。

## 七、KOL 营销

KOL 营销，是一种高度聚焦且极具影响力的数字营销策略。它依赖于在特定行业或领域内拥有广泛粉丝基础和高度信任度的权威人物，通过他们的独特视角、专业知识和个人魅力，向受众推荐或分享特定品牌的产品或服务。在 KOL 营销中，选择合适的 KOL 至关重要。这要求品牌不仅要关注 KOL 的社交媒体影响力（如粉丝数量、互动率等），还要深入分析其粉丝群体的属性、兴趣与品牌目标受众的契合度。此外，KOL 的专业性、口碑以及过往合作案例也是评估其是否适合品牌合作的重要因素。

KOL 营销的优势在于其能够避免传统广告的“硬推销”模式，以更加自然、贴近受众需求的方式传递产品信息。由于 KOL 与粉丝之间建立了深厚的信任关系，因此他们的推荐和分享往往能够引起粉丝的共鸣和购买欲望。此外，KOL 营销还具有高度的灵活性和创新性，可以根据市场变化和受众需求及时调整策略和内容形式，以保持对受众的吸引力。

## 八、电子邮件营销

电子邮件营销的基本原理颇为直接，即企业向潜在客户发送促销信息，并期望引起他们点击的兴趣。然而，将其付诸实践却远非易事，涉及诸多细致考量。首要任务是确保邮件内容受到欢迎，这要求企业构建一份精心筛选的订阅者名单，并采取一系列策略提升邮件吸引力：个性化邮件正文与主题行，明确告知订阅者邮件的内容和性质，提供直观的退订路径以增强透明度，以及巧妙融合交易性与促销性邮件的内容。企业追求的不仅是邮件作为促销手段的直接效果，更期望将其打造为一种对潜在客户而言具有实际价值的服务体验。事实上，电子邮件营销已被证实为一种高效的市场推广方式，据调查，高达 89% 的业界专家认为它是获取潜在客户最为有效的途径之一。

若企业能进一步融合其他数字营销先进技术，如营销自动化工具，则能更深层次地优化邮件营销策略。通过精细化分群与定制化发送安排，企业能更精准地满足不同客户需求，提升营销效率。对于涉足电子邮件营销领域的企业，以下是一些实践建议：细致划分目标受众，确保每封邮件都能精准触达潜在兴趣人群；优化邮件的移动端显示效果，适应现代用户习惯；制定并执行有序的活动时间表，保持营销节奏；利用 A/B 测试方法，持续迭代优化邮件内容与形式，以数据驱动决策，不断提升营销效果。

### 【同步习题】

**1. 单项选择题**

（1）以下哪个不是数字营销的关键因素（　　）。

A. SEO　　B. SEM　　C. 社交媒体营销　　D. 户外大牌

（2）以下哪个不是搜索引擎优化网页时要考虑的最重要的因素（　　）。

A. 内容质量　　B. 用户参与度

C. 移动友好性　　D. 可打印的工作表

（3）点击付费的英文缩写是（　　）。

A. PPC　　B. SEM　　C. SEO　　D. KOL

**2. 简答题**

（1）企业数字营销所需要的六大类岗位有哪些？

（2）数字营销的六大特征是什么？

（3）数字营销有哪些类型？

## 【实践训练】

### 1. 实训目的

（1）通过本次实训，学员能够掌握数字营销的基本策略和技巧。

（2）在未来工作岗位中，学员可以运用各种数字营销工具进行品牌推广，能够灵活应对市场变化，制定有效的数字营销方案。

### 2. 实训内容

××品牌是一家新兴的运动鞋品牌，希望通过数字营销提升其品牌知名度和市场份额，作为数字营销团队的主管，你需要为该品牌设计一个全面的数字营销方案。

### 3. 实训步骤

（1）市场调研：收集并分析竞争对手的数字营销策略；调查目标受众的需求、偏好和消费习惯；了解运动鞋市场的趋势和最新动态；制定数字营销策略。

（2）确定目标：提升品牌知名度、增加网站流量、提高销售额等。

（3）选择营销渠道：社交媒体、搜索引擎营销、电子邮件营销等。

（4）制定内容营销策略：包括创作有吸引力的文案、图片和视频等。

（5）实施数字营销活动：创建并管理品牌的社交媒体账号（如微博、微信、抖音等），定期发布内容并与粉丝互动；设计并执行电子邮件营销活动，向潜在客户推广新产品和优惠活动；开展 SEO 和 SEM，提升品牌在搜索结果中的排名。

（6）合作与运动鞋相关的网络红人或 KOL 进行产品推广。

（7）撰写数字营销实训方案。

### 4. 实训评价表

实训完成后，对实训效果进行评分，并记录在评价表中。

评价表

| 评价项目 | 分值 | 得分 |
|---|---|---|
| 1. 实训计划设计合理，准备工作充分，实训过程中有详细的记录 | 10 | |
| 2. 理论知识扎实，按照规定的实训步骤完成实训项目，逻辑清晰 | 20 | |
| 3. 组员之间能够进行有效的沟通，整个过程组织合理，语言表达准确无误，条理清晰 | 20 | |
| 4. 积极参与小组讨论，可以提出建设性意见或建议 | 20 | |
| 5. 对待任务认真，严格按照计划开展实训项目，态度良好 | 20 | |
| 6. 不迟到、不早退，听从指导教师安排，不私自中途离开实训场地 | 10 | |
| 总分 | 100 | |

### 5. 注意事项

（1）深入市场调研，注意数据的准确性，全面分析竞争对手、目标受众及市场趋势。

（2）明确团队成员职责，加强沟通与协作，确保每位学员了解实训的最终目标和期望成果。

# 项目十二
# 新媒体营销

## 【项目导读】

通过本章的学习，了解新媒体营销的概念与类型；理解新媒体的营销方法与思维方式，帮助企业明确自身的目标，能够清晰运用新媒体营销的方法与思维方式，完成新媒体运营活动；能合理掌握并选择新媒体的相关技能工具，完成品牌建设、互动营销、舆论监控、客户管理等工作。

## 【学习目标】

- 知识目标

(1) 了解新媒体营销的概念与类型。

(2) 理解新媒体的营销方法与思维方式。

(3) 掌握新媒体运营所需工具。

- 能力目标

(1) 能够清晰运用新媒体营销的方法思维。

(2) 能够合理掌握并运用新媒体的相关技能工具。

(3) 能够完成新媒体运营活动。

- 素质目标

引导学生正确面对新媒体营销工作，培养学生的良好品质。

## 【学习指南】

### 1. 知识结构图

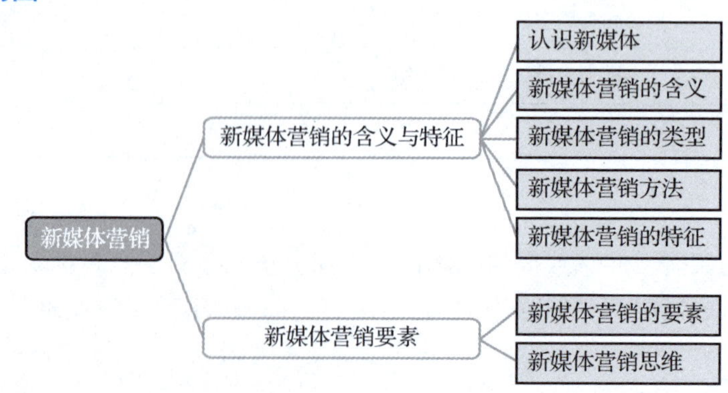

**2. 重难点内容**

（1）重点：新媒体的含义及特征、新媒体营销的含义及特征。

（2）难点：新媒体营销的思维方式、策略。

**【问题导入】**

新媒体营销，是指基于互联网平台进行的新形式营销，以微博、微信小程序、H5 等新媒体为传播渠道，就企业相关产品的功能、价值等信息来进行品牌宣传、公共关系、产品促销等一系列营销活动。作为企业营销战略的一部分，新媒体营销是新时代企业全新的营销方式。新媒体营销的职业前景和社会需求如何？带着这个问题开始项目十二的学习。

**【案例导入】**

### 支付宝集五福活动

**一、案例背景**

支付宝自 2016 年起推出的集五福活动，已经成为春节期间的一项全民参与的盛事。该活动利用支付宝平台，结合新年传统文化习俗，通过创新的方式吸引用户参与，不仅增强了用户黏性，也极大地提升了支付宝的品牌影响力。

**二、营销目标**

提升品牌曝光度：通过大规模的社交传播，提高支付宝的品牌曝光度。

增强用户互动：通过用户间的互动（如扫码、交换福卡等），增强用户与支付宝平台的黏性。

促进业务增长：通过活动引导用户完成特定任务（如使用支付宝支付、开通特定服务等），促进支付宝相关业务的增长。

**三、营销策略**

创新玩法：支付宝集五福活动每年都会推出新的玩法，如增强现实（AR）扫福、蚂蚁森林浇水得福卡等，保持活动的新鲜感和吸引力。

社交裂变：用户可以通过支付宝的社交功能邀请好友参与，共同集福，这种社交裂变的方式极大地扩大了活动的传播范围。

跨界合作：支付宝与众多品牌进行跨界合作，推出联名福卡、特别福卡等，增加了活动的趣味性和吸引力。

激励机制：用户集齐五福后可以瓜分巨额红包，这种激励机制极大地激发了用户的参与热情。

**四、营销效果**

品牌曝光度提升：支付宝集五福活动每年都能引发广泛的社会关注和讨论，极大地提升了支付宝的品牌曝光度。

用户参与度高：活动参与人数逐年攀升，形成了良好的口碑传播效应。

业务增长显著：活动期间，支付宝的支付、转账、理财等业务量均有显著增长。

（资料来源：百度，2021－03－14）

【知识准备】

# 任务一 新媒体营销的含义与特征

## 一、认识新媒体

新媒体是一个相对的概念，与媒介技术的不断推陈出新紧密相关。相对于报刊、户外媒体、广播、电视四大传统意义上的媒体，新媒体被形象地称为“第五媒体”。新媒体是一个相对的概念，与媒介技术的发展密切相关，人们对新媒体的认识也从来不是一蹴而就的，是随着新媒介的发展不断加深。

清华大学熊澄宇教授提出：“所谓新媒体，或称数字媒体、网络媒体，是建立在计算机信息处理技术和互联网基础之上的，发挥传播功能的媒介总和，全方位、立体化地融合了大众传播、组织传播和人际传播，有别于传统媒体的功能并影响我们的社会生活。”

广义而言，新媒体指利用数字技术、网络技术，通过无线通信网、宽带局域网、互联网等传播渠道，结合手机、计算机等输出终端，向用户提供文字、图片、音频、视频等信息及服务的新型传播形式与手段的总称。

狭义上讲，新媒体可以理解为“新兴媒体”，即以数字技术为基础，以网络为载体进行信息传播的媒介。

2024年3月22日，中国互联网络信息中心（CNNIC）在京发布的第53次《中国互联网络发展状况统计报告》显示，截至2023年12月，我国互联网用户规模达10.92亿人，较2022年12月新增互联网用户2 480万人，互联网普及率达77.5%。

## 二、新媒体营销的含义

新媒体营销，是指基于互联网平台进行的新形式营销，以微博、微信小程序、H5等新媒体为传播渠道，根据企业相关产品的功能、价值等信息来进行品牌宣传、公共关系、产品促销，向客户广泛、精准地推送消息，以提高品牌知名度和客户参与度的一系列营销活动。作为企业营销战略的一部分，新媒体营销是新时代企业全新的营销方式。

经济日报头版透析直播带货：为何能逆势成长？如何实现持续发展？

简单来说，新媒体营销是利用新媒体平台开展的营销活动。从本质上来说，新媒体营销是企业软性渗透的商业策略在新媒体形式上的实现，借助媒体表达与舆论传播使消费者认同某种概念、观点和分析思路，从而达到企业品牌宣传、产品销售等目的。

由于新媒体营销可以从技术上的数字化与传播上的互动性出发进行营销，这种营销模式更注重内容的多样性和传播过程的互动性。企业可以通过新媒体平台的消费者反馈，及时调整传播策略和营销策略，甚至针对不同的个体采用个性化的营销方式。

## 三、新媒体营销的类型

新媒体营销的类型包括微信营销、微博营销、短视频营销、自媒体营销、社群营销。

微信营销是网络经济时代企业或个人营销模式的一种，是伴随着微信的火爆而兴起的一种网络营销方式。微信不存在距离的限制，用户注册微信后，可与周围同样注册的“朋友”形成一种联系，用户通过订阅自己所需的信息，商家通过提供用户需要的信息，推广自己的产品，从而实现点对点的营销。

【营销故事】

新媒体营销：拼多多的迅速崛起

微博营销经典案例

微博营销是指通过微博平台为商家、个人等创造价值而执行的一种营销方式，也是指商家或个人通过微博平台发现并满足用户的各类需求的商业行为方式。微博营销以微博作为营销平台每一个粉丝都是潜在的营销对象，企业利用更新自己的微型博客向网友传播企业信息、产品信息，树立良好的企业形象和产品形象。每天更新内容就可以跟大家交流互动，或者发布大家感兴趣的话题，这样来达到营销的目的，这样的方式就是互联网新推出的微博营销。

关于什么是短视频，目前尚没有一个合适的定义。SocialBeta 将其定义为短视频是一种视频长度以秒计数，主要依托于移动智能终端实现快速拍摄与美化编辑，可在社交媒体平台上实时分享和无缝对接的一种新型视频形式。

短视频的出现既是对社交媒体现有主要内容（文字、图片）的一种有益补充。同时，优质的短视频内容亦可借助社交媒体的渠道优势实现病毒式传播。在厘清了短视频的概念之后，短视频营销就可以理解为企业和品牌主借助于短视频这种媒介形式用以社会化营销（Social Marketing）的一种方式。

自媒体营销就是利用社会化网络、在线社区、博客、百科、短视频、微博、微信、今日头条、百度、搜狐、凤凰、UC 等平台或者其他互联网协作平台和媒体来传播和发布资讯，从而形成的营销、销售、公共关系处理和客户关系服务维护及开拓的一种方式。其主要特点是网站内容大多由用户自愿提供用户生成内容（UGC），而用户与站点不存在直接的雇佣关系。自媒体传播的内容量大且形式多样；每时每刻都处在营销状态、与消费者的互动状态，强调内容性与互动的技巧；需要对营销过程进行实时监测、分析、总结与管理；需要根据市场与消费者的实时反馈调整营销目标等。自媒体的崛起是近些年来互联网的一个发展趋势。

社群营销是在网络社区营销及社会化媒体营销基础上发展起来的，用户连接及交流更为紧密的网络营销方式，是通过产品和服务满足具有共同兴趣爱好群体的需求而产生的商业形态。

## 四、新媒体营销方法

### （一）病毒营销

病毒营销是指利用公众的积极性和人际网络，让营销信息像病毒一样传播和扩散，营销信息被快速复制传向数以万计、数以百万计的受众，像病毒一样深入人脑，快速复制并广泛传播，短时间内将信息传向更多的受众。

### （二）事件营销

事件营销是指通过策划、组织和利用具有新闻价值、社会影响以及名人效应的人物或事件，吸引媒体、社会团体和消费者的兴趣与关注，以求提高企业或产品的知名度和美誉度，树立良好的品牌形象，最终促成产品或服务销售的手段和方式。

### （三）饥饿营销

饥饿营销就是商家通过大量广告促销宣传，勾起顾客的购买欲，然后采取控制手段让用户苦苦等待，结果反而更加刺激购买欲的营销方式。有利于其产品提价销售或为未来大量销售奠定客户基础。但需要注意的是，在市场竞争不充分、消费者心态不够成熟、产品综合竞争力不可替代性较强的情况下，这种方式才能较好地发挥作用，否则就会有负面效果。

### （四）口碑营销

在这个信息爆炸的时代，消费者对广告、新闻等都具有极强的免疫能力，只有新的口碑传播内容才能吸引大众的关注与议论。口碑传播最重要的特征就是可信度高，一般情况下，口碑传播都发生在朋友、亲戚、同事等关系较为亲密的群体之间。

### （五）知识营销

知识营销是指通过有效的知识传播方法和途径，将企业所拥有的对用户有价值的知（包括产品知识、专业研究成果、经营理念、管理思想，以及优秀的企业文化等）传递给潜在用户，并逐渐形成对企业品牌和产品的认知，将潜在用户最终转化为用户的过程和各种营销行为。

### （六）情感营销

情感营销就是把消费者个人情感差异和需求作为企业品牌营销战略的情感营销核心借助情感包装、情感促销、情感广告、情感口碑、情感设计、企业文化等策略来实现企业的经营目标。在情感消费时代，有时消费者购买商品所看重的已不是商品的数量、质量和价格，而是一种情感上的满足，一种心理上的认同。

情感营销是什么？

### （七）会员营销

会员营销是一种基于会员管理制度的营销方法，商家通过会员积分、等级制度等多种管理办法，增加用户的黏性和活跃度，持续延伸用户生命周期。并通过客户转介等方式实现客户价值最大化。

会员营销是一种精准营销，通过将普通顾客变为会员，分析会员消费信息，挖掘顾客的后续消费力并汲取其终身消费价值，来实现企业效益和规模的不断放大。会员营销也是一种持续吸引消费者的手段，在新媒体营销中运用非常广泛。

### （八）社群营销

社群营销是基于圈子和人脉而产生的营销模式，是基于相同或相似的兴趣爱好，通过某种载体聚集人气，通过产品或服务满足群体需求而产生的商业形态。社群营销的载体不局限于微信、论坛、微博、QQ群等各种平台，线下的社区也可以进行社群营销。社群营销模式所具备的特征主要有：组织发展与团队经营，传播平台的有效利用，内容重要的社群凝聚，KOL和社群的深度研发。

【营销案例】

“凯叔讲故事”的社群营销

### （九）互动营销

互动营销的双方，其中一方是消费者，另一方是企业。只有抓住共同利益点，找到巧妙的沟通时机和方法，才能将双方紧密结合起来。互动营销尤其强调双方都采取一种共同行为。互动营销的优势：促进客户重复购买，有效地支撑关联销售，建立长期的忠诚客户，实现顾客利益最大化。将互动营销作为企业营销战略的重要组成部分，是未来许多企业新媒体营销的发展方向。

## 五、新媒体营销的特征

### （一）形式多样，个性化突出

新媒体渠道的多样化带来的是营销方式的多元化，微博、微信、抖音、快手等短视频平台等新媒体各有特色，每种新媒体代表的都是一种不同的营销方式，企业可以通过一种或多种组合方式开展营销。从消费者的角度而言，人们倾向于在自己更熟悉、更信任的媒体上进行消费和购买。在新媒体上，企业通过个性化的手段和内容与消费者建立关系。

另外，新媒体营销可以根据不同类别用户的特点与需求进行有针对性的营销活动，而不是像传统营销一样对所有接收信息的用户进行无差别的轰炸。例如，对于不同年龄段的用户来说，针对年轻群体的营销活动应更加新潮，更贴近热点，使用年轻人的流行语言；而针对年纪较大的用户、营销活动可能需要突出怀旧的主题。获得消费者信任，触达消费者，有利于提高营销效果。

### （二）消费者范围广泛，互动性强大

新媒体受众范围广泛，所有加入互联网的用户，都可以成为企业进行新媒体营销的受众。人群影响面大，受众范围广，在大量用户群的网络中，生产有共鸣的内容和广告，容易形成大范围的口碑营销、病毒营销。强大的互动性是新媒体营销最明显的特征，新媒体改变了传统媒体营销的“单向”传播劣势，形成一种企业和消费者的“双向”传播。新媒体促使企业和消费者之间建立直接的联系，进行一对一的交流，企业可以依据消费者的反馈，及

时调整营销模式和产品结构。

### （三）传播快速高效，呈现裂变式增长

新媒体的传播速度快，传播强度大，内容包括图片、文字、音频、视频等多样化信息，这些内容更加生动、形象、直观，容易被消费者迅速接收和理解。在具体营销实践中，新媒体营销的传播呈现裂变式增长，使得企业的营销可以在短时间内迅速抵达更多的用户。相对而言，传统营销活动的传播节点简单，传播链条很短。例如，电视广告的传播从公司通过广告把信息传递给观众就结束了，只有企业和观众两个参与方。新媒体营销受益于技术发展和社交平台的普及，使营销活动传播的链条大大增加，而且具有了自发传播的能力和特点。例如，企业的营销文章，一方面，用户可以通过转发、分享等方式传播给其他用户，传播的链条大大延伸，营销内容的生命周期大大延长；另一方面，优质的营销内容到传播后期已经不需要企业的干预和推动，而是依靠用户之间的转发和分享就能在社交网络上自发地传播。

### （四）营销效果评测数据化

随着技术的发展和移动互联网的普及，数据每天都产生。通过挖掘这些海量的日常数据，可以实现用数据支撑商务活动的各个环节。新媒体营销首先要对与营销活动有关的对象进行数据化的挖掘和评估。例如，要通过对访问浏览记录、购买记录、搜索记录等用户行为进行数据挖掘和分层分类分析，从而用数据准确地描述用户；同样，营销活动也需要数据分析和运营。其次，相较于传统营销效果的粗放评估，新媒体营销的成果可以进行数据化呈现。例如，企业可以详细知道有多少人阅读了它的营销文章、转化了多少购买率、转化了多少粉丝关注率，甚至可以知道用户是谁、从哪里来。数据化营销成果的呈现可以促使企业及时调整营销策略和活动，以达到更好的营销效果。

新媒体营销和传统营销的区别，通俗来说，传统营销泛指广播、电视、杂志、报纸、户外广告牌、大屏幕等平面媒体电台广播的广告传播方式，而新媒体营销是指微信、微博、直播、短视频、论坛、搜索引擎等传播方式。其区别在于新媒体营销成本要低于传统营销，同时传播方式灵活，更加注重传播的精准度、传播的方式多样化。新媒体营销更注重“微”细节，例如，市场细分更“微”，精准客户更“微”，传播渠道更“微”。在讲求市场需求为主导的经济时代，只有满足客户更多的需求，才能赢得现在。

#### 1. 受众参与度不同

新媒体营销具有交互性、双向性的特点，营销方式更多样化。在新媒体平台，受众可以任意评论、点赞、互动、转发，让用户有深刻的参与感，在参与的过程中对品牌有更多的了解，进而促进消费。例如，在微博上，受众可以进行评论、转发，并且让其他人看到自己的评论和转发内容，但是报纸上登载的广告无法与读者互动。这有利于企业参考用户对产品的评价，企业能更方便地得到用户的反馈。传统营销则是比较单一的传播方式。但与此同时，传统媒体的营销也相对更强势、更具可信度。

#### 2. 媒体的大数据优势

市场调查对一个企业推出及宣传产品非常重要。新媒体营销能通过互联网掌握用户的注册信息、身份验证、消费趋势、兴趣爱好等，从而勾勒出消费者画像，进而帮助企业做更精准的营销安排和产品设计更新计划。显然，对用户信息的收集是传统媒体望尘莫及的。可见，新媒体营销优势更大，也是如今企业品牌进行营销的首选，但并不因此就否定了传统媒体的优势。如果产品针对中老年人，那么显然传统营销影响力会超过新媒体。因此，在进行

营销时，不能片面化，营销人员应该整合新媒体和传统媒体资源，达到合理分配，确保达到最好的营销效果。

**3. 传统的营销主要是单向传输，相对而言更加注重用户的覆盖率**

例如，传统的营销指标包括纸质媒体渠道的发行点，电视的收视率，网站的访问量、点击量、阅读量等指标。传统媒体通过广阔的渠道覆盖来实现用户覆盖率。而新媒体营销则更加关注的是对种子用户与粉丝用户的培养构建用户的参与感，让用户更多参与产品的设计研发及销售服务过程，让用户和产品共同成长。当然，信息技术的持续发展也为产品与用户的互动提供了更多的可能性和更加便利的形式。

# 任务二 新媒体营销要素

## 一、新媒体营销的要素

随着社交媒体和数字平台的迅猛发展，新媒体营销已经成为企业推广和品牌建设的关键策略之一。在当下这个数字化时代，成功的新媒体营销需要综合考虑多个因素，确保品牌在竞争激烈的市场中脱颖而出。

### （一）明确目标，准确定位

新媒体营销首要任务是明确目标并准确定位目标受众。在制定营销策略之前，企业需要深入了解自身的业务特点、产品定位以及目标客户群体。只有明确了这些关键要素，才能有针对性地选择合适的新媒体平台和内容类型，确保信息传播更加精准和高效。

### （二）创意内容，引发共鸣

在新媒体上，内容为王。成功的新媒体营销需要创造引人入胜的内容，激发目标受众的兴趣和共鸣。创意内容不仅要有吸引力，还需要贴近用户生活，与用户产生情感共鸣。这样的内容更容易在社交网络上传播，形成良好的口碑和品牌形象。

### （三）多渠道传播，全面覆盖

新媒体平台繁多，覆盖面广泛。成功的新媒体营销需要通过多渠道传播，全面覆盖潜在客户。不同的平台适用于不同的内容形式，因此企业需要灵活运用微信、微博、抖音等平台，确保品牌信息能够在各个方向都能够传达到位。

### （四）互动参与，建立社群

与传统营销方式不同，新媒体营销更强调与用户的互动和参与。企业应该积极回应用户的评论和提问，通过举办线上活动、投票、抽奖等方式，增强用户参与感。并建立一个活跃的社群，让用户成为品牌的忠实粉丝，为品牌传播助力。

### （五）数据分析，不断优化

新媒体营销的优势之一是数据的可追踪性和可分析性。企业需要通过数据分析工具，持续不断监测和评估营销活动的效果。了解用户的行为和喜好，及时调整营销策略，确保投入产出比最大化。

总体而言，成功的新媒体营销需要全面考虑目标、内容、传播渠道、互动参与和数据分析等多个方面。只有在这些要素的协同作用下，企业才能在竞争激烈的市场中脱颖而出，取得新媒体时代的营销成功。

## 二、新媒体营销思维

在数字时代背景下，新媒体营销已经成为企业推广的不可或缺的一环。而在这个竞争激烈的舞台上，如何运用创新的思维方式，成为企业成功的关键。新媒体营销思维是一种系统性的思维方式，它需要企业从多个角度出发，制定出全面、精准的营销策略。通过运用用户思维、数据思维、内容思维、社交思维、跨界思维和场景思维等思维方式，企业可以更好地适应新媒体时代的发展需求，提高品牌知名度和销售额，增强用户忠诚度和参与度。

（1）通过多屏整合，实现跨界营销，打造多元化的新媒体营销平台。

（2）充分洞察消费者行为。

（3）创新营销内容，挖掘深层价值。

（4）新媒体营销内容碎片化。

（5）新媒体营销内容核心价值观与商业价值的平衡。

（6）新媒体营销由重内容转向重渠道。

社交媒体是新媒体营销的重要渠道之一。企业需要选择适合自己的社交媒体平台，并进行有效的运营。运营包括定期发布内容、与用户互动、回应用户反馈等。此外，企业还可以通过社交媒体平台进行广告投放和合作推广，以此提升品牌知名度和影响力。

社交媒体运营需要注意以下几点。

社交媒体平台选择：首先，企业需要根据自身的定位和目标受众选择适合自己的社交媒体平台。常见的社交媒体平台包括微博、微信、抖音等。不同平台有不同的特点和用户群体，企业需要根据自己的产品或服务特点来选择合适的平台。

持续更新：新媒体平台是一个信息更新迅速的环境，企业需要保持持续更新的节奏，是保持用户关注度和活跃度的重要手段。定期发布新鲜、有趣、有价值的内容可以吸引用户持续关注，并保持品牌在用户心中的存在感。同时，发布内容的时间和频率也需要根据目标受众的上网习惯和社交媒体平台的算法进行调整。

互动与回应：社交媒体是一个互动性很强的平台，用户希望能够与企业进行实时互动。因此，企业需要及时回应用户的留言、评论和提问，并积极参与到用户讨论中去。这样不仅可以增加用户黏性，还能够提升品牌形象和用户满意度。

社交广告投放：社交媒体平台提供了广告投放功能，企业可以通过投放广告来扩大品牌知名度和影响力。通过精准定位和定向投放，企业可以将广告展示给目标受众，并获得更好的营销效果。

未来人们的一切行为、活动都离不开新媒体，因此，新媒体营销对于企业而言将是整体营销结构中不可或缺的一部分。对于企业的品牌建设、互动营销、舆论监控、客户管理都有很大的作用。但不同企业在新媒体营销方面的投入和目标需结合企业自身需求，且不同企业的新媒体营销比例是不同的。有的企业只需要老板在新媒体上和自己关键的客户保持活跃的沟通即可；而有的企业不仅需要企业内部组建专业团队，甚至还需要与代理公司进行合作。

## 【营销案例】

从抖音的“人”“货”“场”谈东方甄选的带货直播

董宇辉为何能成直播顶流？

## 【同步习题】

**1. 单项选择题**

（1）被称为“第五媒体”的是（ ）。

A. 报刊　　B. 户外媒体

C. 广播　　D. 电视

E. 新媒体

（2）企业利用更新自己的微型博客向网友传播企业信息、产品信息，树立良好的企业形象和产品形象。每天更新内容就可以跟大家交流互动，或者发布大家感兴趣的话题，这样的营销方式是（ ）。

A. 微信营销　　B. 短视频营销

C. 微博营销　　D. 口碑营销

E. 事件营销

（3）（ ）让营销信息像病毒一样传播和扩散，营销信息被快速复制传向数以万计、数以百万计的受众，像病毒一样深入人脑，快速复制并广泛传播，短时间内将信息传向更多的受众。

A. 口碑营销　　B. 事件营销

C. 病毒营销　　D. 微博营销

E. 微信营销

（4）（ ）是基于圈子和人脉而产生的营销模式，是基于相同或相似的兴趣爱好，通过某种载体聚集人气，通过产品或服务满足群体需求而产生的商业形态。

A. 口碑营销　　B. 事件营销

C. 病毒营销　　D. 微博营销

E. 社群营销

**2. 多项选择题**

（1）新媒体营销类型有（ ）。

A. 口碑营销　　B. 事件营销

C. 病毒营销　　D. 微博营销

E. 社群营销

（2）新媒体营销的要素包括（ ）。

A. 目标明确，定位准确　　B. 创意内容，引发共鸣

C. 多渠道传播，全面覆盖　　D. 互动参与，建立社群

E. 数据分析，不断优化

（3）新媒体营销思维有（　　）。

A. 通过多屏整合，实现跨界营销，打造多元化的新媒体营销平台

B. 充分洞察消费者行为

C. 创新营销内容，挖掘深层价值

D. 新媒体营销内容碎片化

E. 新媒体营销内容核心价值观与商业价值的平衡

F. 新媒体营销由重内容转向重渠道

（4）新媒体营销和传统营销的区别有（　　）。

A. 受众参与度不同　　B. 媒体的大数据优势

C. 更多的可能性和更加便利的形式　　D. 双向沟通

E. 突破时间、地域优势

### 3. 简答题

以下哪种行为属于新媒体营销的活动类型？谈谈你对新媒体营销的认识。

（1）在微信社群进行了一场主题内容分享，用户需要填写个人资料，关注公众号后可获得相关活动资料素材。

（2）某知名博主在微博发起话题活动，评论转发可获得抽奖资格；在知乎的音响发烧友圈“如何选择居家小音箱？”问题中解答并推介某个品牌的音箱产品。

## 【实践训练】

### 1. 实训目的

（1）通过本次实训，能够清晰运用新媒体营销的思维方法，完成新媒体运营活动。

（2）在未来的工作中，学员可以运用所学知识，能合理选择新媒体的相关技能工具，完成品牌建设、互动营销、舆论监控、客户管理等工作。

### 2. 实训内容

假设你是某产品的市场营销经理，针对你所经营的产品，在微博上发布产品宣传图片。

### 3. 实训步骤

（1）进入微博网站注册微博账号。在浏览器地址栏输入 https://weibo.com，单击“立即注册”按钮。

（2）填写注册信息。在注册页面有两种注册类型，分别是“个人注册”“官方注册”，可以设置密码、生日、微博名称等，然后单击“立即注册”按钮提交注册信息。

（3）验证激活。如果选用邮箱注册方式，则可进入注册邮箱，单击激活邮件中的激活链接即可；如果选用手机注册方式，则直接输入手机接收到的验证码即可注册成功。

（4）针对你所经营的产品，在微博上发布产品宣传图片。

### 4. 实训评价表

实训完成后，对实训效果进行评分，并记录在评价表中。

评价表

| 评价项目 | 分值 | 得分 |
| --- | --- | --- |
| 1. 实训计划设计合理，准备工作充分，实训过程中有详细的记录 | 10 | |
| 2. 理论知识扎实，按照规定的实训步骤完成实训项目，逻辑清晰 | 20 | |
| 3. 组员之间能够进行有效的沟通，整个过程组织合理，语言表达准确无误，条理清晰 | 20 | |
| 4. 积极参与小组讨论，能提出建设性意见或建议 | 20 | |
| 5. 对待任务认真，严格按照计划开展实训项目，态度良好 | 20 | |
| 6. 不迟到、不早退，听从指导教师安排，不私自中途离开实训场地 | 10 | |
| 总分 | 100 | |

### 5. 注意事项

（1）建立有效的沟通机制，确保团队成员之间能够及时分享信息、讨论问题和协调行动。

（2）对可能遇到的风险进行评估和预测，并制定相应应对措施。以便在风险发生时能够迅速应对、减少损失。

（3）完成品牌建设、互动营销、舆论监控、客户管理等工作。

## 项目十三

# 跨界营销

### 【项目导读】

营销通常被定义为个人或集体通过创造产品和价值并与别人自由交换来获得其所需之物的一种社会过程。通常情况下，营销是以单个企业或品牌为主体，为了实现其销售目的而开展的商务活动。但是，近年来“跨界”这种营销思想越来越得到重视，很多企业通过跨行业的企业之间的“混搭风”创造了一个又一个的营销奇迹，一些企业已经跳出简单的功能性互补，实现用户体验互补。值得思考的是以下内容。

这种营销理念是从什么时候开始成为一种有效的营销手段？

跨界营销在企业经营过程中能为营销活动打开怎样的新思路？

这种营销理念适应于所有企业还是特定条件的企业？

跨界营销的类型有哪些？

品牌在运用跨界营销理念的过程中应该注意哪些问题？

带着这一系列问题，进行本项目内容的学习。

### 【学习目标】

- **知识目标**

(1) 了解跨界营销的发展进程，掌握跨界营销的概念及类型。

(2) 了解跨界营销发展的意义，明白在互联网时代，营销策划应具备跨界思维。

(3) 掌握跨界营销策划原则，熟悉策划步骤。

(4) 了解跨界营销策划中潜在的失败原因，培养规避风险的意识。

- **能力目标**

(1) 能够准确判断跨界营销类型，运用跨界营销理论知识分析实际案例。

(2) 能够完成策划跨界营销方案。

- **素质目标**

(1) 树立跨界营销理念。

(2) 引导学生灵活运用跨界营销专业知识，开拓营销思路。

## 【学习指南】

### 1. 知识结构图

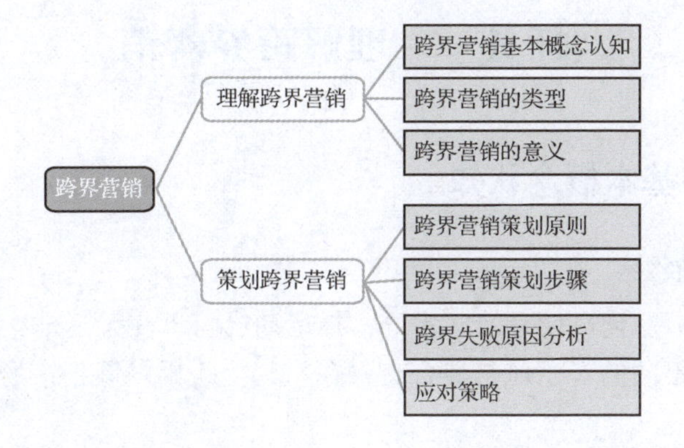


### 2. 重难点内容

（1）重点：完成策划跨界营销案例。

（2）难点：找到合适的跨界合作伙伴。

## 【问题导入】

在此案例中，跨界营销类型是哪种？跨界营销在企业经营过程中打开了怎样的新思路？

## 【案例导入】

### “瑞幸咖啡 × 贵州茅台”战略合作启动 “酱香拿铁”正式发布

2023 年 9 月，“茅台瑞幸酱香拿铁”话题冲上热搜，刷爆网络及朋友圈，引发大众消费狂欢，线下门店排起长队，线上订单售罄。围绕“酱香拿铁”的话题随之而来，茅台和瑞幸通过品牌跨界营销玩出了新花样，点燃年轻人的狂欢。贵州茅台，作为国内最知名的白酒品牌之一，本身就带有强大的 IP 属性和话题度，飞天茅台高达两千元一瓶的售价，使其成为高端消费的代名词，不是每个人都能够轻松消费得起的，然而，这次联名咖啡以每杯只需 20 元的平民价格，将茅台的独特酱香融入咖啡中，瞬间吸引了大量消费者。

从此次茅台与瑞幸跨界向市场推出“酱香拿铁”获得的市场反馈和效果来看，实属营销经典。瑞幸咖啡作为中档饮品品牌，茅台则是高档白酒品牌，看似不相关的产品，但通过产品创新满足各自品牌发展诉求。对于瑞幸而言，通过茅台品牌拔高自身品牌吸引力，提升产品活力，扩大同类产品差异化，抓住了年轻人猎奇心理。对于不差钱的茅台而言，高端产品非普通消费者可接受，面临产品品类单一、品牌价值没有充分利用、消费群体局限等问题，为了改变品牌发展现状，茅台需要利用自身品牌价值扩大产品品类，更加亲近大众消费者，展现年轻化品牌形象，增加年轻消费群体。

本次跨界营销的成功之处在于将两个截然不同的品牌巧妙结合，茅台的高端属性与瑞幸咖啡的亲民形象相辅相成，形成了强烈的戏剧性反差，不仅为消费者带来新奇的味觉体验，更在品牌营销上取得了卓越成绩，成为 2023 年最为引人注目的跨界合作之一。

（资料来源：百度，2023-09-04）

【知识准备】

# 任务一 理解跨界营销

## 一、跨界营销基本概念认知

### （一）由来与发展

跨界（Crossover）一词最初是篮球术语，指运动员胯下交叉运球，此后，跨界引申指音乐上的混搭，意思是不同的音乐风格混合交融在一起。跨界发展到市场营销领域大致历经了以下三个阶段。

**1. “跨”的阶段**

德国运动知名品牌彪马在1999年与高端奢侈品牌Jil Sander合作生产了高端休闲鞋系列，打破了消费者对运动鞋不应只停留于专业的定位，而是需要添加新的时尚元素，跨界合作这一营销概念被第一次提出。

在这一阶段，跨界营销仅为了避免单独作战而寻求非业内的合作伙伴，两个品牌合作产生一个新的产品，借力其他品牌跨出自己品牌的行业界限，发挥不同类别品牌的协同效应。

**2. “融”的阶段**

耐克公司与苹果公司联合推出了耐克iPod运动套装，如图13－1所示。该款套装利用鞋底内置的传感器与iPod的无线接收器实现对接，通过信息提示音告诉跑步者路程和速度，耐克公司通过对用户跑步时间、距离和其他信息进行分析，帮助跑步者制订适合的训练计划。与iPod合作的还有著名牛仔裤品牌李维斯，通过裤子腰部的Hip控制器实现对iPod的控制，用户无须频繁取出iPod进行操作。

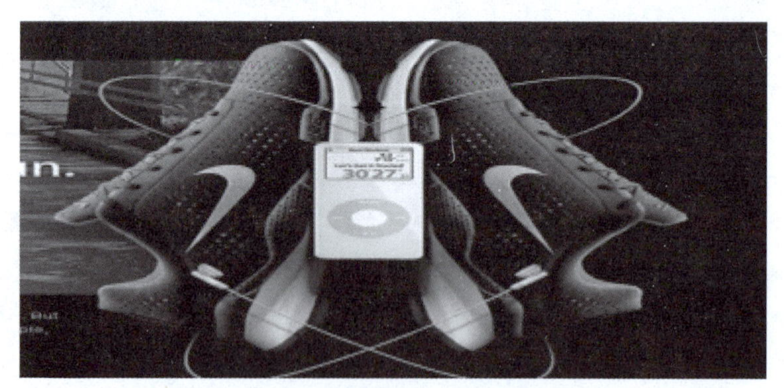

图13－1 耐克iPod运动套装

这个阶段的价值在于从消费者需求出发，利用企业各自品牌的特点和优势，在营销思维模式上实现了由产品为中心向以用户为中心的转移，此时跨界营销不再是单纯地跨出行业界限，还能通过融入独立的价值链、不同的元素以及相关渠道为品牌带来一定价值。

**3. “合”的阶段**

国货老品牌百雀羚自2001年起，以提高品牌市场占有率为目标，以满足消费者需求为中心，全方位挖掘潜在的跨界合作伙伴，通过参与购物平台重大活动、宣扬精益求精的工匠精神、打造线上线下联通的传播闭环、吸引消费者自发传播等方式一次次通过跨界营销在众多化妆品品牌中脱颖而出。

这个阶段数字化和移动市场的发展为企业提供了接触、参与、了解和向客户提供销售服务的新方式，品牌因自身战略规划发展和满足消费者需求的需要，不仅与热门符号、文化、潮流趋势相契合，还与目标消费者的价值观念相契合，并将多者融合起来为品牌服务。

### （二）概念

基于众多专家学者和前人的研究基础上，本书认为跨界营销是以消费者需求为核心，把原本没有交叉关系的企业依据不同产业、产品、环境、偏好等元素进行捆绑，强强联手以实现企业的市场占有率和利润最大化的营销模式。

品牌选择跨界营销的原因在于以下几个方面。

第一，市场竞争日益激烈。各行各业之间的界限不再绝对清晰，如今消费者购买的不仅是产品，还包含体验、感受、氛围营造等更多维度和更深程度的附加价值。行业之间融合发展，才能吸引消费者。

第二，新型消费群体崛起。新型消费群体对于产品的需求更加多元化，除了满足基本的生活需要外，更加注重生活品质及个人价值的体现。越是消费者想不到的“奇”点子，类别反差越大的品牌，越能吸引消费者的好奇心，刺激消费者的感官体验，调动消费者兴趣，从而引起自发的讨论和分享，打破市场对品牌固有的认知。

第三，消费者需求精细化。同质化的产品及模仿化的销售策略已不能够吸引大量消费者驻足，更加细化的市场及产品已逐渐成为消费者生活方式、受教育程度、个人身份及品位的象征。

第四，复合型成为品牌实力的表现。企业、品牌、产品之间单打独斗的时代早已经结束，单一品牌面临来自外部的多方面挑战，每一个优秀的品牌的营销都呈现出复合型特征，相比单打独斗的局限性和影响力，跨界合作能带来“1 +1 >2”的效果，这是跨界成为近年来众多品牌热衷的表达方式之一的主要原因。

### （三）跨界营销与相关概念的区别

#### 1. 与联合营销的区别

联合营销即两个或者两个以上的不同品牌资源进行合作和联合，进行劣势互补、强势加强，达到提高品牌知名度、促进消费、实现利益最大化的目的。与跨界营销相比有相同点，也有不同点（见表 13 –1），总的来说，品牌联合营销包含跨界营销，跨界营销是品牌联合营销的一种表现形式。

表 13 –1　跨界营销与联合营销的相同点和不同点

| 项目 | 跨界营销 | 联合营销 |
| --- | --- | --- |
| 相同点 | 存在有共同的利益、讲究“门当户对”、共同或对等的目标群体 | |
| 不同点 | 对象为不同领域、不同行业 | 对象可为同领域，可为不同领域 |

#### 2. 与共生营销的区别

共生营销由美国学者阿德勒（Adler）于 1966 年提出，认为共生营销就是两个或两个以上独立的组织为了提高各自的营销潜能而在资源或项目上建立的联盟。共生营销系统中的主体可能来自同一产业链，也可能来自不同产业链，他们之间可能既有竞争又有合作关系（见表13－2），跨界营销的概念起源于共生营销。

**表13－2　跨界营销和共生营销的相同点和不同点**

| 项目 | 跨界营销 | 共生营销 |
|---|---|---|
| 相同点 | 提高各自的营销潜能而在资源或项目上建立的联盟 | |
| 不同点 | 不同产业链，合作关系 | 同一产业链或不同产业链，竞争或合作关系 |

### 3. 与交叉销售区别

Yasar F. Jarrar 和 Andy Neely 认为，交叉销售是指借助客户关系管理（CRM）来发现现有顾客的多种需求，并为满足他们的需求而销售多种不同服务或产品的一种新兴营销方式。Kamakura 等人认为，交叉销售是不断增加顾客使用同一家公司的产品或服务。

两者不同点在于，交叉营销是单个企业设计多个产品，利用不同产品的组合满足消费者的不同需求，其结果在于跨界营销参与方不改变主营业务，而交叉销售需要企业围绕主业进行延伸，开发新的产品或服务（见表13－3）。

**表13－3　跨界营销与交叉销售的相同点和不同点**

| 项目 | 跨界营销 | 交叉销售 |
|---|---|---|
| 相同点 | 为满足消费者需求而销售多种不同服务或产品 | |
| 不同点 | 两个及以上企业、不必改变主营业务 | 单个企业、开发新的产品或服务 |

当前，参与跨界营销合作的主体为企业或品牌时，跨界营销、跨界联盟、跨行业合作、异业合作、跨界品牌联合等概念也经常应用于市场营销案例中，跨界营销则更加强调以消费者需求为核心的特点。

## 二、跨界营销的类型

### （一）产品跨界

产品跨界是跨界营销中最为常见的类型，在数字时代的产品跨界合作，消费者对产品的迭代升级有了更高的要求，功能更齐全、服务更完善的新商品在移动互联网时代屡见不鲜。一般来说，产品跨界是在同一件产品中融合两个品牌的特征和文化，成为两个品牌的“结合体”，双方也可以借助对方的文化去强化或是优化自身，进而产生品牌形象溢价，跨界合作后必须让原有品牌形象有所加强或改善，这是核心诉求。

**【营销案例】**

比较典型的产品跨界案例就是云南白药跨界牙膏领域，云南白药作为传统药企由于受到外部竞争环境的影响遇到了发展的瓶颈，在寻求转机的过程中，云南白药以深入人心的“止血、修复和化瘀”产品功能为核心，跨界牙膏领域，研发出具有牙龈止血功效的全新系列，将目标消费者定位为乐于接受新生事物、具有预防意识以及对药品具有一定敏感性的人群，这样一来，云南白药不仅能够保留技术和品牌上的原有优势，而且借此机会跨入了全新的营销领域，占据了药效牙膏的空白市场，获得了较为高端的价值定位。云南白药在产品跨界研发的过程中，虽然主要运用原有的核心药效技术，但以往产品的药物定位变成了新品的牙膏定位，其价值属性发生了根本性的改变，尽管如此，核心优势已经植入目标消费者的内心中，有利于新产品的推广以及云南白药品牌形象的提升。

（资料来源：老字号医药品牌云南白药跨界营销研究，2023－11－25）

### （二）销售渠道跨界

销售渠道跨界可分为两种方式。

第一种，销售渠道共享。跨界营销借助对方品牌的销售渠道，在其中植入自己的产品，或者是通过自身品牌的文化特征与对方的销售场景相联系，将相似的目标消费群体的品牌销售渠道进行互换与共享，借助其中的共同点，使得目标客户能够接收到多方的品牌信息，强化用户对于产品的认知与认同。

**【营销案例】**

#### 德尔地板与汤尤杯

2024年3月，德尔地板成为2024年道达尔能源·汤姆斯杯暨尤伯杯（简称汤尤杯）决赛赞助商，并展开了一系列营销推广动作。

汤尤杯是世界有名的羽毛球比赛，每两年举办一届。2024年4月27日—5月5日在成都举办，这是中国西部首次举办世界最高级别羽毛球赛事。德尔地板、中国电信、长城葡萄酒是主要赞助商。

作为赞助商，德尔地板出现在汤尤杯的多个环节，包括抽签仪式、开票仪式以及大赛现场，不仅担当起该赛事的重要支持者，同时依托赛事平台，全面传递德尔所追求的健康环保品牌主张，并着手推动德尔地板在更广泛的圈层里实现影响力再跨越。

赛前，德尔地板的官微并发布多期“话说汤尤杯”知识科普内容，介绍汤尤杯的缘起与赛制等。同时，“风云惠”营销活动正在举行，推出万元汤尤杯双人成都五一观赛游的活动福利。

4月，德尔地板“羽世界　净享蓉耀”总部直播全国抽奖活动圆满结束，共抽取16名幸运用户，送出汤尤杯门票等。

2024年4月27日—5月5日，汤尤杯进入正式角逐阶段，全球羽坛好手齐集成都，赛事热度将攀升到高峰期，德尔地板在赛事举办场地搭建了专门的展厅，举办各种活动，吸引大量观众参与其中，获得各类礼品。

同时，赛场里的多个位置，都出现了德尔地板的品牌符号，实现强大的品牌曝光，成为舆论热点中的家居大牌。

（资料来源：百度，2024－04－27）

第二种，线上、线下渠道融会贯通。传统的销售渠道可以为消费者提供切实的体验和服务，而互联网的兴起，提供了更多的销售渠道选择。品牌从线上到线下生活场景的自然融合，也是线上品牌对线下场景的赋能，让虚拟化产品渗透到更多现实场景中，在商业化创新中拓展新空间。

【营销案例】

**网易云音乐完美跨界，与瑞幸强强联合打造音乐主题咖啡店**

瑞幸咖啡和网易云音乐联合开设了以音乐为主题的“楽岛”咖啡店，坐落于上海百年老洋房思南公馆35号（见图13－2），此次合作使一直处于线上的音乐有了落地的场景，咖啡文化也依托音乐找到新的表达形式。主题设计、店址选择、饮品开发，都有着独特鲜明的网易云音乐元素，深受受众喜爱的“网易云评论”也出现在咖啡店中，“让乐评上墙”，进店的消费者留下想说的话，就有机会被投射到乐评墙上，增加了线下用户互动的仪式感。双方用户在交互中提升产品接触和用户体验，实现了美誉度的提升和影响力的扩散。

（资料来源：搜狐网，2019－08－06）

图13－2 “楽岛”咖啡店

## （三）文化理念跨界

有着相似文化认同的品牌，很容易彼此碰撞，产生创意的火花。当传统文化和新锐品牌相遇时，它不仅仅是两个不同世界的碰撞，更是一种有益的文化交流和良性的文化竞争，各自吸取对方的优秀特质和经验，在丰富企业品牌文化的同时，增加品牌内涵和价值。为了扩大品牌的知名度和影响力，越来越多的品牌选择与文化承载者进行跨界合作，共同创造文化发展的新方向。

【营销案例】

**奥利奥携手超强IP故宫：玩出跨界营销新高度**

故宫作为600岁的网红与奥利奥携手再次创造了跨界营销的经典案例，奥利奥用了10 600块饼干，建造了一座“可以吃的故宫”，一砖一瓦真实还原，将故宫600年芳华呈现在消费者面前。同时，推出了“御用口味”的宫廷饼干——荔香玫瑰糕及秘制红豆酥风味的饼干，奥利奥还定制了古风歌曲音乐盒、玉玺等故宫特色新品礼盒，音乐盒以光盘形式配上宫廷花鸟和传统乐器的装饰，色彩绚丽，精美绝伦，充满皇家气息，如图13－3所示。

（资料来源：搜狐网，2019－08－06）

图 13-3　奥利奥定制故宫特色新品礼盒

## 三、跨界营销的意义

跨界营销不是目的，而是帮助企业突出重围的营销手段。跨界营销行为所需要界定的互补关系，不再是基于产品功能上的互补关系，而是基于用户体验的互补关系，在营销思维模式上实现了由产品中心向用户中心的转移，真正确保了以用户为中心的营销理念。

### （一）扩大品牌影响

跨界营销可以帮助产品扩大影响力，尤其是新成立的品牌，通过与知名品牌合作，扩大品牌的知名度和美誉度，吸引更多潜在消费者。

### （二）联通销售渠道

通过跨界营销合作，不同行业的合作伙伴可以共同整合资源和专长，沿用原有的传播渠道与消费者保持稳定的联系，借助线上与线下结合的方式增强消费者用户黏性，借助创造独特的产品或服务满足消费者多样化的需求，共建新的销售渠道。

### （三）实现价值共创

跨界营销能够为企业提供重新构建品牌形象和声誉的机会，通过与不同行业的合作伙伴进行优势互补，可以增强消费者对品牌的认识与认可，激发消费者的兴趣和认同，增强双方品牌的竞争实力，最终实现社会责任与商业价值的相互交融。

### （四）碰撞巧妙创意

跨界合作能够带来不同行业的思维碰撞和资源整合，提升了企业的创新能力，正是这些消费者"意料之外"的创意点，增加了其消费意愿及二次分享意愿，如果能够结合消费者的创意，那将极大地增强消费者的成就感。

### （五）提升竞争优势

跨界营销能够实现资源共享和互惠合作，为企业带来更大的效益和竞争优势。通过合作伙伴间资源的整合和互补，可以减少成本、降低风险，实现共同成长，达到收益最大化。

# 任务二　策划跨界营销

【营销案例】

**好利来的芭比系列**

从“多巴胺”到“美拉德”，色彩从来都是屡试不爽的流量密码。知名品牌好利来的“芭比粉”设计，不仅在色彩上使用大片的“芭比粉”，而且在甜品造型上复刻芭比的多个元素，从单品来看就足以惊艳；当它们被摆在一起时，更是超级吸睛的存在。和芭比娃娃的联名一共推出了三款创意糕点设计，分别是星之芭比、甜心芭比，还有芭比派对，每一款都带有浓郁的芭比气息，如图13－4所示。

图13－4　芭比系列包装以及手提袋

好利来还推出了统一配色的芭比系列包装以及手提袋。其中两款带有浓郁芭比元素的手提袋是多少女孩子童年时期的最终梦想，从配色到产品再到包装，好利来再一次凭借着极具少女心的设计掀起了一场“回忆杀”，吸引到了无数关注的目光。

这一次好利来以标志性“芭比粉”为主打色，诠释每个女孩天生的“芭比个性”：你生而闪耀。以芭比系列为创作背景，从颜色到风格，为产品添了一层故事性，激起消费者自发传播，从而破圈。好利来在视觉美上狠下功夫，与年轻人同频，与潮流共筑，主打年轻化视觉体验，将产品赋予美学价值。

想一想此案例体现了跨界营销案例策划所应遵循的哪些原则。

（资料来源：聚展网，2023－04－13）

## 一、跨界营销策划原则

### （一）互利共赢原则

互利共赢往往是企业选择跨界营销合作的基础，参与跨界的双方应该注重合作企业的互补性，友好协商，寻到双方的利益平衡点，虽然很难在利益分割方面保证绝对的公平，但双方在实现优质的资源共享之后全力合作，才能使跨界营销达到最好的效果，达到互利共赢的目的。

### （二）以目标消费者为中心原则

目前，各种营销活动的展开以产品为中心的时代已成为过去，而是要以双方共同的目标消费群体为连接纽带，围绕共同的目标群体进行跨界合作，引发消费者共鸣，精准定位并将共鸣转化为对品牌的认可，此时不仅要注重对产品的选择，产品的售前、售中、售后环节也需要跨界双方的通力合作。

### （三）品牌匹配性原则

一个商品的品牌能够体现消费者的审美观念和个人品位，其所表现出来的文化内涵也反映着消费者的价值观念。品牌匹配是指虽然两个品牌处于不同行业，双方想要进行跨界营销，应该有着相同或相近的综合实力、资源、价值理念、市场竞争力，这样的合作一定程度上对于品牌宣传的效果起到了促进作用。

### （四）消费体验互补原则

跨界合作的双方要在保持产品本身特性的基础上形成有效互补，这种互补是消费体验上的互补，而非产品功能上的互补。通过跨界营销使商品功能上各自的优势更加凸显，当综合性的消费体验无法用一种符号诠释的时候，如果有一种产品从多个角度进行互补，则更容易吸引到消费者，提高各自的影响力和知名度，实现渠道互补、品牌互补、知名度互补等。

### （五）合作而非竞争性原则

非竞争性要求企业的业务范围相互独立，没有交叉和竞争，以避免合作双方之间的相互竞争与内耗。在此基础上，参与双方才能真正为对方考虑，让彼此达成资源共享，以实现资源效用的最大化，通过资源交换与共享，构建出全新的价值共创圈。

## 二、跨界营销策划步骤

### （一）确定目标与定位

明确跨界营销想要达到的市场效果和营销目标，如增加品牌知名度、增加线上用户数量及活跃度、拓展新客户群体、促进销售额增长等。

### （二）寻找合作伙伴

选择与品牌或产品相关且具有相似目标受众的合作伙伴，遵循品牌的匹配性、消费体验的互补性、目标客户的一致性、品牌的非竞争性等原则，这可以是其他品牌、艺人、机构、社交媒体等多种形式。

### （三）确定合作形式

与合作伙伴确定具体合作形式，如产品合作、活动合作、内容传递、赞助或其他合作营销方式等。

### （四）目标受众分析

了解此次跨界合作的核心受众群体，并确定如何通过跨界合作来吸引、影响目标受众，达到预期的效果。

### （五）活动策划和推广

根据合作伙伴的特点和目标受众的需求，制定创意和策略进行活动和推广计划，多渠道广泛传播活动信息，吸引目标消费者关注与参与。这可能包括联合宣传、社交媒体推广、线下活动、赛事合作等。

### （六）资源规划和协调

通过整合合作伙伴的资源，确定各自的职责和贡献，合理利用资源，如投资预算、时间、人力和物料，并确保与合作伙伴之间保持有效沟通与协调。

### （七）活动执行与监测

全面执行计划，确保活动和推广按计划进行。同时，设置监测指标和评估体系，以便及时调整策略并评估跨界营销活动的效果和投资回报率。

### （八）效果评估与复盘

应与合作伙伴保持良好的沟通和合作关系，活动结束后，及时总结成功的经验，反思失败的教训，启发指导企业未来拥有更多的跨界合作机会。

## 三、跨界失败原因分析

### （一）重炒作轻品质

在一些品牌跨界营销中，存在着前期炒作严重，但产品实用性和质量却不尽如人意的问题，容易给品牌双方带来负面舆情，也难以让消费者对品牌产生忠诚感。

故宫文化创意馆推出的故宫口红，6 种口红颜色均来自故宫国宝色。在美的同时赋予了更多文化底蕴，口红管身图案取自故宫博物院藏洋红色缎绣百花纹衣服，结合 3D 打印技术打造凹凸有致的雕刻图案，东方美的细腻和历史的厚重感仿佛都融合到了一支小小的口红上，如图 13－5 所示。

图 13－5　故宫文化创意馆推出的故宫口红

故宫口红上架前，在社交平台上以精美的包装勾起了大家的兴趣点，但仅上架三天就被下架，从社交平台的反馈来看，包装摆脱不了塑料感和不够高级的印象，不顺滑的膏体以及并不适合日常使用的唇膏配色都和消费者的预期相差甚远。有些美妆博主表示，这套口红只适合用来收藏不适合使用，官方也发布了因品质问题全线停产的声明。

### （二）产品同质化严重

对于品牌营销来说，有些商家陷入了谁火和谁合作、什么模式容易成功就套用什么模式的误区，跨界的成功案例大多为口红、饮品、衣服、包包、鞋子等日常消费品，这类产品通常以大众可以接受的价格、精美的外观设计快速融入市场，但是会导致市场上出现大量同类跨界产品，并不能满足消费者对产品本身越来越高的期待。

### （三）资源整合及执行能力缺失

跨界并非简单的业务延伸或扩展，不同行业、企业间对跨界双方在长期经营中形成的产品、传播渠道、销售渠道等方面进行重新融合形成新的核心竞争力，这种新的核心竞争力是企业整合各种资源和执行能力的结果。由于沟通不畅导致工作中各个环节无法衔接，信息不对称导致资源无法得到合理的调度和分配，两个品牌之间缺乏有效的协调机制导致资源的分配和利用效率低下等，都有可能导致跨界营销效果事倍功半。

### （四）越界侵蚀品牌价值

充分尊重消费者的意愿是品牌跨界营销得以开展的基础，但实际却存在因跨界合作方选择不当导致营销失败的问题。有些品牌过于追求制造所谓的“反差感”而忽视了最基础的合理性，反而起了副作用。

### （五）文化冲突

跨界营销活动可能会触及营销学、管理学、心理学、民族学、美学、历史学等多个学科，实际案例策划中涉及任何一门学科都必须体现出专业性，因为它不仅是企业实力、运营、营销等方面的证明，也是企业文化软实力的象征，在关键的环节如果产生冲突就会弄巧成拙。

【营销案例】

**“跨界营销之王”的“踩坑”**

因频繁跨界营销，喜茶被外界称为“跨界营销之王”，但在最近的一次营销中，喜茶又玩砸了。喜茶最近推出新品“佛喜”茶拿铁，但因涉嫌违反《宗教事务条例》被约谈，目前该款产品已下架。

喜茶本次联名方是景德镇中国陶瓷博物馆，推出了三款特别设计的杯子和冰箱贴，上面分别是“无语菩萨”“欢喜罗汉”和“伏虎罗汉”的图片。

在中国，《宗教事务条例》《关于进一步治理佛教道教商业化问题的若干意见》《互联网宗教信息服务管理办法》等明确规定，禁止以宗教名义进行商业宣传。很多人好奇，喜茶本次跨界营销，本质上是一次广告宣传活动，直接介入的不应该是市场监管部门吗？为何深圳市民族宗教事务局约谈了喜茶？

实际上，喜茶的营销活动，采用的是宗教内容主题，已经涉及宗教事务，就得归民族宗教事务局管。喜茶这次跨界营销“踩坑”，也给其他品牌敲响了警钟：宗教内容是商业宣传的禁区。

（资料来源：微博网，2023-12-06）

## 四、应对策略

### （一）全方位提升用户体验

跨界营销要把满足用户的需要放在首位。产品种类、生产数量、生产经营周期都应围绕用户的需要，随用户的需要而改变。企业只有想用户之所想，千方百计地满足用户的需求，才能在激烈的市场竞争中立于不败之地。这就要求一些企业经营者在进行跨界时要有“长远思维”，将刺激短期销售与提升品牌美誉度结合起来，让企业和品牌的影响力在跨界营销中完成沉淀。只有厚积薄发才能更好地整合各种有利资源，从而实现跨界营销的突破性发展。

跨界要精耕细作，虚有其表注定不会长久。企业要明白跨界营销不是与一个或者几个固定的企业进行合作，或局限于某一次跨界活动就够了，建立一种可持续的有效互动机制才是最重要的。跨界营销最怕“虎头蛇尾”“雷声大雨点小”的炒作模式，因为即便一时出现万众期待的场景，如果后期没有持续性和系统性的内容建设，最终也是昙花一现。

### （二）要有勇于创新的精神

比尔·盖茨曾说，创意具有裂变效应，一盎司创意能够带来无以数计的商业利益、商业奇迹。创意是对传统的叛逆，是打破常规的哲学，是大智大勇的同义，是破旧立新的创造与毁灭的循环，是智能产业神奇组合的经济魔方，是思想库和智囊团的能量释放，是深度情感与理性的思考与实践。

跨界营销必须以独特的视角及时而客观地洞察消费者超越产品需求本身的消费心理，确定同合作商家或平台之间的价值重叠部分，再确立营销主题并开发出核心创意点，所有的营销活动都围绕这个创意而展开。当营销富有跨界创意时，一个简单的推广举措也会产生新价值，并且推动建立企业独特而不可复制的“价值链系统”。

### （三）跨界要利益共享、责任共担

现如今，企业间的跨界合作出现了越来越多的模式，如咖啡与动画片的合作，饮料与奢侈品品牌合作，房地产和电商的合作等。随着互联网的发展，流量对企业越来越重要，不同行业间的跨界也越来越普遍。

那么，要实现跨界共赢，首先要利益共享。企业合作的目的是实现共赢，在跨界经营的过程中，企业应该注重双方的互补性和各取所需，这样才能更顺利、更成功地实现共赢。其次，产品种类的缺失、消费者的需求复杂多变，如果不加思索就去跨界，那么很可能会适得其反。因此，在跨界活动中，企业除了要实现利益关系外，还必须找到与对方的共同点，这样才有可能将彼此的关联体现出来，共同承担责任，并且发挥出最大的优势，实现双赢。

### （四）跨界但不越界

跨界没有明显的分界线，往往都是消费者和公众心灵上的划定，跨界可以，但越界就不行。跨界一旦违背了消费者心灵上约定俗成的规则和习惯，“蓝海”就变成了“滩涂”。

“该跨界的没跨，不该跨的界却乱跨”，从营销思维上讲，都是一种越界。跨界是把双刃剑，如果忽视了人性中的习惯性认知，闯入这样的“禁区”，再好的营销也不过是为竞争对手让道，成功的跨界营销必须也只能建立在充分尊重消费者的基础上，跨界营销终究是一种以消费者为中心的营销模式。只有合理地借用原有品牌资产，在遵循其品牌核心价值的前提下，经营者围绕品牌知名度、美誉度、联想度、忠诚度等多个维度设定新的品牌核心价值，将核心价值巧妙地与跨界产品对接，才有可能迎合消费者的心理。如果跨界之后不能整合某一方面的优势，跨界营销就容易打水漂，也就是说，如果跨界不能起到加分效果，那就一定是减分的。

## 【同步习题】

### 1. 单项选择题

（1）跨界营销方案策划要以（　　）为核心。

A. 消费者需求　　B. 提升品牌美誉度

C. 开拓新的目标市场　　D. 增加更多的产品种类

（2）下列不属于跨界营销模式类别的是（　　）。

A. 产品跨界　　B. 销售渠道跨界　　C. 文化理念跨界　　D. 价格跨界

**2. 简答题**

（1）什么是跨界营销？

（2）请简述跨界营销主要类型并举例说明。

## 【实践训练】

根据本项目学习的内容，通过调查或上网查阅资料等方式，以小组为单位，为某一知名品牌制定一份跨界合作营销方案，并推选一名代表进行汇报，时间5~8分钟。

### 1. 实训目的

（1）增强同学之间的团队协作能力。

（2）让同学之间以相互沟通、各抒己见的方式，更好地掌握本项目所学内容。

### 2. 实训内容

第一，将跨界营销方案以书面的方式呈现，营销方案应包含如下。

（1）双方企业背景。

（2）跨界合作营销目标。

（3）跨界合作伙伴筛选原则。

（4）跨界合作方式的选择及原因。

（5）跨界营销方案实施步骤等几方面的内容。

第二，小组代表进行课堂汇报。

### 3. 实训步骤

（1）学生应按照授课教师的要求，以策划一份某品牌的跨界营销方案为目标，自行组队，进行小组讨论。

（2）小组成员应统一意见，确定跨界营销方案中双方企业、营销目标、具体方案等内容。

（3）分工协作，每一位同学应负责方案中一部分内容的撰写工作。

（4）汇总形成完整版的方案，确定一名小组成员进行汇报。

### 4. 实训评价表

实训完成后，对实训效果进行评分，并记录在评价表中。

评价表

| 评价内容 | 分值 | 得分 |
|---|---|---|
| 1. 双方企业背景介绍 | 10 | |
| 2. 跨界合作营销目标介绍 | 10 | |
| 3. 跨界合作伙伴筛选原则 | 20 | |
| 4. 跨界合作方式的选择及原因 | 10 | |
| 5. 跨界营销方案实施详细步骤 | 40 | |
| 6. 小组汇报情况 | 10 | |
| 总分 | 100 | |

### 5. 注意事项

（1）此次设计的方案应均为原创，不可与现有方案雷同。

（2）在企业选择及方案设计的过程中，如果小组成员有异议，应积极沟通、协商解决。

## 项目十四

# 社群营销

### 【项目导读】

在当今这个数字驱动的时代，每个人都能借助互联网设备，从早期的电脑到现在的手机等移动终端，来开展工作、学习和生活。不管哪个领域的人们都离不开社群。有的人是网站、论坛的成员，有的人是QQ群、微信群的活跃分子。也见证了很多个人和企业在社群内进行营销活动，于是，如今的社群不仅逐渐演变成为推广产品的新渠道，也成为连接品牌与消费者的新路径，更是构建深层次用户关系和社区参与的平台。品牌如何有效地利用社交媒体和在线社群来提高品牌知名度、增强用户参与度和推动销售？带着这个问题，开始关于社群营销的学习。

### 【学习目标】

- **知识目标**

(1) 掌握社群营销的概念、原理和策略。

(2) 熟悉不同社交媒体平台的运作方式和营销机制。

(3) 掌握目标受众分析、内容创造和社群互动的方法。

- **能力目标**

(1) 培养制定和执行社群营销计划与活动的能力。

(2) 能够通过各种手段和渠道有效引流。

(3) 能够使用社群管理工具进行日常维护管理。

(4) 掌握分析数据的技能，能通过数据来优化营销策略。

- **素质目标**

(1) 培养学生创新思维，适应不断变化的社交媒体环境。

(2) 发展对社群动态的敏感度和适应变化的能力。

(3) 培养学生对品牌和用户体验的深度理解。

(4) 提升沟通和人际交往能力以及领导能力管理和互动能力。

(5) 增强职业道德和品牌意识，理解社群营销中的法律和伦理规范。

## 【学习指南】

### 1. 知识结构图

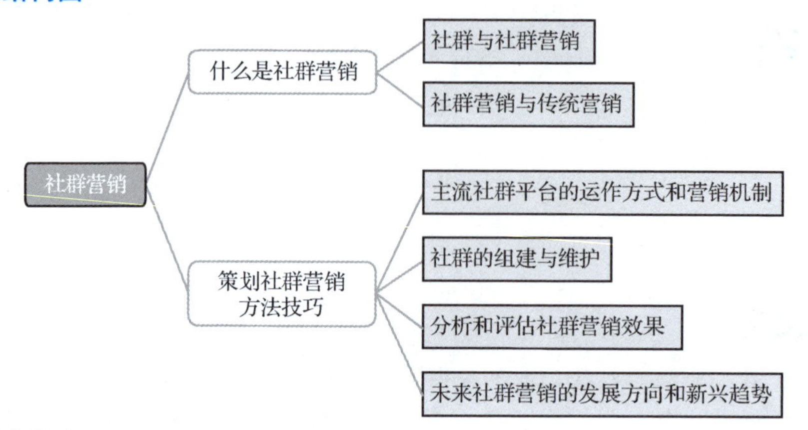


### 2. 重难点内容

（1）重点：主流社群平台的运作方式和营销机制。

（2）难点：分析和评估社群营销效果。

## 【问题导入】

（1）你的手机上有哪些群？你知道其中哪些可以称为社群？

（2）作为企业营销人员，如何去运营维护好一个社群？

## 【案例导入】

美团是中国领先的生活服务平台，涵盖外卖、酒店、旅游、电影票等多个领域。美团通过微博、微信等社交媒体平台建立了活跃的社群，吸引了大量的用户和粉丝。美团公司会定期发布与生活方式、美食相关的内容，来引发用户兴趣和互动；会举办线上抽奖、优惠券发放等活动，激发用户参与和分享活动。美团还会利用社群平台提供独家优惠，吸引用户在美团平台进行购物和消费，并鼓励用户分享用餐体验、点评商家、晒美食照片等，增加用户互动和内容的产生。美团经常利用社群平台发布新品推广信息，如图 14－1 所示的美团社群会时常发放优惠信息、引导用户尝试新上线的餐厅或服务等，并制定激励策略鼓励用户分享新品体验，形成口碑传播效应。这些举措不仅提升了品牌知名度，增加了用户黏性，更是推动了平台的业务不断拓展。

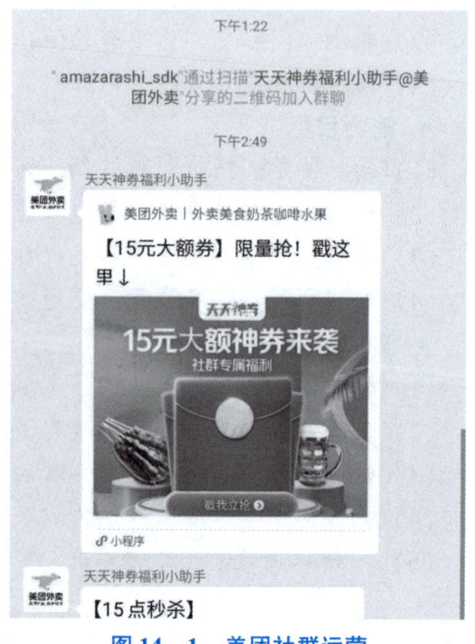


图 14－1　美团社群运营

【知识准备】

# 任务一　什么是社群营销

## 一、社群与社群营销

### （一）初识社群

在社群营销出现之前，就有了社群的概念。社群是指一群有共同兴趣、目标、价值观或身份认同的人聚集在一起的集体。这个集体可以基于各种共同点建立，如爱好、职业、话题、文化背景、地理位置等。社群成员之间通常会有相互交流和互动，共享信息和资源。

社群有多种形式，在现实世界中形成的线下社群，包括俱乐部、团体、组织等（见图 14－2）。在互联网上形成的线上社群，有大家熟知的社交媒体平台、论坛、聊天群组等。当然，一些社群结合了线上线下元素，能够为成员提供更全面的交流和互动体验。社群的特点包括共享的兴趣或目标、成员间的互动和支持，以及对集体身份的认同。社群可以提供归属感、支持网络、信息交流等多种价值。

图 14－2　驴友骑行俱乐部

### （二）社群营销的诞生

2000 年初期，社交媒体平台（社交媒体平台是一种在线通信工具，允许用户通过互联网创建和分享内容，以及参与社交网络）逐渐兴起。如大家熟悉的腾讯 QQ（最初被称为 OICQ，1999 年）、MSN Messenger（1999 年）（见图 14－3）、Facebook（2004 年）等都是这个阶段逐渐开始出现的。移动互联网的出现改变了人们交流的方式，颠覆了传统的人际关系概念。各式各样的平台为人们提供了在线社交互动的机会，吸引了大量用户，为社群营销的建立创造了基础。社交媒体的特点使得广告和营销策略发生了变化，更加注重互动性和个性化。随着社交媒体用户数量的增加和形式的多样化，企业开始寻找在这些平台上与潜在客户互动的方法。他们开始利用社交媒体进行品牌宣传和市场推广。随着时间的推移，社群营销逐渐发展成为一种复杂的策略，包括内容创造、用户参与、数据分析和品牌形象建设等多个方面。

一个例子让你明白“社群运营”和“社群营销”！

图 14－3　OICQ 与 MSN Messenger 的图标

**【营销案例】**

## 小米公司的独特社群营销策略

小米公司成功建立了一个庞大而活跃的粉丝群体“米粉”社群——小米社区（见图14-4）。在“米粉”社群当中，成员都对小米的产品（如智能手机、智能家居设备等）有浓厚兴趣。“米粉”们拥有自己的社群平台，如小米论坛，“米粉”在这里交流使用经验、提出建议和分享心得。“米粉”社群还会定期举办线下活动，如新产品发布会、米粉节等，进一步加强社群活跃度和黏性。“米粉”社群不仅仅是消费者群体，更是小米品牌忠实支持者和传播者的集合。小米公司利用这个社群来收集用户反馈，应用于产品迭代，并通过社群的力量推广品牌和产品。小米社群的成员不仅是产品的消费者，更是品牌文化的传播者和忠实的追随者。通过社群的力量，小米公司在产品开发、市场营销和品牌建设等方面取得了显著成就。

（资料来源：百度，2023-11-15）

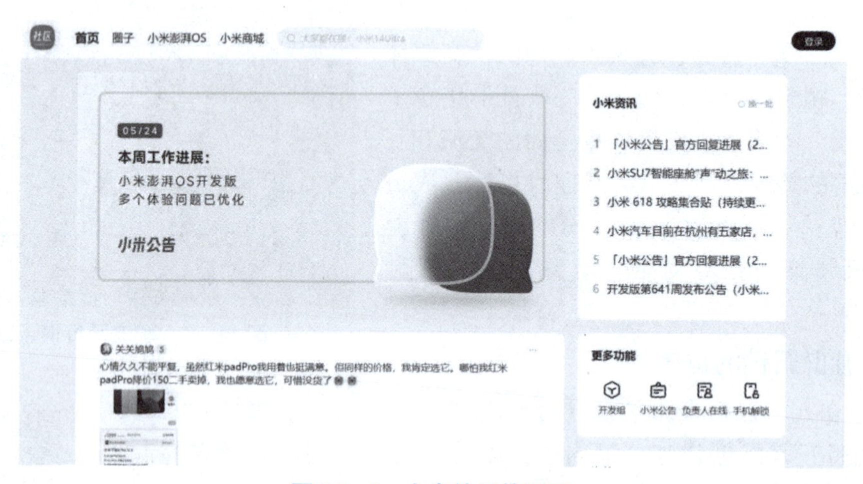


图14-4　小米社区的页面

### （三）社群营销的概念

由以上案例可见，社群营销是一种通过创建和管理社区，来吸引、维系和服务特定目标群体，从而促进品牌认知、用户参与和产品销售的营销策略。社群营销通常依赖于社交媒体平台、论坛、微信群组（见图14-5）等渠道，通过互动、内容分享和活动组织来构建紧密的用户关系。

图14-5　微信群组手机界面

社群营销的诞生是由社交媒体的崛起和发展以及数字营销领域的创新推动的。如今，在营销和商业领域，社群被视为重要的资源，因为它们能够促进品牌忠诚度、用户参与度和口碑传播。

所以，社群营销是指企业或品牌围绕特定的兴趣、需求或生活方式创建或加入社群，通过与社群成员的互动和参与来实现营销目的的一种方式。随着数字化和社交媒体的发展，社群营销成为越来越重要的营销策略。

社群营销的核心是与用户建立情感上的连接，所以也有人称社群营销为情感营销。社群营销是把用户变朋友，也就是把用户变成粉丝，把粉丝变成朋友的一个过程（见图 14－6），在于利用共同兴趣、价值观或者生活方式来聚集人群，通过持续的运营逐步建立信任关系，以此作为促进品牌忠诚度和提高用户参与度的手段，此种营销方式专注于培养品牌与其目标受众之间的长期关系。这种策略不仅侧重于销售，更重视与用户建立深层次的情感联系和社交互动。

图 14－6 社群营销核心是与用户建立情感连接

## 二、社群营销与传统营销

### （一）社群营销的特点

社群营销作为一种现代营销策略，拥有多种类型特征，这些特征对企业和产品的营销活动有着多方面的积极影响。这些特征归结起来有以下几个类别。

即时性：社群营销能够即时发布和更新信息，这种互动可以是实时的，通过社交媒体上的评论、直播互动等方式，迅速响应市场变化或消费者需求。

互动性（参与性）：社群营销允许品牌与用户进行双向交流，鼓励用户参与到品牌的讨论和活动中，鼓励用户生成内容，让用户参与到品牌故事的创作过程中，增强他们对品牌的归属感。社群营销更注重建立长期的、互惠的关系。形成社群文化和价值观的共鸣。

情感性：社群营销必然离不开与顾客建立情感上的联系，是一个从陌生人到好朋友，从简单了解到深入信任的关系演变历程。而在此过程中建立起的信任又可以成为口碑传播裂变的关键。

灵活性（适应性）：社群营销策略需要不断适应市场变化和消费者行为的变化，具有很高的灵活性和适应性。

多样性：社群营销涉及多种类型的社交媒体平台，每个平台都有其独特的用户群和互动方式。各大平台具有多种内容形式，如文本、图片、视频、直播等，可以根据不同的平台和受众特点进行优化。

精准性：主要体现在两个方面，一方面是到达目标受众的精准性，这主要体现在社群营销可以针对特定的受众群体进行定制化的推广，利用社交媒体平台的数据分析工具，企业可以更精准地定位其目标受众。另一方面是追踪和分析的精准性，社交媒体平台提供了详细的数据分析工具，使品牌能够追踪广告和内容的表现，使得营销效果易于测量。

效益性：与传统的广告媒介相比，社群营销通常成本较低，没有囤货压力。但能实现广泛的覆盖和较高的参与度，特别是对于内容营销和社群管理这样的自然增长策略。

### （二）社群营销与传统营销的对比

目前，许多企业会同时采用社群营销和传统营销方法，以达到更全面的市场覆盖。从长远来看，社群营销并不会取代传统营销，而是会作为一种新兴的营销手段与传统营销策略相互补充。因为社群营销与传统营销各有特点和优势，它们在现代营销策略中相辅相成（见表14－1）。

表14－1　传统营销与社群营销的对比

| 项目 | 传统营销 | 社群营销 |
| --- | --- | --- |
| 渠道 | 通常通过电视、广播、印刷媒体等渠道进行 | 主要通过社交媒体平台进行 |
| 目标 | 侧重于广泛传播和品牌曝光 | 注重与特定目标受众的互动和参与 |
| 策略 | 倾向于一对多的传播方式，强调信息的单向传递 | 强调双向交流和用户参与，倾向于创建一个互动的社区环境 |
| 评估标准 | 侧重于销售量、观众覆盖率等指标 | 关注参与度、用户互动、内容分享等指标 |
| 成本 | 通常成本较低，适合预算有限的中小企业 | 在某些渠道（如电视广告）可能需要更高的预算 |

### （三）社群营销对现代企业至关重要

在数字化和网络化日益盛行的今天，社群营销已成为企业不可忽视的一部分，特别是对于年轻消费者群体。社群营销为企业提供了一种更为人性化、互动性强的方式来接触和影响其目标市场，对于建立品牌形象、提高用户参与度和增加销售额都有重要作用。

社群提供了一个平台，使企业可以直接与用户沟通，了解他们的需求和偏好，从而更好地定制产品和服务。通过社群营销，企业可以与用户建立更深层次的联系。这种连接超越了单纯的买卖关系，有助于培养品牌忠诚度。例如，Nike通过其Nike＋应用和社群，鼓励用户记录和分享他们的运动数据，参加挑战，和其他跑步爱好者交流。这种策略不仅提高了用户对Nike产品的黏性，还通过社群成员之间的互动和竞争，增强了品牌的吸引力。满意的社群成员往往会自发地推荐产品或服务给他人，这种口碑效应也是一种非常有效的营销方式。从一定程度上来说，社群是获取用户反馈的宝贵资源。企业可以通过社群了解用户的真实想法，并以此为依据来改进产品和服务。例如，小米公司通过其自主研发的定制系统MIUI建立了一个强大的用户社群。MIUI论坛（见图14－7）不仅是用户讨论产品功能的平台，更是小米公司收集用户反馈、进行产品迭代的重要渠道。与传统的广告和促销活动相比，社群营销往往成本更低，却能带来更持久和深远的影响。

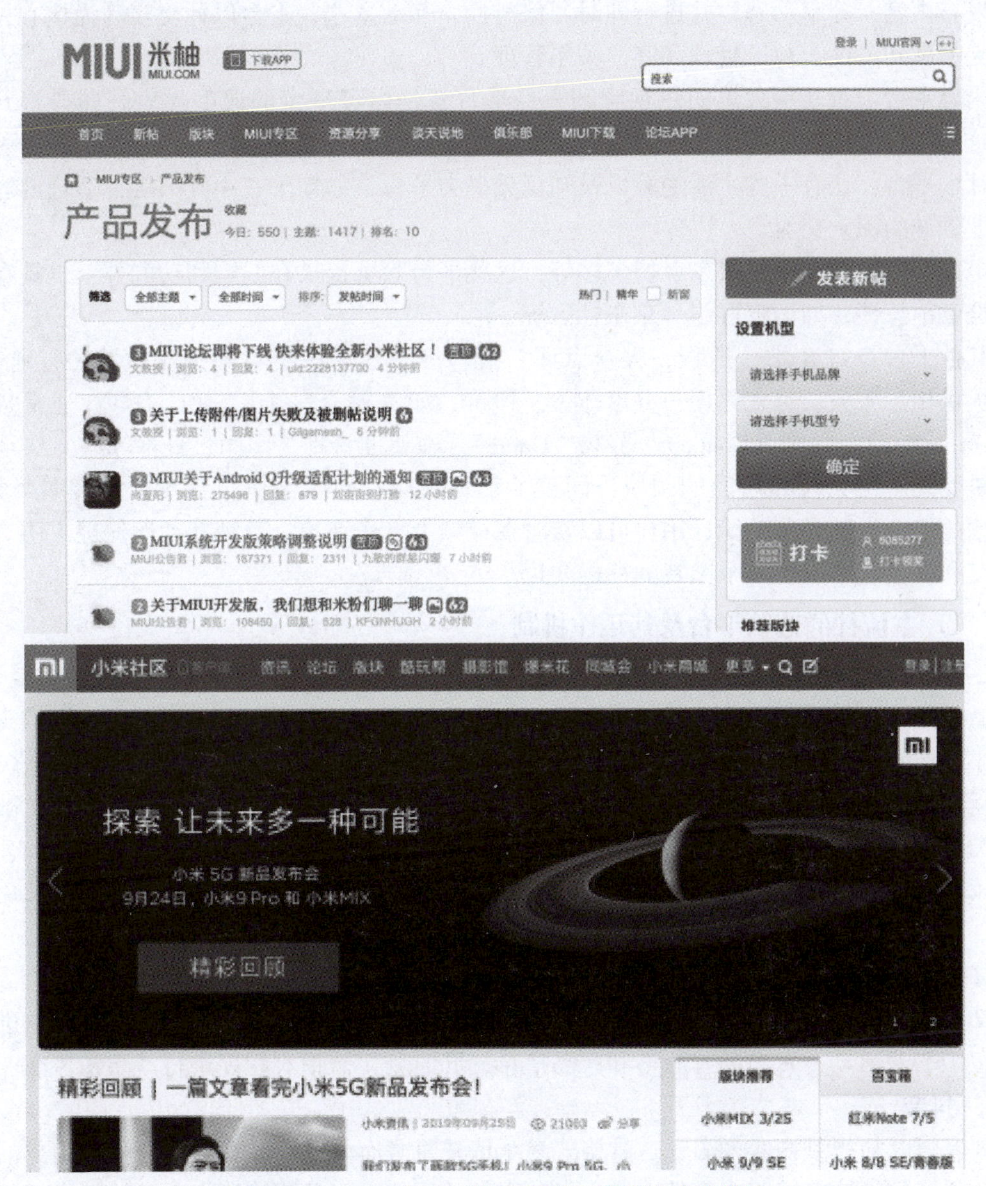

图 14－7　2019 年 10 月 MIUI 论坛更新为小米社区

# 任务二　策划社群营销方法技巧

## 一、主流社群平台的运作方式和营销机制

### （一）社群营销平台的分类

每种类型的平台都有其特点和目标受众，因此在选择适合自己的社群营销平台时，应综合考虑品牌的市场定位和目标群体，结合自身产品特性和目标客户群体进行考量。主流社群营销平台大致可以分为下面几种类型。

社交平台：包括多个即时消息平台，如微信、QQ、微博等，这些平台侧重社交，允许用户发布内容、分享动态，并进行即时通信与社交互动。这些平台以社交互动为核心，适用于建立品牌知名度、社区管理和客户关系管理。

内容平台：近几年大热的短视频和直播平台就是内容平台的典型代表。如抖音、快手等，这些平台以内容为主，用户可以分享生活点滴，也支持社交功能。

社区平台：还有一些生活经验以及知识分享类平台，如知乎、小红书等，适合内容营销和专业领域的深入交流。

电商平台：如淘宝、京东、拼多多等，这些平台除了提供在线购物功能外，也具有一定的社群营销特性，如淘宝群组、京东社区等。

其他平台：如B站、携程、大众点评、猎聘等，其专注于不同专业领域的行业交流。不仅提供相关服务，也允许用户分享体验、评价。如B站是一个以ACG（ACG通常指代动画（Animation）、漫画（Comic）、游戏（Game）。在亚洲特别是中国、日本等地，ACG文化一直是受到广泛关注和热爱的领域，涵盖了动画制作、漫画创作、游戏开发等多个方面）为主题的平台，其弹幕功能让用户可以实时在视频上发送评论。这种互动性促进了用户之间的社交和交流，形成了一个独特的社群文化。

### （二）主流社群营销平台及其运作机制

#### 1. 微信

微信是中国最流行的社交媒体平台之一，开放了公众号、微信群、朋友圈、微信支付和微信小程序等多种渠道，集成了聊天、支付、社交分享（朋友圈）、内容分享（公众号）、服务运营（服务号、企业号）等多种功能。这种一站式的服务使得用户更倾向于在微信内完成浏览、交流和购物等多种活动，为企业提供了便捷的营销和交易环境。微信群和公众号提供了有效的社群管理工具，方便企业建立和维护与用户的联系，促进品牌忠诚度和用户参与度。

如今，微信成为企业开展社群营销、品牌传播、客户服务和电子商务的理想平台。几乎所有知名大品牌都利用微信建立起了强大的社群营销网络。他们通过微信群与用户进行互动，组织粉丝活动，发布品牌故事和产品信息，同时利用微信小程序进行产品销售。

#### 2. 抖音

抖音以其短视频内容闻名，这种格式易于消费且具有娱乐性，通常能够吸引用户的高度参与，抖音的算法能够将内容精准推送给感兴趣的用户，以此积累了庞大且持续增长的用户群。不仅如此，抖音还支持多种功能，如创意内容形式，如挑战、话题标签、直播、粉丝团群聊等。近几年，抖音完成了与电商平台（抖店）的整合，完善了投流功能，不仅为品牌提供多样化的营销手段，还能使品牌直接从平台上的参与转化为销售。

#### 3. 小红书

小红书是一个结合社交媒体和电子商务的平台，用户群体主要是年轻、时尚、对品质生活有追求的消费者，这使得平台特别适合时尚、美妆、健康、旅行和生活方式等品牌的营销活动。用户可以在平台上分享产品评价和生活体验，因此小红书是品牌进行内容营销和口碑营销的理想选择。

中国本土化妆品牌完美日记在小红书上通过与平台用户和KOL（见图14－8）的合作，成功地推广了其产品。完美日记鼓励用户分享他们的使用体验和化妆教程，这些真实的UGC帮助品牌在年轻女性用户中建立了强烈的口碑效应。

## 二、社群的组建与维护

### （一）如何从零开始组建一个社群

从零开始建立社群是一个持续的、多步骤的过程，需要耐心、创新和对目标群体持续关注。具体步骤包括目标群体的选择、平台的选择以及创造吸引人的内容等，并且通过在建立过程中不断尝试和调整，有效地培养一个忠实且活跃的社群。

第一步：确定社群的目的和定位。想清楚召集这么多人成立这个群的目的是什么？目的越精准越好，内容越垂直越好，如果范围太大，容易导致人群不清晰。如果只是“发广告”，那么很快就会变成“死群”。

第二步：确定目标群体。可以借助数据分析工具以及市场研究、调查和分析报告来创建受众画像。明确目标群体的年龄、性别、兴趣爱好、职业等特征。研究他们的兴趣、需求、偏好和痛点。

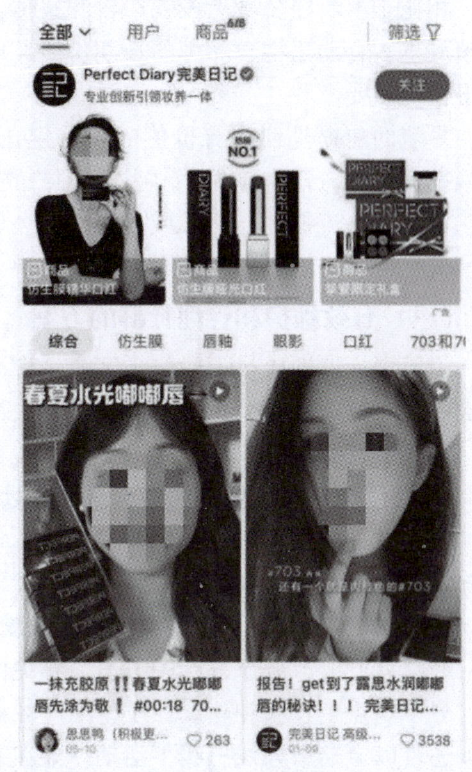


图 14－8　小红书平台上的完美日记产品内容

第三步：选择合适的平台。了解不同平台的属性，分析其优势和劣势。小红书更倾向于生活方式的导向，在美妆、时尚、旅行等垂直领域拥有很大的影响力。可以根据你的目标群体在哪些平台上的群体数量和活跃度来选择平台。

第四步：持续输出吸引人的内容。确保内容（包括但不局限于文章、视频、图像等）多样化且质量高。教育性内容社区可以提供有用的信息和指导，如教程、行业洞察等；娱乐性内容社区分享轻松有趣的内容，如幽默、故事或趣事。

第五步：维护和管理。建立清晰的社群规则和指导原则，确保一个健康和积极的环境。收集社群成员的反馈，根据反馈内容调整策略。可以选择与其他社群或 KOL 合作，进行交叉推广，促进社群增长。

### （二）公域流量到私域流量的导流

公域流量通常是指通过搜索引擎、社交媒体等渠道获取的外部流量，而私域流量则是企业或者个人直接拥有并且能够控制的流量，如社群、APP、微信公众号等（见图 14－9）。

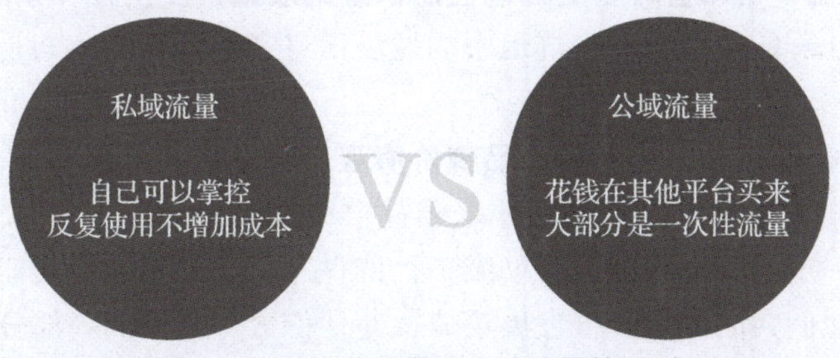


图 14－9　私域流量和公域流量的区别

相比于不断在公域上投入广告和宣传，通过导流到私域，企业可以更有效地管理和降低营销成本，有助于构建品牌的长期价值，所以如何有效利用公域流量将其转化为私域流量就显得格外重要。

导流的前提是创建有价值吸引特定用户的内容，并通过社交媒体（如微博、抖音等）公域渠道进行分享，在内容中引导用户访问微信公众号、APP、网站等，引导他们点击链接、订阅，将流量引导至私域。可以在公域渠道上宣传只有私域用户能够参与的特别活动、优惠等，可以吸引用户主动成为私域用户。

### （三）有效维护和管理社群的方案

引流到社群的成员一般包括客户、产品用户和潜在顾客。确保社群长期活跃且有价值的关键在于有效管理社群，包括互动、解决冲突和保持社群的活跃度等。需要持续给成员归属感、仪式感、参与感、组织感，主要体现在以下几个方面。

#### 1. 持续输出有价值的内容，是考察社群生命力的第一指标

定期发布高质量内容，分享有价值、相关且吸引人的内容，保持社群活跃。有些社群里广告满天飞，会被人摒弃，甚至直接退社群。

#### 2. 注重互动和参与，保持社群活跃度

鼓励社群成员分享自己的故事或相关内容，鼓励成员提出问题或话题，鼓励成员发表评论，分享观点、经验和建议；及时回应社群成员的评论和问题，显示群主品牌方的关注和参与；还可以定期举办线上线下活动，如在线研讨、游戏、见面会等，以提高参与度。

贵州茅台酒是中国著名的白酒品牌，茅台酒粉丝社群不仅利用社群平台发布品鉴活动信息，吸引茅台爱好者的参与。还经常通过社群发布抢购通知、特别促销等信息，一些专属礼遇，如茅台酒新款首发、社群专享活动等强烈地激发了茅台爱好者的购买欲望。茅台公司定期组织茅台酒的品鉴活动，通过线上直播或线下活动与消费者面对面互动。

#### 3. 提供专业支持和资源，增加用户黏性

为社群成员提供行业领域的专业支持，解答成员问题，分享专业资源。为成员提供产品问题的解决方案和其他相关资源，帮助用户更好地使用产品。提供专属福利，如给社群成员提供特别的优惠、折扣或者活动，或是早期访问新产品的权限或独家内容。

#### 4. 明确社群规则，及时规范解决冲突

制定明确的社群规则并公开发布，必要时可以选择置顶操作；执行规则时公平、公开、透明且一致；对于社群内的冲突，要迅速响应，不延误处理。可以建立专门的冲突解决渠道，如私信、在线表单等。在必要时，采取适当的措施，如警告、禁言、移除成员等。注意在规则制定或更新时，需要征求社群成员的意见和建议。

#### 5. 设置进群门槛，帮助管理者更好地控制群组的质量、安全性和氛围

一是为了保证社群的质量，减少群组中的垃圾信息和不良行为；二是让新加入者感觉加入不易而格外珍惜。

#### 6. 培养和建立社群领袖，帮助传播品牌价值观、吸引更多用户

群主不可能兼顾所有，所以要识别并培养社群中的活跃成员，让他们成为社群的领导者。赋予社群领袖一定的管理权限，帮助维护社群秩序。建立定期的反馈机制，听取管理者的建议和意见。与他们共同制定社群发展策略，使他们成为决策的一部分。同时，可以给予社群领袖特别的奖励，如礼品、优惠或特别活动邀请。

#### 7. 定期监测社群动态，根据反馈调整策略与计划

定期监测社群的动态，包括讨论内容、成员活跃度；利用社群管理工具来跟踪参与度、成员增长等关键指标。定期向社群成员询问反馈，了解他们的需求和期望。根据监测结果和收到的反馈，适时调整管理策略和内容计划。

## 三、分析和评估社群营销效果

使用数据和分析工具来衡量社群营销策略的效果至关重要。这不仅可以帮助了解当前策略的效果，还能指导未来的营销决策。以下是一些关键步骤和工具，以及如何使用它们来衡量和优化社群营销策略。

### （一）设定关键绩效指标

关键绩效指标（KPI）是用于衡量组织、团队或项目达成目标和执行战略的重要性能指标。在社群管理中，定义和监测适当的 KPI 对于评估社群的健康和成功至关重要。以下是一些可能用于社群管理的 KPI。

市场大盘趋势：了解行业趋势，确保策略与市场保持同步。

竞争对手跟踪：分析竞品的社群表现，了解他们的策略和效果。

投资回报率（ROI）：计算社群营销投入与产出之间的关系，确保营销投资的有效性。

参与度指标：评论、分享和回复的数量。

增长率指标：社群成员或关注者的增长速度。

转化率指标：从社群活动转化为网站访问、注册或销售的比例。

客户留存率指标：重复购买或长期参与的客户比例。

品牌提及量指标：品牌在社群或网络上被提及的频率。

### （二）使用社群媒体分析工具

平台内置分析工具：大多数社交媒体平台，都提供了内置的分析工具（见图 14－10）。

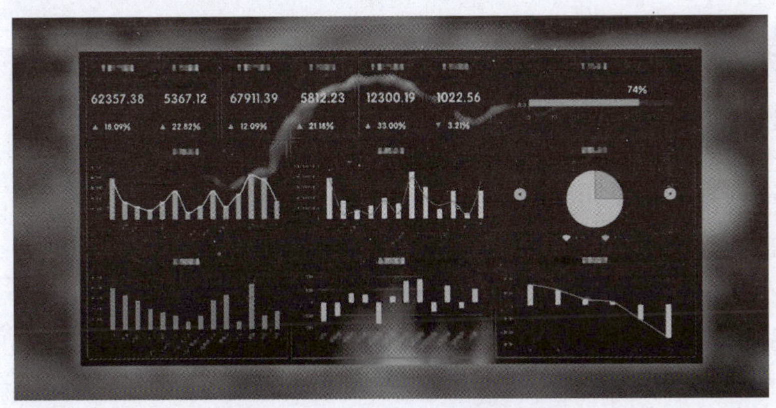


图 14－10　某平台内置分析工具

第三方工具：不同工具的侧重点不同，可以提供更详细的数据和分析。

## 四、未来社群营销的发展方向和新兴趋势

社群营销正快速发展，随着技术的进步和消费者行为的变化，未来的社群营销可能会出

现一些新的发展方向和趋势。以下是一些可能的趋势。

如今，在社群营销方面，已经有多个个体或者企业倾向于多渠道触点，即利用多个社交媒体渠道和平台，扩大品牌的触及范围和影响力。未来可以预见的是，社交平台将继续集成更多的电商功能，允许用户直接在社群内购买产品。短视频和直播内容的流行将继续增长，可能还会诞生其他更加新兴的引流方式，从公域到私域，成为吸引和保持社群用户关注的主要方式。KOL 在推动产品销售方面的作用将持续变得更加重要，社群电商与 IP 营销的结合将更加紧密。IP 营销是指通过明星、名人或具有特定影响力的人物来进行营销的策略。这些 IP 可能是艺人、体育明星、社交媒体红人等具有知名度和粉丝基础的个人或团体。IP 营销的目标是利用这些具有影响力和吸引力的人物形象，将其与品牌、产品或服务关联起来，以增强品牌形象、提高知名度、吸引目标受众并促进销售。

随着智能化的深入，在不远的将来，人类将进入物联网时代。通过增强现实（AR）和虚拟现实（VR）技术，品牌可以创建更沉浸式和互动的体验，提高用户参与度。AR 是一种技术，通过在现实世界中叠加、融合虚拟信息和数字内容，改善或增强用户对真实环境的感知。AR 可以在手机、平板电脑、智能眼镜等设备上实现，让用户在与真实环境互动的同时看到叠加的虚拟元素。VR 是一种通过计算机技术创造出的模拟环境，让用户感觉好像身临其境，完全融入虚拟的现实世界。使用 VR 设备，如头戴式显示器或 VR 眼镜，用户可以与虚拟环境互动，感觉自己置身于一个虚构的世界中。

总的来说，AR 是对真实世界的增强，将虚拟元素叠加到现实中；而 VR 是创造一个完全虚构的环境，让用户感觉身临其境。这两种技术在娱乐、教育、医疗等领域都有广泛的应用。未来利用人工智能技术来分析用户数据将成为常态，为不同的用户群体提供更加个性化的内容和推荐。使用聊天机器人和自动化工具来提高响应速度和效率，同时保持高质量的自动化互动。

那么物联网时代的社群是什么样子的，是意识流社群、无人虚拟社群，还是智慧化交流社区？未来的社群肯定更加丰富多彩。

## 【同步习题】

### 1. 单项选择题

（1）以下情形中，属于社群的是（　　）。

A. 一起租房的刚毕业的大学生　　B. 读书学习交流群

C. 购物商业街的人群　　D. 网吧游戏区的一群用户

（2）社群营销的本质是（　　）。

A. 商品卖给客户　　B. 和用户成为朋友　　C. 形成群体　　D. 树立领袖威望

（3）公域流量，也叫（　　），它不属于单一个体，而是被集体所共有的流量，是商家通过平台进行销售所获取的流量。

A. 平台流量　　B. 好友流量

C. 互联网营销间流量　　D. 站外流量

（4）以下关于社群营销的说法，正确的是（　　）。

A. 社群需要精心维护，不然很容易就成僵尸群

B. 社群复制越多越好

C. 社群人越多越好，不要设置门槛

D. 只要社群每天有人说话，就有活跃度

（5）（　　）促进成员交流、增进彼此感情的最好方式，同时也是培养用户忠诚度和依赖感的好方法。

A. 发红包　　B. 线上互动　　C. 线下聚会　　D. 游戏互动

**2. 简答题**

（1）什么是社群营销？

（2）公域流量和私域流量的区别是什么？

## 【实践训练】

### 1. 实训目的

（1）通过观察不同类型社群的日常运营和维护方式，总结学习社群运营经验。

（2）在未来的工作中，学员可以复制社群内可以借鉴的优秀做法，避免别人的错误做法。

### 2. 实训内容

你个人有什么爱好，是否加入了该爱好的社群？请你评价一下群主的管理做得如何？根据所学知识，分析还有哪些方面可以改进。

### 3. 实训步骤

步骤一：确认一个自己的兴趣爱好。

步骤二：在与自己爱好相关行业的网站或者对应交流平台寻找并加入多个相关社群。

步骤三：在为期一个月的体验中，参与社群日常活动，记录不同的线上活动和线下活动（包括活动步骤和活动效果）。

步骤四：总结各个社群的闪光点，评价群主的风格和举措，并且对比其优缺点。

### 4. 实训评价表

实训完成后，对实训效果进行评分，并记录在评价表中。

**评价表**

| 评价项目 | 分值 | 得分 |
| --- | --- | --- |
| 1. 实训计划设计合理，准备工作充分，实训过程中有详细的记录 | 10 | |
| 2. 理论知识扎实，按照规定的实训步骤完成实训项目，逻辑清晰 | 20 | |
| 3. 组员之间能够进行有效的沟通，整个过程组织合理，语言表达准确无误，条理清晰 | 20 | |
| 4. 积极参与小组讨论，能提出建设性意见或建议 | 20 | |
| 5. 对待任务认真，严格按照计划开展实训项目，态度良好 | 20 | |
| 6. 不迟到、不早退，听从指导教师安排，不私自中途离开实训场地 | 10 | |
| 总分 | 100 | |

### 5. 注意事项

（1）在开始观察之前，要明确社群类型，清楚自己的目的。不同的社群类型，其运营逻辑各不相同。

（2）用户互动是观察的重点。观察用户如何在社群中互动、分享内容、提出问题等，让了解用户需求和偏好。同时，要关注运营者如何引导和激发用户互动。

（3）高质量的内容能吸引和留住用户，观察内容的质量、更新频率、用户反馈等，评估运营者的内容策略是否有效。